# REINE
# PAR AMOUR

DU MÊME AUTEUR

*Le Bal des Vautours*, roman (Les Presses de la Cité, 1977).
*Les Émeraudes de Beyrouth*, roman (Les Presses de la Cité, 1979).
*Le Masque de porcelaine*, roman (Les Presses de la Cité, 1980).
*Olympe*, roman (Olivier Orban, 1987).
*Saladin* (Pygmalion/Gérard Watelet, 1991).

GENEVIÈVE CHAUVEL

# REINE PAR AMOUR

Le destin extraordinaire de Marie Casimire de La Grange d'Arquien, épouse de Jean III Sobieski, roi de Pologne

roman

Pygmalion
*Gérard Watelet*
Paris

Sur simple demande adressée aux
*Éditions Pygmalion/Gérard Watelet, 70, avenue de Breteuil, 75007 Paris*
vous recevrez gratuitement notre catalogue
qui vous tiendra au courant de nos dernières publications.


ISBN 2-85704-409-7

*A ma mère,*
*et à la mémoire*
*de mon père.*

## *REMERCIEMENTS*

*Je tiens à remercier tout particulièrement :*

*Caroline Perier sans qui je n'aurais pas rencontré Marie Casimire.*
*Le professeur Aleksander Gieysztor, directeur du Palais Royal de Varsovie qui m'a ouvert les portes de Willanow et de Cracovie.*
*Les professeurs Kloczowski, Tazbir et Dunin Wassowicz pour leurs précieux entretiens.*
*Teresa Gelinska, directrice des Archives nationales de Varsovie.*
*Jolanta Lenkiewicz, conservateur de la Bibliothèque Czartoryski à Cracovie.*
*Iadwiga Abraham pour ses traductions fidèles des lettres de Jean Sobieski à Marie Casimire.*
*Barbara Falender qui m'a reçue à Varsovie et m'a permis de vivre dans un milieu polonais.*
*La Révérende Mère supérieure du couvent des Visitandines de Varsovie.*
*Slawa Wachowska pour ses longs récits de Pologne.*
*La Bibliothèque polonaise de Paris, les archives de la Nièvre, les archives du Loir-et-Cher et celles du château de Blois où diligence et dévouement m'ont aidée à trouver les meilleurs documents.*
*Ma famille, Marie-Thérèse, Nana, les amis qui m'ont encouragée et soutenue de leur affection.*

« Savez-vous bien ce que c'est qu'aimer ? C'est mourir en soi pour revivre en autruy, c'est ne se point aimer que d'autant que l'on est agréable à la chose aimée, et bref c'est une volonté de se transformer, s'il se peut, entièrement en elle. »

Honoré d'Urfé.

« Si dans un couple l'homme est la tête,
la femme est le cou (qui oriente la tête). »

Proverbe polonais.

# I

Un long cortège traverse la plaine immaculée. Des armoiries prestigieuses ornent les portières des carrosses recouverts de plaques d'argent, et les berlines qui les suivent tanguent lourdement sous le poids de leurs charges. Des cavaliers multicolores les escortent, brodant sur la neige un magnifique arc-en-ciel. En veste à la turque et cape de léopard ou manteau de brocart fourré, ils scintillent d'or et de pierreries comme les brides et harnais de leurs montures aux croupes et crinières teintées d'écarlate. Leurs armes resplendissent d'escarboucles et sur les bonnets de zibeline frémit une aigrette piquée dans un nœud de diamants. Ces hommes étranges, dont les moustaches hérissées de givre descendent jusqu'aux épaules, sont les hussards du roi de Pologne. En grande pompe, sur les routes durcies par l'hiver, ils conduisent une princesse de France qui, dans quelques jours, à Dantzig où l'attend son royal époux, sera officiellement leur reine.

Marie de Gonzague, duchesse de Nevers et princesse de Mantoue, occupe le second carrosse, plus imposant et plus somptueux que tous les autres. Ses yeux pensifs errent sur l'horizon. En terre de France est resté son passé chargé de révoltes et d'ambitions déçues. Fronde, disgrâce, Bastille... Amour aussi. De folles passions sans lendemain dont le souvenir attriste son regard. Gaston d'Orléans, Condé... et le beau Cinq-Mars qui mourut décapité en prononçant son nom. Au seuil de ses trente-quatre ans, elle trouve une « fin honorable » en épousant Ladislas IV qui lui offre son trône. Une espérance nouvelle se réveille en elle. A l'Europe entière, elle montrera enfin son sens de la diplomatie et la puissance de sa volonté.

Autour d'elle, la compagnie est nombreuse : confesseur, médecin, dames d'honneur, un évêque, ami de Mazarin, et la comtesse de Guébriant, veuve du maréchal qui a conquis l'Alsace. Cette dernière porte le titre d'« Ambassadrice extraordinaire de la reine de Pologne » et lui tient lieu de conseillère.

– Vous verrez, Comtesse, explique Marie d'une voix assurée. La Pologne sera gouvernée par mes jupons ! J'avais mes raisons lorsque j'ai choisi un si grand nombre de demoiselles d'honneur. Les plus « jolis museaux » et les plus grands noms de France. Mes filles feront fortune en épousant des magnats influents, et leur reconnaissance ne pourra rien me refuser. Par elles, je tiendrai les Polonais. De la main droite, comme de la main gauche. Je l'aurai mon parti français !

Un soupir étouffé attire leur attention. Sur un matelas de fortune, cachée sous la banquette, une petite fille de cinq ans à peine est endormie. Le fin visage aux traits délicats, encadré d'une masse de boucles brunes, est d'une blancheur exceptionnelle et promet un éclat incomparable. Marie se penche et, d'un geste tendre, caresse une main potelée.

– Angelot exquis, murmure-t-elle. Chef-d'œuvre de la nature, digne des plus grands maîtres italiens.

La Maréchale prend un air pincé. Depuis le début du voyage, elle ne voit pas d'un bon œil les attentions particulières dont bénéficie la gamine. La promiscuité aidant, et sa fonction suscitant les confidences, elle ose enfin poser la question qui lui brûle la langue :

– Pourquoi cette enfant dans vos bagages, Madame ? Un chien, un chat, un oiseau ou même un singe comme le veut la mode, vous donnerait moins de tracas. Sans compter tous les cancans que suscite sa présence auprès de vous.

– Je sais ce que l'on raconte et je ne m'en soucie guère. J'ai ma conscience. Personne ne peut comprendre ce que j'éprouve pour Marie Casimire. Je l'ai vue naître et grandir dans mon palais des bords de Loire. Sa mère est gouvernante de ma Maison. Une femme dévouée, complètement subjuguée par sa brute de mari qui l'engrosse chaque année. Et quand l'œuf est pondu, on ne s'en occupe plus. Comment imaginer une telle perfection réduite à l'état de souillon ? Les parents me l'ont laissée sans l'ombre d'une hésitation, trop contents d'avoir une bouche de moins à nourrir.

L'œil froid de la Maréchale examine la gamine endormie. Une morgue hautaine contracte ses traits :

– La fille d'une servante ! Qu'allez-vous faire d'une extraction si modeste ?

– Ne soyez pas bégueule, Comtesse. Sa mère se nomme Françoise de La Châtre. Quant au père, c'est le marquis de La Grange d'Arquien, capitaine des Gardes de Monsieur. La famille n'a pas un sou, mais le nom sonne bien. Les La Grange d'Arquien sont originaires du Nivernais où ils possèdent quelques terres. Le marquis, il est vrai, est une sorte d'aventurier, brillant causeur à la lame facile, avec un goût fâcheux pour la divine bouteille. Mais, au demeurant, un gentilhomme.

– De tels ascendants sont dangereux. Et je doute de la vertu future de cette « chose ».

– Où est votre indulgence, Guébriant ? N'auriez-vous aucune confiance dans les êtres ? Voyez-vous, je me suis dit qu'à mon âge, je n'aurai peut-être pas la chance d'être mère. Je l'ai quasiment adoptée et l'élèverai comme ma fille. Marie Casimire ne pourra pas me décevoir.

Blottie dans son coin, la « chose » a tout entendu, mais feint de dormir. Ecouter les grandes personnes à leur insu permet de mieux les connaître et de saisir quelques secrets. Les propos tombés dans son oreille renforcent des sentiments contraires qui se confirment de jour en jour : une aversion instinctive pour la Maréchale de Guébriant, et une dévotion sans limites pour sa bienfaitrice. Comment ne pas aimer celle qui vient de changer sa vie ? Tous ses souvenirs sont marqués par la duchesse de Nevers qui fut la seule à lui manifester de l'affection. Bien plus que ses parents qui n'ont pas pleuré lorsqu'ils l'ont embrassée pour la dernière fois dans la cour du Louvre. Le cœur serré, elle les a vus disparaître derrière la file de voitures et n'a pu retenir son chagrin. Marie de Gonzague, alors, l'a consolée de sa voix douce :

– N'aie pas peur, trésor, avec moi tu ne crains rien.

Bien vite elle a séché ses larmes. Caressant le col de dentelle qui ornait sa robe de velours, elle pensait avec fierté au trousseau inespéré, empilé dans une malle à son nom. Au-dehors, les ovations montaient de tous côtés, le canon tonnait. Tout au long des rues, la foule s'était massée sur douze rangs pour crier :

– Vive la nouvelle reine ! Heureux voyage !

Pas une lucarne, pas un balcon, pas un porche d'où ne sortissent des boisseaux de bras agitant mouchoirs ou banderoles. La procession était grandiose et le peuple débordait d'allégresse. En tête était le carrosse du Roi, suivi par ceux du Cardinal et de tous les dignitaires de la noblesse. L'escorte était innombrable... Marie Casimire n'en avait jamais tant vu. Gagnée par l'enthousiasme, elle s'était penchée à la portière et agitait sa petite main en riant de bonheur, persuadée qu'elle aussi était fêtée puisqu'elle faisait partie du cortège. Elle avait compris, ce jour-là, qu'accompagner une reine était un privilège qui la distinguait du commun des mortels. Ce sentiment s'était confirmé lorsqu'un peu plus loin, au village de La Chapelle, les voitures s'étaient arrêtées et que, pour la première fois, elle avait vu le roi de France, son roi. Il se tenait à quelques mètres d'elle, près de la reine Anne et de Son Eminence. Un petit garçon charmant, à peine plus haut qu'elle. Il avait noble allure dans son habit brodé d'or et ses flots de dentelles. Ses longs cheveux bouclaient admirablement sous un chapeau empanaché qui le coiffait à merveille. Il l'avait dévisagée avec surprise, après avoir embrassé une dernière fois la duchesse de Gonzague et, d'un sourire amusé, il avait salué la révérence appliquée de la jeune demoiselle La Grange d'Arquien, sa sujette. Malgré la pluie qui tombait dru, un rayon de soleil avait inondé le cœur de Marie Casimire. Le regard de Louis la grandissait et faisait naître en elle une sensation nouvelle qui flattait sa vanité : elle était désormais une personne « considérée ».

Sur les pas de sa bienfaitrice, le port altier et la démarche digne, elle avait regagné son carrosse, croyant vivre un conte de fées. Aux côtés d'une reine, elle quittait un roi pour en rejoindre un autre. Jour après jour, elle ne se lassait pas d'admirer les hussards féeriques et n'en finissait pas de rêver de ce royaume enchanté qu'ils appelaient « Pologne ». Malgré tous ses efforts il lui est arrivé maintes fois de perdre patience. Trois mois, c'est long. Une éternité, pour une petite fille qui n'a pas encore fêté ses cinq ans et se voit soudain ballottée par monts et vallées. Elle a vu le Brabant, la Hollande, erré dans les frimas de la Frise. Puis ce fut la Prusse avec ses rivières gelées, ses bois infestés de coureurs et ses provinces ravagées par la guerre. Après les tirs des batteries, les hurlements des loups ont fait battre son cœur. Elle en mourait de peur, mais ne le montrait pas afin d'être digne de celle qui l'avait emmenée dans sa suite en lui demandant d'être sage.

Le chant d'un cocher couvre le bruit des roues, repris en chœur dans le lointain. Une longue mélopée d'une douceur infinie. Marie Casimire émerge de ses coussins, s'ébroue un peu en tapotant sa robe et se blottit contre les genoux de sa bienfaitrice, demandant d'un air grave :

– Quand je serai grande, est-ce que je pourrai moi aussi me marier avec un roi ?

– Il faudrait pour cela que tu aies du sang royal, rétorque aussitôt la comtesse de Guébriant.

Marie de Gonzague, irritée par cette réplique, aide l'enfant à s'asseoir auprès d'elle et l'enlace de son bras en murmurant :

– Pour toi, mon ange, je trouverai un prince. Le plus beau et le plus riche.

Elle se tourne alors vers la Maréchale et ajoute :

– En Pologne, il n'y a pas de monarchie absolue comme en France. C'est une république à la mode de Platon où les manants égalent les nobles devant la loi. Les rois y sont élus par une assemblée de sénateurs qui pratiquent le « liberum veto ». Chacun achète ses partisans. Il suffit d'y mettre le prix et tout est possible.

Des ordres retentissent au-dehors. Les cris gutturaux des cochers leur répondent, accompagnés des hennissements des chevaux. Les roues grincent. Dans une cacophonie de bruits stridents, le convoi s'arrête. Une dernière secousse, violente, fait tanguer le carrosse.

– On est en Pologne ? demande Marie Casimire.

Sans attendre de réponse, elle bondit vers la portière. Soulevant le rideau de cuir qui protège des courants d'air, elle se penche pour mieux voir ce qui se passe. Près d'un bosquet de bouleaux que l'hiver a dénudés, quelques masures faites de planches mal jointes offrent leurs toits de chaume moisi aux voyageurs de la suite royale. Des pelotons de hussards galopent un peu partout pour reconnaître le terrain, et une armée de valets s'active déjà pour rendre les lieux hospitaliers.

Une bise glacée gifle le visage de l'enfant et s'engouffre dans ses cheveux, mais elle n'y prend garde. Un colosse emmitouflé de martre foule la neige dans sa direction. Elle a reconnu le seigneur Opalinski, grand maître de l'expédition. C'est lui qui, dans la chapelle du Louvre, a épousé Marie de Gonzague pour le compte de son souverain. Elle l'apostrophe sur un ton espiègle, répétant les formules de cour polonaises entendues au cours du voyage :

– Dites-moi, Illustre et Très cher, c'est encore loin la Pologne ?

Le palatin amusé balaie la neige de son bonnet fourré, laissant apparaître son crâne tonsuré [1] et rétorque d'une voix sonore :

– Demain, foi de gentilhomme, je vous en ferai franchir le seuil.

Le visage de l'enfant s'illumine. La fin du voyage est proche, et elle se moque de la comtesse revêche qui s'indigne en s'écriant :

– Des cabanes à cochons. Cela ne se peut !

– De grâce, Guébriant, calmez-vous, dit la reine agacée. Les choses sont ainsi et nous n'y pouvons rien.

Marie Casimire s'approche de sa bienfaitrice et prend délicatement sa main qu'elle caresse avec dévotion.

– Ne soyez pas triste, Madame, murmure-t-elle. Encore une nuit, et nous verrons le roi.

La reine émue la serre dans ses bras.

– Oui, trésor. Nous recevrons enfin les honneurs qui nous sont dus.

Un laquais ouvre la portière, déplie un escalier et déroule quelques tapis pour faciliter la marche des augustes voyageuses. Des rires et des babillages fusent de tous côtés. Les demoiselles d'honneur, échappées de leurs berlines, s'éparpillent sur la neige en sautillant comme une volée de perruches, tandis que dames d'atour et gentilshommes, aumôniers, médecins, poètes, coiffeurs et musiciens s'ébrouent en maugréant. Entouré de jeunes seigneurs en tenues chamarrées, Christophe Opalinski s'incline devant Marie de Gonzague et l'aide à sortir de son carrosse.

– Nous avons fait de notre mieux, explique-t-il.

– Pourquoi ce coin perdu ? N'y a-t-il pas un château dans le voisinage ?

Le palatin se fige dans un respect hautain :

– Que Votre Majesté me pardonne. J'ai reçu l'ordre de faire halte ici.

1. Habitude polonaise. Les hommes se faisaient tonsurer pour éviter les maladies du cuir chevelu comme la « plique ».

Marie se raidit et son regard se durcit.

– Qui a donné cet ordre ?

– Le roi de Pologne, Madame.

La jeune femme blêmit et se sent défaillir, mais retrouve bien vite son assurance. Elle toise le Polonais et déclare :

– Que Votre Sincérité me donne son bras.

Elle se tourne vers Marie Casimire et ajoute :

– Reste près de moi, trésor. Ferme bien ta mante.

Le vent glacé mord la peau. Plus que le froid, un sentiment étrange d'insécurité fait trembler l'enfant. Elle a entendu les paroles du palatin et remarqué la déception de la reine. Cette étape sans château est une humiliation. Le roi Ladislas est un méchant homme assurément pour les traiter de la sorte, et la Pologne n'est peut-être pas aussi « enchantée » qu'elle le croyait. Dans le jour qui s'éteint, tout lui paraît hostile. Elle trébuche dans la neige et retient un sanglot. Un valet la soulève et la porte jusqu'à la masure. On a jeté des peaux d'ours sur le sol en terre battue. Un brasero fume au milieu de la pièce. Des fourrures sur une paillasse font un lit, des tambours servent de sièges ou de tables. On dispose quelques tabourets recouverts de peaux de loup. Marie de Gonzague s'assied et reprend la discussion :

– Que dit Sa Majesté ?

– Une ambassade doit nous rejoindre en ce lieu pour nous remettre ses lettres.

Dans la pièce on s'active avec fièvre. Un essaim de serviteurs bourdonne allégrement. Cuisiniers, valets et chambrières ont extrait des berlines quelques coffres et menus meubles pour agrémenter le gîte de la reine. On sort un peu de linge et la vaisselle de voyage. A la lueur des chandelles plantées à la hâte dans des flambeaux en argent, la table du souper s'organise. Sur les fourneaux de fortune on accommode ce que l'on a pu trouver chez l'habitant : des œufs, des volailles et une bouillie de céréales.

Debout près de l'âtre, Marie Casimire se réchauffe et dévore une tranche de pain garnie de confiture. Tapie dans son coin, à l'abri des regards et des bousculades, elle remarque tout et s'inquiète de voir le seigneur Opalinski tourner en rond d'un air anxieux puis disparaître, tandis que Marie de Gonzague, perdue dans ses pensées, fixe les charbons incandescents du brasero. Il se passe quelque chose de grave qu'elle ne peut deviner. Son instinct de petite fille lui dit que sa reine est triste, et elle a envie de pleurer. Avec la grâce féline d'un chaton, elle vient se glisser dans les plis de la jupe de brocart et frotte sa joue contre la main de la jeune femme.

– Trésor, dit celle-ci avec émotion. Mon petit ange qui sait aimer !

La porte s'ouvre brusquement sur un homme en long manteau fourré, que pousse une bourrasque de neige. Le visage de Marie de Gonzague s'éclaire lorsqu'elle reconnaît le comte de Brégy, ambassadeur du Royaume Très-Chrétien à la cour de Pologne. Il arrive de Varsovie.

– Avez-vous les lettres de Sa Majesté ? dit-elle. Donnez, je vous prie.

Le comte se fige :

– De quoi parlez-vous, Madame ? Je ne vous suis pas.

– Voyez dans quel état nous sommes, mon ami. Nous avons reçu l'interdiction d'aller plus loin. Nous attendons les lettres de Ladislas.

Le diplomate réfléchit un court instant avant de trancher d'une voix ferme :

– Je ne l'entends pas ainsi, Madame. Je préconise la marche en avant. Dès demain matin. Prenons position dans le royaume… Où est Monsieur Opalinski ?

A ce moment précis, la comtesse de Guébriant, la mine consternée sous sa marmotte [1] en bataille, fait son entrée, suivie du noble Polonais qu'accompagnent quelques prélats et officiers de l'escorte.

– Une nouvelle affreuse, Madame, s'écrie-t-elle. Je laisse à Sa Sincérité le soin de vous l'annoncer.

1. Coiffe de dentelle agrémentée de longs pans noués sous le menton que les dames de condition portaient à partir d'un certain âge.

– Sa Majesté Ladislas IV ne sera pas à Dantzig, déclare le palatin.

Il se tourne vers le comte de Brégy et lui tend un pli.

– Pour vous, Excellence.

Brégy, fébrile, lit à haute voix la dépêche écrite par Ladislas lui-même :

« Je vous en conjure, si vous avez jamais eu le dessein de me plaire, faites en sorte que la reine s'arrête. »

Marie de Gonzague se domine pour ne pas s'évanouir. Le choc l'a presque assommée. Son cœur s'affole mais son esprit, habitué à l'intrigue, reste lucide, et c'est d'une voix ferme qu'elle demande :

– Pour quel motif mon époux ne peut-il quitter la capitale ? Est-il malade ?

– Si vous le permettez, Madame, je demanderai à l'envoyé du roi de répondre à Votre Majesté. Il se passe des choses bien étranges à Varsovie. Et l'on y parle un peu trop de cette petite fille.

Son doigt pointe vers Marie Casimire. L'enfant agenouillée aux pieds de la souveraine laisse courir de l'un à l'autre ses grands yeux noirs emplis d'effroi. Une menace terrible pèse sur elle, qu'elle ne comprend pas. Pourquoi tous ces visages méchants tournés vers elle ? Qu'a-t-elle fait pour mériter cette haine soudaine ? Les mains agrippées aux plis de l'ample jupe, elle se recroqueville et pleure en silence. Opalinski fait un signe au messager qui s'avance vers la reine et met un genou en terre.

– Pardonnez-moi, souffle-t-il en fixant le sol.

Marie s'impatiente.

– Brisons là, Monsieur. Un peu de courage.

– Soit, dit-il. Une lettre venue de Paris à franc étrier vous a précédée au Palais de Varsovie. Il y est dit qu'une petite fille vous accompagne, qui a pour mère la reine de Pologne et pour père un gentilhomme de la cour de France.

Un murmure de réprobation envahit la pièce. Marie de Gonzague vacille sous le coup de l'insulte et reste sans voix.

Marie Casimire, figée de stupeur, soutient les regards accusateurs. La comtesse de Guébriant se précipite sur elle, la cueille par la manche et la traîne vers une servante en jetant d'une voix sifflante :

– L'enfant de la honte, je m'en doutais. Emmenez-la !

# II

Marie Casimire grelotte. Des effluves de purin et d'excréments lui soulèvent le cœur. Il fait froid et il fait noir. On l'a enfermée dans une soupente et elle se demande si on ne va pas l'y laisser mourir.

– C'est-y pas un malheur si not' reine est répudiée à cause de toi ? lui a dit la servante. Elle ferait mieux de t'oublier ici.

Elle a tambouriné contre la porte en criant et suppliant. A bout de forces, elle s'est recroquevillée sur le sol humide, et elle attend, terrorisée. L'odeur est atroce. Elle respire à peine et la tête lui tourne. Elle ne comprend rien à ce qui s'est passé, sinon qu'on la punit alors qu'elle est innocente. Pourquoi ces mots terribles, « l'enfant de la honte », « répudiée à cause de toi », mais que veut dire « répudiée » ? Aurait-elle porté malheur à sa reine qu'elle aime plus que tout au monde ? Le seul être familier qui lui reste sur ces terres inconnues où vivent des gens hostiles. Va-t-on réellement l'abandonner, l'oublier, comme l'a dit la servante ? Son petit corps tressaute. Des sanglots secs, car elle n'a plus de larmes d'avoir tant pleuré. Ses yeux se ferment et le sommeil l'envahit, mais elle résiste à cette torpeur qui l'engourdit, persuadée que la mort est déjà là pour l'engloutir. De ses poings fermés, elle frappe ses jambes repliées.

– Non, non, répète-t-elle. Je ne mourrai pas ! Elle m'aime et ne me laissera pas !

Puis elle ajoute d'une voix timide :

– Jésus si gentil dans les bras de sa maman, sauvez-moi, je vous en prie !

Au bout d'un temps infini, un vacarme de pas et de clés la fait sursauter. D'un bond elle est debout. Son cœur palpite lorsque la porte s'ouvre. Elle se fige soudain. La comtesse de Guébriant, qui n'a pas perdu sa morgue, se tient près de la servante et dit sèchement :

– Cette souillon n'est pas présentable. Faites ce qu'il faut.

Marie Casimire, inquiète, se laisse débarbouiller, coiffer, brosser, sans oser demander ce que l'on fera d'elle, et suit docilement les deux femmes à la lueur d'une torche. Son cœur se rassure peu à peu. Elle reconnaît le chemin. Sur le seuil de la masure, elle hésite un instant. Un coup d'œil circulaire à l'intérieur de la pièce balaie bien vite les cauchemars. Les visages sont bienveillants et l'on tient des propos aimables, le rose est revenu sur les joues de la reine. Marie de Gonzague sourit et tend la main dans sa direction :

– Viens, trésor, dit-elle. N'aie plus peur.

Comme catapultée, elle traverse la pièce en courant, bondit sur les genoux de la souveraine, et noue ses petits bras autour du col de Malines, mêlant ses boucles brunes aux cheveux couleur de miel. L'émotion est si forte que des hoquets soulèvent sa poitrine.

– Calme-toi, chérie. Tout va bien, dit Marie.

– Je ne suis pas l'enfant de la honte ? Je ne suis pas votre malheur ?

– Certaines personnes, pour se rendre intéressantes, racontent des mensonges sans penser au mal qui peut arriver par leur faute. Tu es trop jeune pour connaître les détails de cette histoire. Plus tard je t'expliquerai. Ce soir, la lumière est faite à ton sujet. Il m'a suffi de montrer tes papiers de naissance et l'accord que tes parents ont signé. Tu es ma protégée que l'on devra respecter.

Marie Casimire desserre son étreinte pour regarder sa bienfaitrice, l'embrasse avec effusion, et demande encore d'une voix timide :

– Vous n'êtes pas répudiée à cause de moi ?

– Oublie ces mots horribles, s'exclame la reine, et allons souper.

– Je pourrai dormir près de vous ?

– Il faudra être sage. Demain, nous serons en Pologne. De grandes fêtes nous attendent.

Au petit matin, le cortège se remet en marche. Le vent de la nuit a chassé les nuages. Le nez collé à la vitre du carrosse, Marie Casimire s'amuse à dénombrer les milliers d'étoiles qui scintillent sur la neige et que le soleil a fait descendre du ciel. Une petite troupe soudain obscurcit la route. Son cœur s'emballe et l'inquiétude revient dans son esprit. Les cavaliers se mêlent aux hussards de l'escorte et entourent l'attelage de la reine. L'un d'eux s'approche de la portière et montre une missive :

– Au nom du roi ! clame-t-il.

Marie Casimire se réfugie sur la banquette et se blottit contre sa bienfaitrice.

– Je ne veux pas qu'on m'emmène. Gardez-moi, je vous en supplie. Je ferai tout ce que vous voudrez.

Mais l'homme ajoute, saluant sabre au front :

– Je suis votre écuyer, Madame. Pour vous servir. Avec ce message personnel de Sa Majesté pour Votre Majesté.

Les doigts fébriles de la reine font sauter le cachet de cire. Un sourire éclaire son visage tandis que les mots défilent sous ses yeux attendris.

– Sa Majesté demande pardon pour les désagréments du voyage, explique-t-elle. Le roi est malade. Il a la goutte. Mais il va mieux. Et fera tout son possible pour être à Dantzig. Il annonce des cadeaux...

Ils sont là, derrière les cavaliers. Trois carrosses magnifiques. Le plus beau, tiré par six chevaux tigrés dont les crinières sont peintes en rouge, pour la souveraine. On lui remet aussi un splendide manteau d'écarlate à boutons d'or doublé de martre et, pour sa suite, une quantité de cartons remplis de fourrures, manchons, hongrelines et bonnets de tous poils. Marie Casimire n'a pas été oubliée. Un petit manteau de lynx et sa toque assortie ont été spécialement emballés pour elle. Marie de Gonzague l'aide à se vêtir.

– Tu ne dois plus avoir peur, lui dit-elle. Ce présent du roi Ladislas est une preuve de bienveillance à ton égard.

L'enfant réfléchit, enfonce le bonnet blanc sur ses boucles sombres et va se planter devant la comtesse de Guébriant pour lui déclarer d'une voix ferme :

– Je m'appelle Marie Casimire de La Grange d'Arquien et la reine n'a pas honte de moi.

L'orage est passé, mais elle n'oubliera jamais la puanteur de la soupente obscure, odeur de l'humiliation. Elle est trop jeune encore pour juger de la calomnie, trop pure aussi pour comprendre que la reine devait la défendre afin de soutenir sa propre réputation. Pour l'heure, sa joie rayonne auprès de celle qui la protège. Les yeux fixés sur l'horizon, elle attend avec impatience de voir le roi de Pologne et soupire devant l'immensité immaculée.

La neige, soudain, se colore et tourbillonne. Au détour d'une colline, les flèches de Dantzig jaillissent au loin, hérissées de fanions. Et sous la masse sombre des remparts, la plaine n'est plus qu'une gigantesque mosaïque de couleurs, d'ors et de pierreries. A perte de vue, des tentes en tapisseries de Perse surmontées de bannières armoriées, des cavaliers au trot, des haies de soldats brandissant leurs piques et leurs lames embrasées de soleil. Sonnent les trompettes, roulent les timbales. Toutes les armées de Pologne, au garde-à-vous, sont venues rendre hommage à leur souveraine.

– Vive la princesse de France ! Vive la nouvelle reine ! crient les voix rauques des guerriers.

Aux portes de la ville, le faste est sans égal. Les délégations se succèdent, en tenue d'apparat. Le roi n'est pas là, mais son jeune frère, le prince Charles-Ferdinand, accueille la souveraine avec des propos courtois et chaleureux. Un ministre s'avance à son tour et déclare :

– Par ordre de notre roi Ladislas IV, à compter de ce jour, Sa Majesté la reine portera le nom de Louise, abandonnant celui de Marie réservé à la Vierge !

Sourire aux lèvres, Marie de Gonzague accepte. Louise elle sera puisque ainsi en a décidé son royal époux. Ce petit sacrifice vaut bien un trône et ne mérite pas une affaire d'Etat.

La procession s'organise pour une entrée solennelle dans la cité en liesse, et Marie Casimire se pince pour s'assurer qu'elle ne rêve pas lorsqu'on l'installe avec les dames d'atour dans un char tiré par huit chevaux caparaçonnés, entouré de cinquante gardes parés de saphirs, chamarrés de dentelle, de vermeil et portant la pertuisane. Face à elle, sur une banquette de velours bleu bordé d'argent, trône la reine de Pologne, sa bienfaitrice, drapée dans un long manteau d'hermine.

Commence alors un défilé féerique qui restera à jamais gravé dans sa mémoire : les régiments du prince, les carabins vêtus à la française, les quatre cents cavaliers de Dantzig habillés de noir, chaîne d'or au col et toque de castor sur l'oreille, la fanfare à cheval, les troupes de l'évêque de Warmie, celles des grands officiers du royaume, les centaines de cavaliers, dragons et heiduques hongrois brandissant des haches, cimeterres et arquebuses, et les deux cents magnats en costumes de toile d'or persique garnis de zibeline ou de pieds de panthère.

Et voici que résonnent les appels stridents des six trompettes d'argent du roi Ladislas. Le char royal s'ébranle à son tour. Il avance lentement dans les rues étroites, sous les yeux éblouis d'une foule dense qui s'écrase contre les murailles, aux fenêtres, s'accroche aux moindres saillies et jusque sur les toits. Les canons couvrent les salves de mousquets, les cloches carillonnent, les vivats et les clameurs retentissent. De tous côtés on applaudit la reine, et les regards s'attardent sur la petite fille qui salue comme la souveraine. Son éclat surprend et son rire séduit.

– Quand je serai grande, murmure-t-elle, moi aussi je serai reine.

La fête dure plusieurs jours, puis l'on plie bagage pour rejoindre Varsovie. Le 10 mars à cinq heures du soir, le cortège est dans la capitale et s'arrête devant le portail de la cathédrale Saint-Jean. Des chambellans se précipitent vers les portières. Une cohorte de prélats en habits pontificaux attend sur le parvis où la garde royale rend les honneurs. Louise fait quelques pas et s'immobilise. Dames et gentilshommes de sa suite prennent place derrière elle. Au premier rang des demoiselles d'honneur déployées autour de la traîne, Marie Casimire n'ose se réjouir. Depuis le matin, pourtant, elle porte la robe de cérémonie prévue pour le grand jour et piétine d'impatience auprès de la reine qui s'est parée de ses atours de noces. Mais dans les voitures on s'est étonné de l'accueil frileux de la ville. Ni coups de canon ni arcs de triomphe. Tout au plus quelques salves de mousquets et des cosaques alignés au long des rues où se presse une foule peu nombreuse. Le roi leur réserve-t-il de nouveaux désagréments ? Est-il seulement dans l'église ?

Les orgues éclatent. Louise, émue et dolente, suivie de son parterre de jeunes beautés, remonte l'allée bordée de candélabres. Un murmure d'admiration parcourt l'assistance qui emplit la nef. Marie Casimire, intimidée, marche d'un pas appliqué et regarde droit devant elle : dans son fauteuil doré se tient le roi. Il porte un habit à la française en toile d'argent sous une houppelande de même qui masque sa forte silhouette, et son bonnet de castor, ceint d'un cordon de diamants, est orné d'un demi-tour de plumes de héron noir. Il a voulu se montrer à son avantage, mais un air de souffrance contracte son visage.

Pour Ladislas IV, roi de Pologne, grand-duc de Lituanie, Russie, Prusse, Mazovie, Samogitie, Livonie, Smolensko et Czerniechovie, roi héréditaire des Suédois, des Goths et des Vandales, la noce commence mal. Il peste intérieurement contre cette chienne de goutte qui ne veut pas le lâcher. Louise monte vers lui, rayonnante, et il reste impassible. Elle se présente devant lui, se met à genoux et lui baise la main... Il se contente de la regarder gravement. En silence. Les orgues se sont tues et la cour retient son souffle. Il se tourne alors vers l'ambassadeur du roi de France et dit d'une voix forte que tout le monde peut entendre :

– Est-ce donc là cette grande beauté dont vous m'aviez dit tant de merveilles !

Debout près de son banc, Marie Casimire n'a pas compris les propos du roi qui a parlé en italien. Elle n'entend que les murmures de stupeur de l'assistance et voit les larmes de la reine figée de honte aux pieds du monarque. Son cœur s'affole. Sa bienfaitrice est-elle répudiée ? Pourra-t-elle encore la protéger ? Ses craintes s'envolent bien vite. Un évêque se lève et les chœurs entonnent une cantate. Le roi fait un effort pour sortir de son fauteuil. En claudiquant il s'approche de l'autel, et l'union est consacrée. Louise se retourne, rayonnante, Ladislas semble de meilleure humeur, et Marie Casimire se berce de rêves aux accents d'une marche nuptiale étourdissante.

Mais le Palais royal a tôt fait de la glacer d'effroi avec ses couloirs encombrés de trophées, d'automates [1], de nains et de fauves que l'on dit « apprivoisés ». A la lueur des flambeaux, un festin est servi dans une immense galerie tapissée de fourrures. Elle est trop jeune pour y avoir sa place et s'endort, inquiète, dans le boudoir de la reine. Quelque temps plus tard, des cris, des vociférations et des fracas de vaisselle la réveillent en sursaut, suivis d'un bruit de course

1. Les Polonais aimaient ces personnages mécaniques qu'ils faisaient fabriquer grandeur nature.

sur les dallages de marbre. Terrorisée, elle se recroqueville derrière les coussins de son lit et attend en tremblant. La porte s'ouvre brusquement. Louise entre, escortée de ses dames, et s'écroule dans un fauteuil. Les yeux fixés sur les taches qui maculent sa robe, elle sanglote son désespoir.

– Des sauvages ! souffle-t-elle. De ma vie je n'oublierai cette orgie répugnante. Le vin coule autant que le sang. Princes et valets, échauffés par l'alcool, tirent l'épée et roulent sous les tables. Le roi lui-même, ivre d'hydromel, s'est écroulé sur le sol jonché de verres brisés, dans un concert de ronflements et de hoquets.

– Reprenez-vous, Madame, dit la comtesse de Guébriant. Rien n'est perdu. Vous saurez mettre un peu d'ordre dans cette pétaudière.

La reine sèche ses larmes et se raidit.

– Retournons en France, rétorque-t-elle d'une voix sèche. Tant pis pour la couronne !

Marie Casimire, à cet instant, sort de sa cachette et se précipite dans les bras de sa protectrice.

– Oh oui ! dit-elle. Rentrons à Paris. Je n'aime pas la Pologne.

Mais le destin l'attendait sur les rives de la Vistule. Elle ne pouvait lui échapper.

## III

Au rez-de-chaussée du Palais, dans les appartements réservés aux demoiselles d'honneur, Marie Casimire, fébrile, s'apprête pour son premier bal. Dans quelques jours, elle aura quatorze ans, mais en cette nuit de la Saint-Jean de l'année 1655, elle fait ses débuts officiels à la cour de Pologne. En robe de brocart rose, elle s'agite devant le miroir tandis qu'une servante pique les dernières fleurs dans la masse de ses cheveux sombres savamment nattés et bouclés. L'excitation empourpre ses joues qu'elle poudre en vain et ses grands yeux noirs brillent de mille feux.

– Je veux être la plus belle, Vania.

– Vous l'êtes, et vous le savez, répond la servante, guère plus âgée qu'elle, qui la suit depuis l'enfance et lui sert de confidente. Pourquoi vous inquiéter ?

– Ce soir, Vania, j'attends l'amour. Il monte du fleuve avec le chant des bateliers. Des mots tendres dans la brise du soir qui caresse les fleurs des charmilles. Au rythme de la danse ils berceront mon cœur, et c'est un beau hussard qui les prononcera.

– Vous êtes amoureuse et vous ne me disiez rien.

Comment se nomme-t-il, et où l'avez-vous déniché, petite cachottière ?

– L'amour vient au bal, Vania. N'est-ce pas ainsi que les autres filles ont trouvé leurs maris ? Ce soir, je rencontrerai le mien, celui qui prendra mon âme et m'aimera pour toujours.

Elle se lève et regarde son image dans le miroir. Un corps souple, une taille menue, une gorge tendre, un visage d'un ovale parfait, un teint éblouissant et des mains qui se meuvent avec grâce. Elle possède toutes les séductions pour attirer le meilleur des galants, mais elle en doute encore et cherche à se rassurer.

– Crois-tu que je le rencontrerai ? murmure-t-elle.

Au fil des années, elle a vu se marier tous les « jolis museaux » venus de Paris dans la suite royale. Elle a suivi leurs émois devant les billets tendres qu'envoyaient les jeunes guerriers, et leur ravissement lorsque ces derniers leur donnaient l'aubade. A son tour, elle attend ce temps béni de la romance qui précède la noce. Etre fêtée, adulée, courtisée, vibrer de ces mille émotions que l'on nomme « amour », et sortir enfin de ces chambres qu'une discipline rigide transforme trop souvent en prison. Elle est là depuis neuf ans et se languit. Elle a grandi en se hissant vers les hautes fenêtres en ogive qui donnent sur l'esplanade du Palais, fascinée par les hussards de la Garde et les cavalcades somptueuses des dignitaires. Sous la férule de gouvernantes sévères, elle a appris l'obéissance et la dévotion, l'écriture et le calcul, ainsi que l'italien et le polonais. Louise, fidèle à sa promesse, ne l'a pas oubliée et, soucieuse de parfaire son éducation, l'a retenue plus d'une fois dans son salon où se réunissait une cour savante. On y parlait avec esprit de théologie et d'astronomie, de tous les arts et de toutes les sciences. On déclamait des poèmes, on écoutait les musiciens et l'on jouait la comédie. Marie Casimire était douée pour toutes ces choses. Elle touchait habilement au clavecin et grattait le théorbe. Elle aimait le chant mais préférait la danse, et on l'avait applaudie, l'année précédente, dans un divertissement de ballets où elle figurait en moissonneuse.

Ce soir, elle attend son cavalier. Polonaise, courante, gigue, pavane ou menuet, rien ne l'effraie. Son corps gracile ondule comme une liane et son pied bat la mesure sur le tapis. La voix de la gouvernante résonne soudain. On tambourine aux portes. Les demoiselles d'honneur sont demandées dans les appartements de la reine. Comme le veut l'étiquette, elles serviront le souper intime de Leurs Majestés, avant de les escorter dans la galerie où se rassemble déjà une société brillante, la plus noble de toute la Pologne.

Parée de tous ses bijoux, Louise rayonne. Auprès d'elle se trouve un autre roi, plus jeune et plus souriant. Ladislas s'est éteint deux ans après leur mariage. Mais Louise a conservé sa couronne en épousant Jean Casimir, élu par la Diète pour succéder à son frère. Le dominant de son regard magnétique, elle a repoussé les « sauvageries » et installé la France sur les bords de la Vistule. Palatins et castellans ont appris à s'exprimer en termes raffinés. Pour plaire aux dames, ils les comparent à des libellules, parlent d'un téton aussi menu qu'une bulle, vantent un teint plus blanc que le marbre, le lys, le lait, la perle, le cygne ou la neige, et ne promettent plus de les faire « couiner comme des truies » ou « hennir comme des étalons ». Quant aux palatines, elles dénudent leurs épaules jusqu'à laisser entrevoir leur gorge, portent des robes à queue, se collent des mouches et ordonnent leurs cheveux de façon extravagante. L'esprit s'aiguise et le goût s'affine à la cour de Varsovie où l'on vit, désormais, à l'heure de Paris.

Le roi et la reine saluent la foule en habits de gala qui se presse dans les salons tendus de brocart d'or et s'incline sur leur passage. On acclame Jean Casimir dont on célèbre la fête, et l'orchestre attaque une pavane. Les souverains ouvrent alors le bal dans une vaste salle ornée de colonnes de marbre rose sous les plafonds aux lambris rehaussés d'or. De grands miroirs encastrés dans les murs multiplient leur image à l'infini sous les halos dorés des lustres. Ils restent seuls à évoluer sur la magnifique rosace en marqueterie de bois précieux. Ainsi le veut l'étiquette. Mais avant que la musique ne s'arrête, ils rejoignent leurs trônes. Les demoiselles d'honneur, alignées derrière la reine, sont aussitôt assaillies, Marie Casimire n'a pas le temps d'être anxieuse. Dragons, hussards et lanciers se disputent, un à un, l'honneur de la faire danser. Les cavaliers abondent et l'on ne voit plus, dans la lumière des mille bougies, que la finesse de sa silhouette, sa grâce inégalable et sa beauté incomparable. Ses lèvres délicieusement ourlées sourient de bonheur et ses yeux enflamment les cœurs. Devant tant de charmes, la cour éblouie murmure son admiration.

Et soudain, il est là. C'est lui. Elle le sent au premier regard lorsqu'il vient s'incliner devant elle. Le plus beau des hussards qu'elle ait jamais vus. Un géant d'une force herculéenne, un visage fort au teint coloré, avec une fossette au creux du menton et des lèvres qui cherchent le baiser. Il se présente :

– Jean Sobieski. Lieutenant de Sa Majesté.

D'une voix sonore, il lui demande toutes les danses de la soirée.

– Je ne m'engage pas à la légère, Monsieur, répond-elle avec aplomb. Qui me dit que vous n'allez pas m'écraser les pieds ? Je veux bien vous accorder la prochaine. Je ferai ensuite mes réflexions.

Le rire de l'officier carillonne et ses yeux bleus s'allument d'étincelles. Il prend la main fine qu'elle lui tend et la caresse délicatement du bout d'un doigt. Une drôle de sensation emplit le cœur de Marie Casimire. Un trouble inconnu qu'elle veut maîtriser à tout prix car il chauffe ses joues, ramollit ses jambes, et pourrait bien lui faire manquer la sarabande. Mais leurs pas s'accordent et les danses se succèdent. Il les connaît toutes et les exécute avec une élégance parfaite. De volte en virevolte, il s'amuse et la fait rire lorsqu'il parle des Tatars et des cosaques, ses dernières campagnes. Il a vingt-six ans et se bat depuis huit ans, digne représentant d'une longue lignée de guerriers dont il n'est pas peu fier.

– Je suis né dans les fracas de tonnerre d'une nuit d'orage, conclut-il, et je vis au son de la mitraille et du canon.

– Ne m'ennuyez pas avec ces choses, Monsieur. Ce soir nous fêtons l'été. Voyez comme la nuit est douce.

Elle minaude et joue de la prunelle pour l'inciter à la courtiser.

– Tout à vos ordres, ma demoiselle, dit-il en s'inclinant. Allons sentir le parfum de la brise.

Ensemble, ils suivent les invités dans les jardins pour voir le grand feu de la Saint-Jean. Il l'entraîne alors sous les charmilles au bord de la Vistule illuminée par des centaines de barques hérissées de flambeaux, et lui raconte ce Paris qu'il visitait quand elle était déjà à Varsovie.

– J'aurais dû vous croiser en chemin, dit-il, et je n'aurais plus quitté la portière de votre carrosse.

– M'auriez-vous remarquée ? Je n'étais qu'une enfant, Monsieur.

Une ombre ternit l'éclat de ses yeux. Des images reviennent, toujours les mêmes que le temps ne peut effacer : le doigt d'Opalinski pointé sur elle, les visages accusateurs, les propos humiliants et la soupente immonde. Qu'aurait fait Jean Sobieski s'il avait été présent ? L'aurait-il méprisée lui aussi ? Mieux valait qu'il ne sache rien de ces calomnies que certains n'ont pas oubliées et qu'elle chasse de sa mémoire en secouant ses boucles d'un mouvement impérieux de la tête. Avec un sourire enjôleur, elle ajoute :

– Vous savez fort bien tourner le compliment, Monsieur. Dites-moi que je vous reverrai et que nous danserons encore.

– Aussi longtemps qu'il vous plaira, jolie demoiselle.

D'une pirouette, elle lui fait face et le transperce d'un regard ardent.

– Alors, Monsieur, si vous voulez que je vous croie, ne manquez aucun des bals de l'été.

Le jeune homme s'empourpre. La gorge troublante de Marie Casimire palpite sous ses yeux, un léger parfum de musc et de violette chatouille ses narines, éveillant mille désirs qui lui brûlent le sang. Maîtrisant son émotion, il prend la main si fine et la serre entre les siennes :

– Marysienka [1], dit-il en polonais, que de temps perdu, que nous ne perdrons plus !

Mais déjà les lampions s'éteignent. Il faut se séparer. Sobieski s'incline et disparaît dans un cliquetis de sabre. Marie Casimire reprend son rang derrière la reine qui dissimule un sourire, et regagne le Palais. Ses grands yeux noirs sont pleins de rêves, un tourbillon emporte son cœur et sa main garde l'odeur enivrante de celui qui a pris son âme en l'appelant « Marysienka ». Personne auparavant ne lui a donné un nom si doux. Il résonne dans sa tête et son corps frissonne.

– Vania, c'est lui, confie-t-elle avant de s'endormir, je le sens. Il n'y aura que lui pour m'appeler ainsi.

Le lendemain, dans le boudoir de la reine, les commentaires vont leur train.

– Mademoiselle d'Arquien, s'exclame Louise d'une voix redondante qui témoigne de son contentement, je vous félicite pour votre succès. Vous avez séduit la cour, et les poètes ne tarissent pas d'éloges. Ecoutez ce qu'a écrit Monsieur Morsztyn à votre sujet :

*C'est au ciel, en un mot, qu'elle a son parentage,*
*Tous les dieux ont en elle enfermé leurs trésors,*
*Et les cœurs vont à elle en hommage, en offrande,*
*Ainsi que vers un temple, ainsi que vers une Arche.*

« Arka », l'Arche, tel est le surnom qu'il vous donne. Chacune de ces demoiselle a eu le sien. Nous devrons désormais en tenir compte. Ils pourraient nous servir de thème pour les prochains bals. Qu'en pensez-vous ?

On applaudit les propos de la reine. D'autres idées fusent. Dans son coin, Marie Casimire reste vague. Peu lui importe « Arka », trop froid, trop théâtral. « Marysienka » berce son cœur. Une musique tendre qui chante à son oreille et court sur sa peau comme une caresse. Un nom léger qui renferme

1. Petite Mariette. Se prononce Marichenka.

son message chargé de secrets. L'amour est au bout de la romance, avec des yeux de ciel et des lèvres gourmandes soulignées de longues moustaches frémissantes. Quand le reverra-t-elle ? La voix de Louise domine le brouhaha. Elle annonce une série de fêtes. Tout au long de l'été, au gré de sa fantaisie, elle promènera sa cour de château en château où les divertissements abonderont. Le départ aura lieu dans quelques jours à peine. Dans une envolée de jupons, dames et demoiselles s'éparpillent vers leurs appartements. La main de Louise s'accroche au bras de sa favorite :

– Choisissez, comparez, piquez, mettez à l'épreuve... Mais avant tout, gardez-vous des emballements qui ne sont que des caprices. Soyez intelligente et vous cueillerez le meilleur. Je ne désire que votre bonheur.

– Soyez rassurée, Madame, répond la jeune fille avec un sourire. Vous me comblez au-delà de tout ce que je puis désirer, et j'attends avec impatience les mille plaisirs que vous nous réservez.

Deux semaines plus tard, les troupes suédoises entrent en Pologne et tout est bouleversé. Une véritable tornade s'abat sur le royaume qui sombre sous un déluge de sang. Le pays se divise. Une partie de la noblesse se soumet à l'envahisseur, et les souverains polonais apprennent avec effroi que plusieurs généraux ont rejoint le camp du roi Charles-Gustave, entraînant sous leurs bannières neuf mille des plus valeureux guerriers des régiments royaux. Des noms volent de bouche en bouche. On dénonce la trahison et l'on condamne les transfuges, mais on plie bagage et l'on abandonne Varsovie pour trouver refuge à Glogowek en Silésie.

Pour Marie Casimire, le monde s'écroule. Plus de bals, plus de réjouissances, et surtout, plus d'espoir de revoir Jean Sobieski. Son nom est sur la liste des bannis. Il se bat aux côtés du roi de Suède, contre le roi de Pologne qui se dit aussi roi de Suède. Un conflit stupide provoqué par une prétention tout aussi stupide : celle de Jean Casimir qui s'est amusé à réclamer le trône de son ancêtre Sigismond, déclenchant ainsi les foudres de l'héritier légitime des Vasa, Charles-Gustave. Mais au premier coup de canon il s'enfuit et se lamente d'être délaissé, oubliant que, dans son royaume, les nobles ont tous les pouvoirs, y compris celui de changer de roi. Alors sont-ils blâmables ceux qui ont choisi de suivre la puissance et tournent le dos à la faiblesse ? Marie Casimire, bouleversée, ne sait plus que penser. Elle hait cet exil et s'emporte contre cette guerre qui se dresse devant elle comme une rivale et lui dispute son beau hussard évanoui dans les tourbillons de feu.

– La mort ne le prendra pas, se répète-t-elle. Dieu écoutera ma prière et ne le permettra pas.

Les nouvelles vont et viennent, et les mois passent, chargés d'incertitudes. Une brise légère réveille la terre en cette fin de mars 1656. L'air a des odeurs de fruit, et les papillons par nuées colorent les rayons du soleil. Loin des regards pervers de la cour, Marie Casimire cache sa mélancolie derrière la balustrade ajourée d'une galerie qui orne le palais de bois entouré de mélèzes. Ses yeux sombres errent par-delà les cimes. Ses doigts pincent les cordes d'un théorbe, et son chant monte comme une plainte :

*Dans le village au bord de la rivière,*
*J'attends le retour de mon aigle.*
*Il me dira des mots tendres et m'embrassera.*
*Comme une étoile scintillante, il reviendra.*

Les mots s'étranglent dans sa gorge. Où est-il en cet instant, celui qui la faisait rire et danser le soir de la Saint-Jean ?

– Jean Sobieski ! murmure-t-elle. Que le vent vous apporte mon appel. Il vous dira que je ne peux vous oublier.

Une jeune fille aux cheveux blonds retenus par des liens de perles court le long de la galerie.

– Des courriers sont chez la reine, s'écrie-t-elle en polonais. Je l'ai entendue pousser un cri de joie. Viens vite. Elle convoque tout le monde.

Devant la mine boudeuse de Marie Casimire, elle ajoute :

– Réjouis-toi ! Si la guerre est finie, nous rentrerons à Varsovie.

– Que m'importe, puisque je ne reverrai plus celui qui a pris mon âme.

Une autre jeune fille surgit.

– Qu'attendez-vous ? dit-elle. La reine s'impatiente.

Des odeurs d'encens et de cierges flottent dans les couloirs qui mènent aux appartements de Louise. Toutes les pièces qui les bordent ont été transformées en chapelles par les religieux qui ont suivi la cour dans sa fuite. Une armée d'évêques, de moines et de bonnes sœurs se prosternent jour et nuit dans les halos des flammes vacillantes, implorant la Croix et la Vierge d'abréger le martyre que font subir aux catholiques polonais les protestants sanguinaires de Charles-Gustave. Les portes entrebâillées montrent les ostensoirs de l'espoir, emplis de la divine présence que l'on supplie à deux genoux, et les demoiselles d'honneur marquent une pause devant chacun pour se signer avec ferveur.

Dans le salon d'audience, il y a foule autour de la reine : quelques dames d'atour et quelques évêques, mais surtout des sénateurs et des officiers dont les armes cliquettent sur les étriers. Les ans et les épreuves ont marqué le visage de Louise, qui s'est empâté. Mais ses yeux, plus magnétiques que jamais, se zèbrent d'éclairs. Depuis le début de l'invasion, elle a pris en main la barre du royaume, ralliant ici et là et ranimant les courages. Quand on a demandé de l'argent pour lever des troupes, elle a donné sa vaisselle d'or et d'argent, et fait vendre ses bijoux. Marie Casimire et ses deux compagnes se faufilent jusqu'au trône, tandis qu'elle annonce :

– Nos grands guerriers sont de retour : Konieçpolski, Sapieha, Wisnowieski et Sobieski. Il était temps que la raison leur revienne. Avec leurs hommes, ils ont rejoint le roi. La résistance s'organise et la reconquête commence.

On applaudit, et elle ajoute :

– J'avais honte de notre noblesse divisée. Mais aujourd'hui, elle se reprend. Prions encore mes amis, et préparons-nous. Notre retour à Varsovie est imminent.

Le cœur de Marie Casimire s'emballe. Louise lui a fait un signe de tête en souriant, puis s'est tournée vers son secrétaire pour entendre la lecture du courrier. Le bruit des exclamations est assourdissant mais, en se penchant, la jeune fille a pu saisir les derniers mots du gentilhomme :

– Le Grand Khan de Tatarie nous envoie un corps d'élite de dix mille cavaliers.

– Écrivez au général Czarnieçki, répond la reine. Qu'on donne le commandement des troupes tatares au lieutenant Jean Sobieski. Il connaît bien ces gens-là et saura les manœuvrer.

Cette fois il n'y a plus de doute. Le beau hussard n'est plus banni, il est même pardonné. Le visage de la jeune fille s'empourpre et ses yeux brillent. Une joie immense l'envahit, qu'elle contient avec peine. Louise, qui n'a cessé de l'observer à la dérobée, se lève de son trône et se tourne vers elle pour lui dire :

– Veuillez me suivre dans mon boudoir.

Quelques instants plus tard, dans l'atmosphère ouatée d'un petit salon tendu de velours de Gênes bleu et or, la reine pose un bras sur les épaules de la jeune fille.

– Etes-vous heureuse, mon enfant ? demande-t-elle d'une voix douce. Le déluge va se calmer, et j'entrevois pour vous une grande félicité.

Marie Casimire tombe à genoux aux pieds de sa bienfaitrice et prend sa main qu'elle embrasse éperdument :

– Merci, merci, dit-elle avec effusion. Je savais que vous étiez généreuse. Je savais que vous pardonneriez.

– De quoi parlez-vous ? demande Louise, feignant la surprise.

– Votre Majesté n'a-t-elle pas donné un commandement à Jean Sobieski ? C'est le meilleur de vos guerriers, et je suis sûre que...

La reine relève sa favorite d'un geste sec. Le sourire a disparu de son visage.

– Seriez-vous sotte ? rétorque-t-elle. Vous êtes la plus jolie de mes demoiselles d'honneur, celle que je chéris tout particulièrement, et vous imaginez que je vais vous donner à ce petit staroste [1] de peu de foi ? Un renégat !

Marie Casimire soutient son regard et refoule dignement ses larmes. Les traits de la souveraine s'adoucissent et le ton prend un tour affectueux, presque familier :

– J'ai mieux pour vous, dit-elle. Un vrai défenseur de la Pologne, celui-là. J'ai nommé Monsieur Jean Zamoyski. « Le Prince », comme il aime à se faire appeler. Il est vrai que dans notre république qui ignore les titres et ne reconnaît que les dignités accordées par le roi, les magnats ont une puissance qui leur permet tous les caprices.

Assommée par le propos, Marie Casimire vacille. Tout tourne autour d'elle et son sang se retire. De nouveau tout s'effondre. L'espoir, à peine ressuscité, est aussitôt balayé. Elle s'approche d'une fenêtre pour ne pas défaillir, et la voix de Louise lui parvient, sonore et lointaine, venue du fond de la brume. Ignorant le trouble de sa favorite, la souveraine poursuit son discours :

– Seul dans sa forteresse il vient de repousser brillamment les assauts du roi de Suède. Et lorsque ce dernier, après trois semaines de combats sans résultats, lui a envoyé des émissaires pour négocier sa reddition, il a eu l'aplomb de répondre à Charles-Gustave : « Les canons de Sa Majesté n'ont jusqu'à présent tué qu'un cochon et quelques poules. Et si Sa Majesté trouve le temps long, je lui enverrai mes violons ! »

Louise s'interrompt pour rire. Il en est ainsi chaque fois qu'elle évoque cette histoire.

– Quel esprit ! s'exclame-t-elle, ayant repris son sérieux. Du panache, digne de tous nos grands Frondeurs… Il est vrai

1. Propriétaire d'une starostée, c'est-à-dire d'un domaine. Jean Sobieski avait reçu de sa famille des propriétés immenses et le roi Jean Casimir venait de lui offrir la starostée de Iavorow dans l'est de la Pologne.

que vous n'avez pas connu cette époque. Quelle époque, en effet !... Tout cela pour vous dire que ce prince Zamoyski me paraît être un excellent parti. Vous êtes la plus jolie de la cour, il est le plus riche. Et l'on me dit qu'il est amoureux de vous, « amoureux comme un chat » !

Louise rejoint la jeune fille et, dans un élan de tendresse, la serre dans ses bras :

– Tu sais combien tu m'es chère, trésor. J'ai promis d'assurer ton avenir et je le ferai. Crois-moi. Jean Zamoyski est l'homme qu'il te faut.

Marie Casimire, désespérée, regarde les troncs argentés alignés à perte de vue. Si la reine peut se permettre des familiarités de mère, la favorite, elle, ne peut s'abandonner à un désespoir d'enfant. Son rôle de suivante lui impose l'obéissance et le respect. Mais son cœur se révolte, bien décidé à ne pas se laisser briser :

– Je vous en prie, Madame, répond-elle d'une voix grave, donnez un peu de temps à Jean Sobieski. Il sera le meilleur défenseur de la Pologne.

# IV

Trois mois passent. Trois mois de déchirements et de larmes, comme en ce jour où, sous la dictée de Louise, Marie Casimire a dû écrire une lettre au prince Zamoyski : des félicitations pour sa résistance brillante au roi de Suède et des vœux pour une rencontre prochaine. Fort habilement, sous prétexte de faire son bonheur, la reine tisse autour d'elle une grille de soie qui la pousse en douceur vers une cage dorée que son cœur refuse et que son obéissance doit accepter. Ayant appris l'art de feindre, elle feint de plier, car il lui reste un espoir, infime certes, d'échapper au piège, mais qui s'affermit lorsque, à la fin de juin, la cour abandonne Glogowek pour se rendre à Varsovie. Dans la ville libérée, se dit-elle, on célébrera dignement la victoire par des bals, et Jean Sobieski, fidèle à sa promesse, ne manquera pas de s'y rendre. Ils danseront encore dans la lumière des bougies, puis sur la terrasse inondée de lune, il caressera sa main en l'appelant « Marysienka ». N'est-ce pas un tendre sentiment qui lui a inspiré ce nom ? En ce cas, il ne voudra pas la perdre et jamais ne la laissera épouser le prince Zamoyski.

Le carrosse de la reine tangue sur les ornières. Les chemins sont défoncés par la mitraille, et le cortège avance lentement au milieu d'une campagne dévastée où tout est calciné. Les arbres déchiquetés se tordent tragiquement. Les villages ne sont plus qu'amas de pierrailles entourés de cadavres éventrés qui pourrissent sous un soleil de feu. Paysage d'un autre monde que l'on découvre avec stupeur.

– Je n'ai jamais vu une telle désolation, s'écrie Louise.

L'œil fixé sur l'horizon enfumé, Marie Casimire ne pense qu'à son hussard et l'imagine au milieu de ses troupes, exhortant leur ardeur de la voix et du geste, pour nettoyer les routes et y dérouler les tapis de la gloire. On s'arrête à Czestochowa transformé en forteresse. Le prieur raconte la résistance farouche de ses moines, puis regarde l'image sainte et ajoute :

– La Vierge aurait maudit la Pologne à tout jamais si nous l'avions abandonnée aux reîtres luthériens.

Il tombe à genoux et se prosterne. La reine et sa suite font de même. Un cantique, spontanément, vient sur toutes les lèvres. Un *Salve Regina* magnifique, chanté avec ferveur. Pendant ce temps, cachée dans l'obscurité d'une encoignure de la chapelle, Marie Casimire, le visage tendu vers l'icône qui flotte sur les halos des cierges, prie de toute son âme :

– Oui, sauvez la Pologne, ma bonne Vierge. Mais surtout empêchez ce mariage avec un homme que je n'aime pas. Protégez Jean Sobieski, je vous en supplie. C'est lui que j'aime et que, avec votre aide, j'épouserai.

Le cortège reprend sa route dans une boue de chair et de sang. L'air est irrespirable. Les dames ont sorti leurs sels et leurs dentelles parfumées. Les narines se pincent, les estomacs se retournent et les visages verdissent. On ferme les yeux et on défaille. Marie Casimire, digne et stoïque, contemple le désastre. La guerre est là, toute proche. Varsovie est derrière l'horizon. Des coups sourds résonnent et le sol tremble. Un peloton de cavaliers débouche d'un bois ou, du moins, de ce qu'il en reste. Leur chef galope vers le carrosse royal et salue la reine, sabre au front :

– Où est le roi ? demande-t-elle.

– En première ligne, Madame.

Louise, satisfaite, descend de son carrosse et passe en revue les dragons alignés dans leurs tenues de combat fatiguées. Marie Casimire en profite pour s'approcher de l'officier.

– Où est Jean Sobieski ? demande-t-elle, haletante.

– Avec le roi.

– L'avez-vous vu ? Etes-vous sûr qu'il est vivant ?

– Aussi sûr que je vous vois.

– Dites-lui... Oh non. J'espère que tout cela finira bientôt.

Le 13 juillet, la reine et sa suite entrent dans Varsovie. Entouré de ses généraux, Lubomirski, Czarnieçki, Potocki, le roi est venu à sa rencontre et lui présente celui qu'il vient de nommer « chorazy » [1], Porte-Enseigne de la Couronne. Un colosse salue respectueusement. Botté jusqu'au ventre, il porte une casaque de cuir rehaussée de plaques d'or sous une cape de panthère qui flotte sur ses bras nus. Marie Casimire étouffe un cri. Sous le bonnet fourré, elle a reconnu Jean Sobieski. L'espace d'une seconde, leurs regards se croisent. Son cœur chavire et elle n'a d'yeux que pour lui. Les commentaires et lamentations sur la ville brûlée, les morts par milliers, le Palais saccagé l'effleurent à peine. Une seule pensée occupe son esprit : dans quelques jours peut-être, le bel officier fera plier sa taille au son de la musique et la bercera de mots doux. Il demandera sa main et elle sera délivrée. Pour « Marysienka », la guerre est finie.

Et pourtant, les combats continuent autour de la capitale. L'ennemi ne lâche pas prise aisément. Il s'embusque dans les bois de Praga, tout proches. Louise, prenant goût à la vie des tranchées, monte en ligne, et Marie Casimire est bien la seule parmi les demoiselles d'honneur blêmes de frayeur à lui emboîter le pas sans maugréer. Tandis que la reine va s'asseoir sur un tambour afin de surveiller le tir des batteries, ou fait dételer ses chevaux pour déplacer un canon, la jeune

1. Se prononce korondji.

fille surmonte sa peur et fait quelques pas vers une hauteur. Un régiment de Tatars venus de Crimée se bat aux côtés des Polonais, et son commandant est Jean Sobieski. Elle distingue sa bannière dans le lointain et scrute les collines pour y reconnaître son géant habillé de cuir et d'or. En son honneur, elle porte une petite veste à la turque sur sa jupe d'amazone, et son feutre à large bord s'orne d'un superbe panache blanc.

Le bruit est assourdissant : tirs de mousquets et de batteries, sifflements de projectiles... Des boulets tombent à quelques mètres à peine, mais elle n'y prend garde. Dans le cercle de sa lorgnette, un étendard flotte au-dessus d'une mêlée en furie. Au milieu de ses hordes sauvages, Jean Sobieski ne flanche pas et taillade l'ennemi.

– Il est invincible, murmure-t-elle. Il gagnera et c'est lui que j'épouserai.

Des cris montent dans le lointain et se rapprochent. On parle déjà de victoire et Marie Casimire, soulagée, rejoint la reine qui affiche un air de parfait contentement lorsqu'elle s'écrie :

– Les « Pludraks » [1] mordent enfin la poussière ! L'événement doit être célébré.

Tandis que les combats se poursuivent à l'horizon, sous les poutres polychromes du Palais du Jardin, au bord de la Vistule, on festoie et on danse. La cour s'est reconstituée autour du couple royal et retrouve ses divertissements. La musique emplit les salons et berce les cœurs. Celui de Marysienka attend désespérément. Des bottes martèlent sans fin les dallages de marbre et les parquets en marqueterie. Des hussards vont et viennent sous les lambris illuminés, mais aucun d'eux n'est Jean Sobieski. En première ligne, affrontant la mitraille, le Porte-Enseigne de la Couronne nettoie le pays.

– Vous devriez l'oublier, dit Vania. Il ne pense qu'à la

1. Les Suédois. Les Polonais donnaient ce sobriquet à tout soldat habillé à l'allemande – à cause de leurs pantalons bouffants appelés « Plunderhosen ».

guerre et n'a qu'une maîtresse : son épée. Pour le reste, les camps en sont pourvus, et j'ai ouï dire qu'il y fait honneur plus d'une fois le jour.

– Tais-toi, rétorque Marie Casimire au bord des larmes. Tu veux me faire mal, mais tu ne sais rien. J'ai lu dans ses yeux qu'il m'aime, et je ne peux me l'ôter de l'âme. C'est lui et ce sera lui, pour toujours.

– Pourquoi vous entêter sur le seul qui n'est pas à vos pieds ? Avouez que vous cherchez votre malheur.

– Il reviendra et m'emmènera.

Mais à la fin d'août, on abandonne Varsovie de nouveau. Les Suédois, soutenus par des renforts venus du Brandebourg, contre-attaquent par le nord. Le Moscovite mobilise sur ses frontières. Au sud, une armée de Moldaves, Valaques et Hongrois se joint aux cosaques d'Ukraine et prend Cracovie. L'ennemi surgit de tous côtés. Chacun veut son morceau de Pologne, et la confusion règne partout. La cour reprend le chemin de l'exil. La forteresse de Lantzut [1] tout d'abord, près de Lvov, puis le château de Wolborz, sur les marches occidentales du royaume.

Des milliers de manants ont grossi les régiments royaux. Le sang coule. La reine se démène pour trouver des secours. Marie Casimire, stoïque, ne pense qu'à Jean Sobieski. Entre le camp du roi et le cabinet de Louise, les courriers vont et viennent, et le Porte-Enseigne de la Couronne pourrait bien être l'un d'eux. Dans le quartier réservé des demoiselles d'honneur, on épie avec attention les mouvements de ces messieurs que l'odeur de la poudre habille de gloire. Un matin enfin, Vania lui annonce :

– Il est chez la reine, avec les généraux.

– Cette fois, je lui parlerai ! s'écrie la jeune fille.

Sans perdre de temps, elle court le long des corridors et se glisse furtivement dans la salle du Conseil où Louise, entourée de chefs de guerre, étudie les cartes des zones où se déroulent

1. Se prononce Ouanitzout.

les opérations. Dissimulée derrière une tenture, Marie Casimire le reconnaît au premier coup d'œil avec sa cape de panthère sur la cuirasse rehaussée d'or. Il se tient très droit près de la reine qui lui tend une dépêche en déclarant :

– On me dit que vous faites merveille à la tête de vos Tatars. Je compte sur vous pour reprendre Cracovie. Allez et gagnez, pour le salut de la République !

Aussi discrètement qu'elle est entrée, la jeune fille se retire et se précipite au bas du grand escalier de pierre pour y surprendre son hussard. Cachée par les balustres, elle le voit descendre les marches à grandes enjambées. Son cœur s'emballe. Elle hésite un instant, et va soudain se planter devant lui :

– Où courez-vous si vite ? s'écrie-t-elle sur un ton enjoué. Est-ce moi que vous cherchez ?

La surprise le fige. Son regard se perd sur les contours de la gorge qui palpite. Un parfum de musc et de violette monte à ses narines, des images envahissent sa mémoire et le troublent : la Vistule illuminée, la brise tiède sous les charmilles, une taille frêle sur son bras, et ces yeux pleins de feu qui lui brûlent le sang.

– Marysienka, dit-il d'une voix contenue. La guerre ne vous a pas changée, bien au contraire. N'ayez crainte. Elle finira bientôt et nous danserons encore.

– J'ai voulu vous voir à la bataille de Praga et j'ai bien failli mourir.

– La place d'une jeune demoiselle comme vous n'est pas sous la mitraille, rétorque-t-il en riant.

– Je vous ai attendu à Varsovie, et vous n'êtes jamais venu. Pourquoi ? Dois-je comprendre que…

La voix se brise, des larmes brillent au bord des cils qui palpitent. Que peut-il faire devant un tel aveu sinon fuir ? L'envie est forte pourtant de l'emmener sous les ombrages du parc et voler le baiser que ses lèvres réclament. Mais la reine vient de lui donner un ordre et le temps presse. Son devoir l'appelle bien loin de ces épaules aux courbes si douces et de cette peau nacrée qui l'hypnotise. Il joue un instant avec les doigts parfumés et les presse entre ses mains.

– Que Dieu vous garde, Marysienka, dit-il en s'inclinant jusqu'à les effleurer de sa moustache. Je vais reprendre Cracovie.

Au bas du perron, il retrouve son cheval et monte en selle. Il la regarde une dernière fois et s'écrie en brandissant son sabre :

– Pour vous !

Son rire carillonne. Il disparaît sous les frondaisons cramoisies piquées de vert sombre et Marie Casimire, immobile, écoute le martèlement des sabots décroître jusqu'au silence. Son cœur cogne dans sa poitrine. Jean Sobieski n'a pas oublié « Marysienka ». Il ne l'oubliera jamais, elle en est certaine. Elle l'a lu dans ses yeux. Un page s'approche et lui dit :

– Sa Majesté vous demande.

Drapée dans un châle ourlé de martre, Louise attend sa favorite sur le balcon de son salon particulier.

– Asseyez-vous, dit-elle en lui montrant une bergère près d'elle. J'ai une excellente nouvelle : le prince Zamoyski s'est prononcé. Il demande officiellement votre main, et voici ce qu'il vous envoie.

D'une aumônière en velours elle sort une croix en or sertie de cinq gros diamants.

– Ce cadeau dit assez son amour pour vous, ajoute-t-elle, et... la mesure de ses moyens.

Marie Casimire, hébétée, fixe le bijou en silence et fond en larmes.

– Votre Majesté me met au désespoir, dit-elle entre deux sanglots. Vous m'obligez à vous quitter pour épouser un homme que je n'aime pas.

Louise durcit le ton.

– Je vois, ma fille, que ces derniers mois n'ont pas affermi votre cervelle. Vous vous entêtez à envisager votre avenir comme une enfant. Qui parle d'amour quand on a la chance d'avoir à ses pieds l'homme le plus riche de Pologne... et le plus puissant ? D'autant qu'il est bien de sa personne et n'a que trente ans.

La jeune fille, qui a tout juste quinze ans, continue de sangloter et réussit à dire :

– J'aime Jean Sobieski.

– Vous venez de lui parler, je sais, rétorque la reine agacée. Et lui, vous aime-t-il ? Vous a-t-il fait des promesses ?

– Il va prendre Cracovie... Pour moi.

Le rire de la reine interrompt brusquement les larmes de sa favorite.

– Et vous buvez ces sornettes, pauvre enfant.

Elle saisit le bras de la jeune fille et la tourne face à elle pour mieux la pénétrer de son regard qui sait si bien scruter les êtres.

– Vous croyez, petite sotte, que ce Jean Sobieski, descendant du maréchal Zolkiewski, le plus grand héros de la Pologne, peut vous épouser ? Sa mère ne le lui permettra jamais. Qui est Mademoiselle d'Arquien ? La fille d'un petit hobereau sans le sou. Et si je ne vous avais emmenée dans ma suite, où seriez-vous aujourd'hui ? Estimez-vous heureuse que le prince Zamoyski ne soit pas plus exigeant sur vos origines. Vous êtes ma favorite et cela lui suffit.

Marie Casimire, pétrifiée, reste sans voix. En elle, tout se brise. Elle se croyait aimée par sa bienfaitrice, et voilà qu'on l'humilie. Sobieski se serait-il moqué d'elle lorsqu'il l'appelait « Marysienka » ? Il lui a promis Cracovie, mais que signifiait son éclat de rire tonitruant dans la forêt de mélèzes ? Pense-t-il lui aussi que sa naissance est douteuse ? D'autres mots lui reviennent en mémoire ainsi que la soupente et son odeur immonde qui restera toujours celle de la honte. Un courant d'air la fait frissonner. Elle s'enfonce dans son fauteuil et pose sur sa bienfaitrice un regard douloureux. Indifférente aux états d'âme de sa favorite, la reine continue son discours :

– Vous devriez vous sentir flattée. Le prince a renoncé pour vous aux héritières des meilleures familles de Pologne.

On parle même d'une veuve ravissante dotée de biens considérables. Mais il dit que vous êtes la plus belle, et vous prend comme le Bon Dieu vous a faite.

Le fer s'enfonce et la déchire. Pourquoi cet acharnement de la reine à lui rappeler ses origines et la pauvreté d'une famille dont elle n'a gardé aucun souvenir ? Pourquoi lui faire mal ? Pour la mieux dominer ?

– Remerciez-moi plutôt, mon enfant, dit encore Louise sur un ton plus chaleureux. Vous êtes la dernière de mes « jolis museaux » que je marie, c'est à vous que j'ai donné l'éducation la plus soignée, et c'est à vous que j'offre le meilleur parti. Les Zamoyski tiennent le premier rang de l'aristocratie polonaise. Leurs Etats sont immenses. Le prince possède 700 000 livres de revenus et les plus belles maisons du monde, délicieusement meublées. Il vous consent une dot de 600 000 florins et une pension annuelle de 40 000 florins pour vos « épingles et menues dépenses ». Sans compter tous les bijoux et parures qui viendront après le mariage. Madame Zamoyska, votre époux vous fera duchesse d'Ostrog et princesse de Zamosc. Beau succès pour la fille du petit marquis d'Arquien !

Le piège se referme doucement. Marie Casimire ne peut refuser. Sans la reine, où irait-elle ? Maîtrisant de son mieux le chagrin qui noue sa gorge, elle se lève et s'incline devant la souveraine en disant d'une voix éteinte :

– J'obéirai à Votre Majesté.

– Je n'en attendais pas moins de vous, ma chère fille. Je fais votre fortune, et vous me rendez un grand service. J'ai besoin de Zamosc pour asseoir ma politique... Enfin, quand la paix reviendra. Plus tard, je vous expliquerai. La guerre finie, nous ferons la noce !

Louise fixe autour du cou de sa protégée la croix de diamants retenue par une lourde chaîne d'or.

– Vous voilà fiancée, dit-elle. Nous manderons la nouvelle à Sa Majesté le roi ainsi qu'au prince qui doit être fort impatient de recevoir votre acceptation.

Marie Casimire cache ses larmes dans une profonde révérence et se retire sans un mot. Les couloirs défilent devant ses yeux qui ne voient que le vide, et dans sa tête monte un vacarme. Des voix grondent et les mots tourbillonnent :

« Sobieski ne t'épousera pas !... Qui est Mademoiselle d'Arquien ?... La fille d'un hobereau sans le sou... Zamoyski n'est pas exigeant... Ma favorite et cela lui suffit !... »

Avec des gestes de somnambule, elle retrouve sa chambre et se laisse choir sur un coffre, les yeux hagards, fixés sur le vide.

– Je suis née pour le malheur, Vania. Personne ne m'aime, et la reine se joue de moi. Je croyais qu'elle me voulait du bien, mais elle se sert de moi comme elle s'est servie des autres.

– Reprenez-vous, dit la servante en caressant la croix de diamants pendue au cou de sa maîtresse. En arrangeant cette union, Sa Majesté vous donne une preuve de son affection. Le prince est beau et il met sa fortune à vos pieds. Que voulez-vous de plus ?

– Je ne l'aime pas.

– L'amour s'apprend. Oubliez le Porte-Enseigne. C'est un volage.

Les jours suivants, on ne parle que du mariage. Marie Casimire s'efforce de chasser de sa mémoire celui qui l'appelait « Marysienka ». Ce nom qui faisait naître tant d'émotions ne réveille plus désormais que dépit et rancœur. Pour se consoler, elle se répète que si Jean Sobieski la dédaigne, Jean Zamoyski, lui, n'a pas honte de la fille d'un hobereau. Il est vrai que ses gentilshommes ont sillonné plus d'une fois la campagne dévastée pour se mettre au service de la favorite de la reine. La cour offre ses vœux et compliments, et l'on attend avec impatience la fin des hostilités. Au mois de janvier 1658, Varsovie pour la seconde fois libérée acclame ses souverains et la cour reprend ses rites. Au Palais du Jardin règne l'effervescence. Le roi et la reine relisent une dernière fois le contrat que leur a présenté le premier gentilhomme de la Chambre du prince, et la noce est fixée pour le Carnaval.

Les préparatifs s'organisent. Dans l'aile réservée aux femmes, on s'agite avec fièvre. On coud, on brode. Des pages vont et viennent, porteurs de billets tendres, et des malles se remplissent. Dentelles et fourrures, velours, brocarts et soieries, robes de cour, robes de fête, jupons et casaquins, chemises les plus fines et chaussures exquises... Le trousseau est admirable et les bijoux d'une richesse rarement égalée. Le seigneur de Zamosc prodigue ses fastes. Rien n'est assez beau pour celle qui va devenir son épouse. Et Marie Casimire, éblouie, se laisse griser. Louise, selon son habitude, prend tout en main et l'installe auprès d'elle, dans ses appartements privés, afin de la mieux instruire de ses fonctions prochaines de Dame du royaume. Et déjà la cour s'incline devant « Pani [1] Maria Kaziemira », princesse Zamoyska. Mademoiselle d'Arquien n'est plus une suivante, mais une personne « considérée ».

Jour après jour les bienfaits de ce nouvel état la réconfortent et lui font oublier le hussard qui a disparu quelque part en Prusse ou dans les Carpathes, tenu par une épée en quête de gloire et non d'amour. Elle ne l'a pas revu depuis cette visite au château de Wolborz à la fin de laquelle il a éperonné sa monture en lui promettant Cracovie. Dix-huit mois ont passé. Dix-huit mois de silence. Les lampions du bal et leurs chimères s'estompent peu à peu, mais le souvenir revient parfois écorcher son amour-propre et la pousse avec plus d'assurance vers ce mariage qui lui offre une brillante revanche.

Le temps s'envole et, dans le boudoir empli de senteurs, soubrettes et chambrières s'activent. On compte les toilettes et on les range dans l'ordre des cérémonies. La reine les veut grandioses, uniques, identiques en tous points à celles qui ont marqué jadis les noces du premier maître de Zamosc avec

1. Pani signifie Madame en polonais.

une duchesse d'Ostrog et dont on a retrouvé les descriptions dans les archives de la principauté.

– Tout sera respecté jusqu'à l'éléphant, s'exclame-t-elle avec sa fermeté habituelle, et Monsieur Zamoyski n'aura pas à rougir de vous. Votre famille n'est peut-être pas aussi fortunée que la sienne, mais elle a des titres de noblesse qui méritent le respect.

Sur ces mots, elle prend la jeune fille par le bras et l'entraîne vers sa chambre, loin de ses dames d'atour aux langues trop agiles.

– Les recherches que j'ai fait faire, confie-t-elle alors, vous donnent douze quartiers et mettent en lumière des alliances illustres.

Elle déroule un long parchemin.

– Voici votre arbre généalogique. Le marquis d'Arquien me l'a confirmé en me donnant son accord pour cette union qui l'honore.

Marie Casimire tressaille.

– Est-il véritablement mon père ? demande-t-elle d'une voix sceptique.

Devant une telle hardiesse la reine réprime un haut-le-corps.

– Oseriez-vous me décevoir ?

La jeune fille tombe aux pieds de sa bienfaitrice.

– Pardonnez-moi, Madame. Tant de propos désobligeants m'ont heurtée lorsque, petite fille esseulée, j'errais dans les couloirs. Je finissais par ne plus savoir qui j'étais et me sentais une enfant de la honte.

Louise, émue, relève sa favorite et la serre dans ses bras.

– Je connais l'entêtement des ragots devant une vérité trop limpide qui dérange. J'en ai souffert toute ma vie. Soyez rassurée, ma très chère. Votre naissance est des plus légitimes. En son temps, j'ai fait la lumière sur ce sujet. En vous gardant auprès de moi pour faire votre fortune, j'ai simplement voulu aider votre mère et lui prouver mon affection.

– Alors, Madame, mon père se souvient-il de moi ? Viendra-t-il me conduire à l'autel ?

D'un geste élégant de sa main chargée de bagues, la reine esquisse un toussotement.

– J'ai jugé que sa présence n'était pas nécessaire. Sa Majesté le roi et moi-même nous vous marions « comme notre fille ».

Elle s'interrompt un moment et ajoute :

– Soyez heureuse. Vous m'aiderez et accomplirez de grandes choses.

D'autres demoiselles d'honneur, venues de France pour chercher fortune, ont entendu ces mots avant d'être glissées çà et là dans le lit d'un seigneur polonais. La reine lui a servi une phrase de routine et Marie Casimire, qui espérait quelques mots tendres et chaleureux, cache sa déception dans une profonde révérence. La cour et son étiquette lui ont appris depuis longtemps à masquer ses états d'âme et taire ses sentiments. Une favorite ne peut qu'être heureuse. On ne lui demande que de charmer, plaire, amuser, flatter avec habileté, remercier avec esprit... mais elle n'en est pas moins servante et son devoir reste d'obéir, gardant ses peines pour son oreiller. Ce soir-là, derrière les rideaux épais de son lit, elle ne retient plus son chagrin.

– Pourquoi tant de larmes ? chuchote Vania agenouillée à son chevet.

– J'ai froid dans le cœur. La reine est bonne, mais elle suit ses intérêts. Mes parents ne se soucient pas de moi. Les voilà bien heureux de me savoir « établie » au mieux. Quant au prince, mon fiancé, je ne puis croire à son amour.

– Etes-vous folle, doucha ? Il vous couvre de billets doux et de cadeaux magnifiques.

– S'il m'aimait, Vania, il serait déjà à Varsovie et baiserait ma main à chaque minute.

– Les hommes ont leurs affaires, ma tourterelle, et le prince Zamoyski a de lourdes responsabilités. Ses terres sont aussi vastes qu'un royaume. D'un bout à l'autre vous serez reçue comme une reine. On dit qu'il vous prépare des merveilles.

– Tu viendras avec moi, Vania. Ne me laisse pas seule, si loin de Varsovie.

– Le prince n'a plus de mère depuis longtemps. Vous serez la maîtresse. Et ne craignez pas d'être dure pour vous faire respecter.

Marie Casimire se met à rêver, bercée par les babillages de la chambrière. A Zamosc, en effet, il n'y aura plus de reine pour lui dicter sa conduite. Elle sera libre et c'est elle, désormais, qui imposera ses volontés. Sans faiblir ni hésiter. Aux âmes fortes l'obéissance apprend l'autorité. Au matin, dès le réveil, elle s'assied à sa table et rédige une courte missive pour son fiancé :

« Monsieur,

« Quand viendrez-vous ? Si vous ne venez pas au plus tard le jeudi, nous ne pourrons avoir toutes les cérémonies d'usage qui marquent un événement comme celui que nous allons vivre. En attendant l'honneur de vous voir, je demeure, Monsieur, votre humble servante. »

Elle se retourne et tend le précieux message vers un homme en tenue de voyage qui attend près de la porte du boudoir.

– Hâtez-vous, Monsieur Podlodowski, lui dit-elle. Allez rappeler à votre maître qu'il lui faut, s'il ne l'a déjà fait, se mettre en route sans tarder. Je m'impatiente. Il ne reste qu'une semaine avant la noce. Et il n'a pas encore annoncé le jour de son arrivée.

# V

Le 4 mars 1658, le prince Zamoyski est à Varsovie. Son train est magnifique. De pareil, il ne s'en est point vu depuis longtemps. Au milieu d'une cavalcade étincelante, il se hâte vers le Palais pour la cérémonie de la « Présentation ». Comme le veut la tradition, Marie Casimire l'attend dans un petit salon en compagnie de ses demoiselles d'honneur choisies parmi ses meilleures amies. Son fin visage d'une blancheur transparente est encadré de boucles retenues par des nattes entrelacées de perles. Toute menue dans sa robe de brocart, elle tressaille lorsque les battants de la porte s'ouvrent brusquement devant un homme très grand, somptueusement paré, qui s'incline à ses pieds. Sous le bonnet de martre piqué de diamants, le visage est beau, malgré des mâchoires un peu lourdes. Il a le nez droit, des lèvres sensuelles barrées d'une moustache courte et des yeux bruns. Il sourit, ébloui.

– Votre beauté, Mademoiselle, surpasse tout ce que l'on a pu dire de vos charmes, et vous me comblez en acceptant de devenir mon épouse.

A son tour, elle s'incline dans une révérence gracieuse.

– Je suis très honorée, Monsieur, d'être votre humble et fidèle servante.

Il tend sa main, elle y pose la sienne. Le contact de leurs peaux trouble leurs regards qui se croisent. Un rose timide vient colorer les joues de la jeune fille tandis qu'elle se laisse guider vers les appartements de la reine où les plus nobles seigneurs et dames du royaume se pressent autour des souverains. En leur présence, respectant les usages, le prince Zamoyski glisse au doigt de Marie Casimire un diamant qui suscite quelques murmures.

On applaudit et on s'embrasse. Louise déclare les fiançailles « solennelles » et offre le soir même un grand bal dans les salons illuminés du Palais. Un virelai et une gaillarde « à la française » viennent entrecouper les saluts profonds et les évolutions majestueuses des marches « à la polonaise ». Palatines, dames d'atour et demoiselles d'honneur rivalisent de charme et d'élégance aux bras de seigneurs en robes de sarmates ou perruqués à la mode du Louvre. Marie Casimire ne danse qu'avec le prince dont l'élégance un peu raide et compassée l'intimide. Leurs pas se heurtent parfois, manquant la cadence. Mais qu'importe puisqu'il sourit béatement en la dévorant des yeux, comme le font tous les invités qui emplissent les salons. Un seul est absent. Pas complètement puisque son souvenir revient perfidement griffer le cœur de la jeune fille. Nul désormais ne l'appellera « Marysienka ». Un rictus d'amertume pince les jolies lèvres. Puis on se retire bien vite, car la fête ne fait que commencer.

Le lendemain, en effet, Marie Casimire est installée sous un dais de soie, aux côtés de Louise qui préside une autre cérémonie. Le comte Podlodowski fait un long discours dans lequel il vante les qualités de son maître, le prince Zamoyski, le lustre et la grandeur de sa Maison, et les emplois importants que ses aïeux ont eus dans la République. Il s'incline respectueusement et présente à la reine une couronne de diamants d'une grande rareté, accompagnée comme il se doit de tiges de romarin. Louise se tourne alors vers sa favorite et, d'un geste plein de majesté, pose le bijou exceptionnel sur les boucles sombres. A son tour le chancelier de la reine se lance dans une harangue au sujet de la beauté de la mariée, de son esprit et de toutes ses qualités. Il fait l'éloge de sa Maison, du maréchal de Montigny dont elle est la petite-nièce et de ses alliances qui remontent jusqu'au grand Du Guesclin. Il parle vaguement de Saint Louis mais insiste habilement sur tous les avantages que représente la protection royale dont bénéficie Mademoiselle d'Arquien.

Tout semble dit et conclu. Et pourtant, avant de se présenter devant l'autel pour y faire consacrer leur union, les fiancés doivent se plier à une autre formalité. Le troisième jour est celui du bain de la mariée. Selon la coutume, encore une fois, Marie Casimire convie ses meilleures amies à se baigner en sa compagnie dans la chambre du Palais réservée à cet usage. Les lieux ne lui sont pas inconnus. Elle s'y rend chaque matin pour y goûter certains raffinements que les Polonais ont empruntés aux Turcs et que l'Europe ignore encore. Un bassin de marbre bordé de six marches est empli d'eaux de senteur que déversent douze robinets d'argent. On barbote et on devise gaiement dans les tourbillons parfumés, tandis que, sur les margelles, des esclaves tatares préparent des linges chauds et des onguents. Pendant ce temps, le prince de Zamosc fait porter dans une chambre attenante, magnifiquement meublée, quelques présents que la tradition impose au fiancé.

Marie Casimire, impatiente, se hâte vers la pièce et reste saisie devant le luxe inouï déployé sous ses yeux. La toilette, surmontée d'un miroir encadré d'or, est une broderie d'or et d'argent incrustée de grosses perles qui forment les chiffres du nouveau couple avec des couronnes et des lacs d'amour. Une simarre [1] faite de brocart chatoyant fourré de zibeline s'étire mollement sur le tapis, dans une ronde éblouissante de jupes somptueuses, voiles, rubans et dentelles, auxquels

1. Sorte de robe de chambre, ou manteau d'intérieur.

s'ajoutent divers objets raffinés qui agrémentent la beauté. Tout brille et sent délicieusement bon.

– Venez, s'écrie-t-elle en appelant ses amies, aidez-moi, je vous en prie. Je ne sais que choisir. Ne vais-je pas disparaître dans toutes ces fanfreluches ?

– Elles sont dignes de vous, dit l'une des jeunes filles, et prouvent on ne peut mieux la considération que le prince Zamoyski a pour vous.

– Dépêchons-nous, intervient une autre. Il pourrait s'impatienter.

Avec son sens inné de l'élégance, Marie Casimire se glisse aussitôt dans un jupon de satin vert surmonté d'un casaquin de voile rebrodé de fils d'or. Une Tatare brosse ses cheveux et les drape sur sa nuque à l'aide de petits peignes d'or et de nacre, laissant échapper quelques boucles dans le creux du cou. Debout devant le miroir, la jeune fille rosit de plaisir lorsque ses amies soulèvent la simarre aussi légère qu'un nuage et viennent la poser sur ses épaules.

– Un manteau de sultane, s'exclame la servante en l'aspergeant d'essences de rose et de musc. Vous êtes la reine de toutes les houris [1]. Enflammez son désir, mais n'accordez rien. C'est ainsi que vous le soumettrez. Un homme doit mériter son plaisir. Et je connais plus d'un roi de la terre prêt à se damner pour baiser le bout de votre pied.

– Puisses-tu dire vrai, Tatare noiraude. Le prince aime les Valaques et je n'ai pas leur science perverse.

– Avec mes secrets, vous garderez votre mari. Allez maintenant, il est l'heure.

Douze jeunes pages portant la livrée Zamoyski et tenant chacun un flambeau de cire blanche se sont alignés devant la porte. En procession, ils conduisent Marie Casimire à l'autre bout du couloir où, dans un salon décoré de tentures et de tapis précieux, le prince l'attend pour lui offrir, ainsi qu'à ses dames, une collation. Dans la lueur des multiples chande-

1. Courtisanes de grande beauté qui peuplent les paradis des musulmans.

liers, une table habillée de brocart cramoisi est chargée de pâtisseries, de sucreries et de fruits qui se dressent en pyramides. Un feu pétille dans la haute cheminée et les violons, cachés derrière une tenture, chantent les douceurs qui font tressaillir les cœurs. L'heure est à la romance, aux compliments et aux promesses. Le seigneur de Zamosc n'est pas un sauvage et veut rassurer sa belle. Pour la circonstance, il porte un habit à la française et une longue perruque brune qui ondule sur ses épaules. Il a voyagé, il connaît les usages. L'Italie, l'Autriche, la France même n'ont plus de secrets pour lui. Rien ne peut étonner un Zamoyski, car un Zamoyski fait ce qu'il veut, quand il veut. Il s'exprime en français ainsi qu'en italien.

– Je vois, Mademoiselle, ajoute-t-il avec un sourire de contentement, que vous portez bien ce que j'ai choisi pour vous. J'aime la beauté par-dessus tout. Je ne me lasserai pas de vous admirer, j'en ai crainte.

Il se penche sur la gorge nacrée, promène une main nonchalante sur le rebord du décolleté, le long de l'épaule et joue avec une boucle qui ondule dans le creux du cou. Marie Casimire frissonne sous le regard de connaisseur qui la déshabille. La caresse est douce sur sa peau. Une curieuse chaleur se répand dans tout son corps qui s'alanguit.

– M'aimerez-vous, Monsieur ? demande-t-elle soudain.

La question surprend le prince et le fait rire. Ses yeux brillent et ses lèvres s'approchent de celles de la jeune fille jusqu'à les frôler.

– Avec moi, vous aurez le plaisir, murmure-t-il. Sous toutes ses formes, jusqu'à l'ivresse. J'en connais les mille et une facettes et vous plierez sous mon désir. En ce sens, oui, je vous aimerai.

Les violons achèvent de la séduire. Leurs lèvres se touchent, mais elle garde sa tête. Elle se lève et prend congé, impatiente déjà de ce qu'il lui a promis.

Le lendemain est le grand jour. Dès le matin, Marie Casimire est dans la chambre de la reine. Dames d'atour et demoiselles d'honneur se pressent autour d'elle. Les habits de noces passent de main en main. Chemises, corps, jupons, et la robe de toile d'argent. Elle rit, elle pleure, et se fige soudain lorsque Louise, ayant ajusté le voile rebrodé de lacs de perles, s'approche en tenant dans ses mains la tiare incomparable offerte par le prince Zamoyski et la pose sur son front. Dans le miroir, les visages des deux femmes se côtoient, empreints de la même émotion.

– Vous êtes à peindre, dit la reine. Et je regrette que personne ne puisse le faire séance tenante.

Elle essuie furtivement une larme et ajoute :

– Tout se passe comme il se doit. Je n'ai pas eu cette chance en mon temps. Pour votre mariage, c'est un heureux présage qui ne fait d'ailleurs que confirmer les prédictions de mes astrologues. Votre Nativité [1] et celle du prince s'accordent parfaitement et vous aurez plusieurs enfants.

Marie Casimire saisit les mains de la reine posées sur ses épaules.

– Tout va si vite, murmure-t-elle. J'ai peur parfois.

Louise enlace sa favorite :

– Quoi qu'il puisse vous arriver, vous savez que je suis toujours prête à vous accueillir. Et c'est ici, dans cette chambre, que vous viendrez mettre au monde votre premier enfant. J'y compte bien.

Des martèlements de sabots crépitent dans le lointain et se rapprochent, accompagnés d'acclamations.

– Votre mari, chère princesse, dit-elle encore. Entouré de ses pairs, il a enterré son célibat et ne vous a pas oubliée dans les vapeurs de son festin. L'heure est venue de jurer fidélité devant Dieu.

Malgré la bise glacée qui souffle en ce jour de printemps, toute la ville est dans les rues pour voir passer le cortège. La pompe des Zamoyski, légendaire, s'est surpassée pour la cir-

1. Les astrologues du XVII^e siècle utilisaient ce terme pour désigner les horoscopes. Louise était férue d'astrologie et ne faisait rien sans consulter les astres.

constance. En tête, cent heiduques de la Garde du prince en vestes brodées de cœurs enflammés et des chiffres des mariés. Coiffés de bonnets de loutre qu'ornent deux plumes blanches, ils brandissent des haches d'acier doré qui s'embrasent sous le soleil éclatant. Deux cents laquais en livrée vert et or suivent en rang deux par deux. Derrière eux, les quarante gentilshommes de la suite Zamoyski sur des montures recouvertes de housses d'écarlate et dix-huit pages à cheval vêtus de satin vert autour d'un éléphant harnaché de perles. Six trompettes, eux aussi montés, déchirent l'air de leurs sonneries stridentes. Viennent alors, imposants dans leurs tenues d'apparat, deux cents magnats caracolant par deux sur leurs destriers rutilants. Le marié apparaît enfin. Il avance seul, sur un cheval de Poméranie d'un blanc rose dont la housse et le harnais scintillent de pierreries. Sur une robe en toile d'or persique galonnée de pierres précieuses, il porte une veste doublée de martre. Son bonnet de zibeline ceint d'un cordon de diamants est piqué d'une plume de grue si jaune qu'elle semble d'or, et le fourreau de son épée, en or massif, est une mosaïque d'émeraudes. Vingt autres nobles seigneurs ferment la marche de cette cavalcade éblouissante qui s'engouffre dans la cour du Palais royal.

Quelques minutes plus tard, les grandes portes s'ouvrent sur une autre procession, plus majestueuse encore. Tous les sénateurs, officiers de la Couronne, palatins et castellans marchent deux par deux selon leur dignité, précédant le roi Jean Casimir qui conduit le prince vers la cathédrale Saint-Jean. Ils prennent place dans le chœur où s'épanouissent des buissons de roses immaculées. Et soudain les orgues éclatent tandis qu'au-dehors la foule applaudit. Entre deux haies de torches qui réchauffent l'air sur son passage, Marie Casimire, très pâle, franchit le porche de l'église. Menée par deux sénateurs, elle remonte l'allée centrale sous la voûte constellée d'une myriade de bougies. Dix-huit pages portent sa traîne. La reine est derrière elle, seule, suivie des palatines et dames de la cour revêtues de leurs plus beaux atours et de tous leurs bijoux.

Les souverains coiffés de la couronne des Jagellons prennent place derrière leur prie-Dieu, les mariés s'agenouillent sur un tapis précieux déroulé pour la circonstance, et l'archevêque de Gnesne, primat de Pologne, commence la cérémonie. Des voix célestes chantent la messe. Le prélat s'approche du couple pour recevoir les consentements et bénir les anneaux. Marie Casimire se lève alors et se tourne vers la reine pour la saluer d'une révérence. Avant de dire « oui » devant Dieu, elle en demande la permission à sa royale maîtresse. Louise l'accorde aussitôt d'une inclination de tête, dissimulant derrière ses mains jointes un sourire brouillé de larmes.

Les orgues entonnent le final, les cortèges se reforment et l'on regagne le Palais sous une pluie de vivats. Les festins se succèdent tout au long du jour, suivis par un bal dans le grand salon de marbre éclairé par un nombre infini de lustres. Mais la rigueur de la coutume renvoie le marié seul dans sa maison. Il doit attendre, pour mériter sa nuit de noces, qu'une dernière cérémonie soit accomplie, celle des cadeaux et des compliments. Elle a lieu, dès le matin du cinquième jour, dans la salle du trône. Debout près de Louise qui s'est assise sous son dais, Marie Casimire écoute les harangues élogieuses des dignitaires de la cour, suivis de leurs pages qui déposent un à un des présents somptueux. Alors, seulement, on demande les carrosses. Le roi et la reine, entourés d'un régiment des hussards de la Garde, conduisent la mariée chez son époux. Le prince, à son tour, offre un festin et un bal. Puis on se rend en procession dans la chambre nuptiale, car il est temps de coucher les mariés. L'un et l'autre s'enferment dans un cabinet pour y revêtir les robes de nuit avant de se glisser dans le lit sous les applaudissements de l'assistance qui formule les souhaits d'usage, et Louise tire les rideaux.

Les craquements du feu déchirent le silence. Dans la pénombre, Marie Casimire attend, impatiente de ces mille sensations qui embrasent la chair. La Tatare lui a tout expliqué, et ses sens sont en éveil. Mais que fait son mari dans son coin ? Pourquoi tarde-t-il à se manifester ? Un ronflement sonore lui répond, accompagné des hoquets de l'ivresse. La colère l'emporte soudain, d'autant plus vive qu'est cuisante l'amertume d'être délaissée en une telle circonstance, et c'est à coups de pied qu'elle rejette le prince sur le tapis en s'écriant :

– La princesse Zamoyska refuse un charretier sur son oreiller !

La nuit est longue pour Marie Casimire qui pleure son dépit et se pose mille questions. Les bons mariages commencent parfois difficilement, disait Vania. Ces propos lui reviennent en mémoire et la rassurent. Elle finit par s'endormir, bien décidée à venger l'offense en se refusant pendant quelques jours, et se faire ainsi respecter. Au matin, lorsque les servantes entrent dans la chambre pour allumer le feu, c'est le maître de Zamosc qui, drapé dans une simarre de soie fourrée, ouvre les rideaux du lit et salue son épouse :

– Vous m'avez donné, je dois dire, un bien joli divertissement. Vous avez du caractère, et cela me plaît. Cependant, n'ayez crainte, loin de moi l'idée de vous forcer. Vous m'appartenez déjà.

L'œil concupiscent et le sourire malicieux, il caresse lentement la petite main ravissante qu'il a lui-même ornée de superbes diamants et ajoute :

– Prenez tout votre temps pour vous décider à devenir mienne. L'attente ne fera qu'attiser mon désir. Cela fait partie du plaisir. Et je gage que vous en conviendrez lorsque à votre tour vous languirez d'être possédée.

Aurait-il lu dans ses pensées pour l'avoir ainsi devancée ? Marie Casimire, furieuse d'avoir été devinée, boude un moment puis s'étire lentement, ondulant sous les flots de dentelles que soulèvent les courbes de son corps. Son bras s'arrondit autour des cheveux sombres, un sein se découvre, le regard se fait lourd sous les paupières ouvertes à demi et la bouche prend des contours de fruit lorsqu'elle répond d'une voix modulée :

– Je ne demande qu'à vous désirer, Monsieur... si vous apprenez à me séduire.

L'impertinence de la réplique le surprend. Jamais une Polonaise n'aurait osé parler de la sorte, et les Valaques ignorent ce genre de subtilité.

– Je vois, Madame, que vous avez de l'esprit, dit-il, songeur, et je crois que nous gagnerons à nous mieux connaître. Nous en aurons tout le loisir. Le voyage est long pour regagner nos terres.

Chacun reste sur sa position, et rien ne se passe. Le jeu de la conquête commence. L'un comme l'autre met en place sa stratégie. Lorsque un peu plus tard tous deux se rendent au Palais pour remercier une dernière fois les souverains et faire leurs adieux, ils ont un air de parfait bonheur qui réjouit toute la cour. On s'embrasse et on se quitte. Zamoyski jure fidélité au roi. La guerre n'est pas finie et, dans sa forteresse, il défendra le royaume. Louise serre une dernière fois sa favorite sur son cœur.

– Que Votre Majesté se rassure, murmure Marie Casimire, je crois que je vais aimer Zamosc.

– Je vous attends pour la naissance, ne l'oubliez pas, ma chère fille. Je vous dirai alors ce que j'attends de vous.

On s'agite au bord de la Vistule. Le prince et la princesse vont regagner leurs terres en remontant le fleuve à bord d'un bateau fastueux. Le couple royal leur donne la reconduite au milieu d'une flottille de galères fleuries et les habitants des villages accourent sur les berges pour admirer le magnifique cortège au son des mousquetades et des violons.

Le voyage est un enchantement. Jean Zamoyski aime la fête et l'organise de main de maître. Lorsqu'il veut étonner, son or est inépuisable et la noce n'est qu'un prétexte pour éblouir celle qui a eu l'audace de lui tenir tête et n'a jamais rien vu d'aussi beau dans ses palais royaux. La suite est nombreuse et les festins se multiplient. On rit, on boit, on danse. Chœurs et musiciens animent les jours. On rêve aussi sous la lune qui habille le fleuve d'un long manteau d'argent tandis que le chant des rameurs berce la nuit. On s'enflamme de poèmes et de couplets, de noms tendres et de baisers furtifs. Le prince roucoule auprès de son épouse, mais devant le lit drapé de voiles immaculés, il s'incline en disant :

– Dormez bien, Madame. Et que Dieu vous protège.

Soir après soir, le rite étrange se répète, et Marie Casimire, imperturbable, retourne les souhaits avec sa grâce coutumière, attendant d'être seule pour manifester son dépit. La voilà bien mortifiée. Son époux se venge d'avoir été traité de charretier. A sa manière il veut l'humilier, mais elle ne pliera pas. Jamais, même si elle en meurt d'envie, elle ne le suppliera de la garder dans ses bras.

– Ne vous inquiétez pas, dit Vania. Le prince est amoureux mais il a peur. Il ne sait comment se comporter avec une femme honnête. Il n'a connu jusqu'ici que des courtisanes débauchées qui ne font aucune manière. Il ne voudrait pas vous choquer ni vous faire de mal.

– Comment sais-tu ces choses ?

– J'ai parlé avec son valet.

– Ce n'est pas à moi de faire des avances. Il m'a offensée le premier.

– N'allez pas vous buter comme la reine avec le roi Ladislas. Elle a boudé plus d'un mois, mais à la fin, c'est elle qui est allée frapper à la porte de son mari.

– Je n'aime pas ce conseil, Vania. Laisse-moi dormir.

– Que la nuit vous éclaire, ma colombe.

Un matin, sur un point de la berge, une troupe de cavaliers fait entendre ses mousquets. On accoste et on abandonne les bateaux. Une file de voitures attend le prince et sa Maison.

– Bienvenue sur mes terres, dit ce dernier en se tournant vers son épouse.

Il se penche soudain, la soulève et l'emporte vers un carrosse somptueux couvert de plaques d'argent. Il la serre avec fougue et la pénètre d'un regard intense. Leurs visages se rapprochent, se frôlent, et leurs souffles se mêlent. Une force irrésistible les pousse l'un vers l'autre, et lorsqu'il la dépose sur les coussins de velours, c'est elle qui le garde près d'elle en se retenant à son cou.

– Votre désir est aussi fort que le mien, dit-il en claquant la portière.

Le cortège s'ébranle et leurs lèvres se dévorent. Derrière les rideaux de cuir, le monde n'existe plus. Un judicieux mécanisme a rapproché les banquettes que recouvrent diverses peaux de loup et, bercés par les cahots des chemins, leurs corps s'abandonnent aux mille caresses que leur dicte le plaisir. Ils se découvrent enfin dans leur nudité et s'enivrent l'un de l'autre, tandis que leur fantastique cavalcade traverse le pays. Trois cents cosaques, hurlant comme des loups, jettent leurs haches dorées vers le ciel et les rattrapent au vol, offrant un curieux ballet d'étoiles au-dessus des torches fumantes que brandissent les pages à cheval caracolant autour de la voiture du maître. Les cochers sifflent, leurs fouets cinglent l'air et les musiciens entassés dans des carrioles n'arrêtent pas de jouer au rythme des mousquets. Ils vont ainsi par les plaines sans fin coupées de forêts sombres, d'où émergent des toits de chaume et des clochers blancs. Ils réveillent les villages. De tous côtés accourent les peuples des campagnes et des cris s'élèvent dans la brise de printemps.

– Longue vie à Pan Zamoyski ! Dieu bénisse Pani Zamoyska !

Le couple ainsi fêté apparaît à la portière et salue de la main. Les mouchoirs pourpres des femmes et les vestes des hommes, bleues, brunes ou blanches, fleurissent les champs à perte de vue. La forteresse de Zamosc se profile dans le lointain sur les contreforts qui dominent le Gath. Ses hautes murailles prolongent les flancs escarpés d'une montagne pour abriter une ville entière autour du château. Le carrosse ralentit et le prince explique :

– Mon grand-père, le vice-chancelier, a fait bâtir tout cela sous Henri de Valois, le seul roi français que nous ayons jamais eu et qui n'a pu supporter les Polonais plus de six mois. Regardez bien ces remparts. Ils sont inexpugnables. Ils ont résisté aux attaques les plus violentes des Tatars et des cosaques. Quant aux redoutables canons de Charles-Gustave, ils ne les ont même pas écornés. Ce chien s'est vengé en brûlant mes villages. Mais comme vous le voyez, ils sont déjà reconstruits.

– Rien d'étonnant à cela, rétorque la jeune femme. Tout Polonais tient une épée dans sa main droite et une brique dans sa main gauche.

– Comme les serviteurs du Néhémie de la Bible. Ils travaillaient la lance à la main, de l'aurore jusqu'à l'apparition des étoiles.

Marie Casimire, fascinée de découvrir son nouveau royaume, regarde de tous côtés. Varsovie est loin, avec sa cour policée où papillonnent tant de courtisans frivoles, court vêtus à la française. Ici, c'est la Pologne guerrière. Sous les bonnets fourrés, les visages sont desséchés, sculptés par les vents des collines et des steppes. Les yeux, souvent bridés, ont des lueurs étranges, et le sabre doublé d'une épée accompagne le mousquet.

La ville accueille sa princesse avec beaucoup d'honneurs. Les représentants de l'Académie, les bourgeois, les serfs, les juifs, les paysans font tour à tour des discours et offrent des bouquets. Guirlandes et festins, ballets, feux d'artifice... rien n'est oublié. Mais dans la cour du château aux innombrables fenêtres ornées de moulures à l'italienne, les domestiques alignés en bon ordre ont des visages de fouine et les intendants sourient comme des serpents. Ils saluent humblement comme il se doit tout en jaugeant du coin de l'œil cette maîtresse non désirée à laquelle ils devront obéir. Ils ne pourront plus désormais agir à leur guise. Marie Casimire, grisée par le tourbillon des cérémonies, ne voit ni perversité ni mensonges. Elle leur parle en polonais. Des acclamations dictées par les circonstances lui répondent :

– Bienvenue à notre princesse Pani Maria Kaziemira ! Dieu lui prête longue vie et bénisse sa descendance !

A ces mots, le prince une fois de plus soulève la jeune femme dans ses bras et l'emporte à l'intérieur du château, dans les appartements qu'il a pris soin de faire aménager pour elle avant de l'aller quérir à Varsovie.

– Mon désir se réveille, Madame, murmure-t-il en la déposant sur le bord du lit. Veillez, je vous prie, à ce qu'il ne s'éteigne jamais.

– Mon kochany [1] tiaptuta, cher petit ourson, dit-elle avec une moue gourmande, venez que je baise vos lèvres un million de fois.

1. Se prononce korhani.

# VI

AYANT dompté le maître, Marie Casimire veut régenter sa Maison. L'affaire n'est pas aussi aisée. Si Jean Zamoyski recherche la volupté, ses domestiques, pendant ce temps, cultivent l'oisiveté. L'immense château est un véritable caravansérail où se bousculent gentilshommes et pages, secrétaires et valets, intendants et cuisiniers. Chacun donne ses ordres et personne n'obéit. Au long des corridors sans fin, les salons se succèdent, offrant aux regards les plus belles collections du monde. Mais tout ce luxe vit dans une crasse innommable, sans parler des cuisines où l'économie semble inconnue. Habituée, pour les avoir éprouvées, aux rigueurs de Louise et à son « étiquette », l'ancienne demoiselle d'honneur est horrifiée.

– De ma vie, je n'ai vu pareil gouvernement ! s'exclame-t-elle.

Les réprimandes de la reine et ses visites inattendues dans les étages ancillaires au son des énormes clés qui se balançaient à sa ceinture lui reviennent en mémoire. Ce dont elle se moquait vient s'imposer à elle comme une nécessité. A son tour, des caves aux greniers elle dresse des inventaires et secoue tous ces gens paresseux et fourbes. Mais on rit sous cape en maugréant. Et Pani Zamoyska n'en finit pas de faire entendre sa voix :

– Ne suis-je pas la maîtresse ? On fait tout au rebours de ce que j'ordonne. Pourquoi ne fait-on pas comme pour Monsieur ? Pour Dieu, que cela change !

Marie Casimire, excédée, va se plaindre auprès de son mari qu'elle retrouve dans ses appartements.

– Vous entretenez des bons à rien. On vous vole, et votre beau palais n'est qu'une pétaudière. Je ne pourrai m'acquitter de ce qui m'incombe si vous ne m'appuyez de votre autorité. Ils n'écoutent que « Monsieur le Prince » et vous ne dites rien. Parlez, je vous en supplie.

Jean Zamoyski, fort occupé à revêtir la bure et le cilice, la regarde d'un air surpris.

– Que venez-vous me chanter ? Avez-vous oublié, Madame, la cérémonie du Vendredi saint ? Allez vous habiller pour tenir votre rang à l'église.

– Dosia, mon cher cœur, implore-t-elle, me promettez-vous d'intervenir ?

– Cessez vos suppliques, répond-il d'une voix tranchante. Sachez que je n'écouterais même pas la Sainte Marie si elle descendait maintenant du ciel et me suppliait au nom de son Fils crucifié.

– Pourquoi tant de dureté, quand je ne cherche qu'à vous être agréable ? Nous aurons grande compagnie le jour de Pâques et je ne sais si...

– Vous devriez être prête, Pani Zamoyska. Vous allez me faire attendre.

Docile, Marie Casimire court se changer en espérant que le Christ endolori l'écoutera d'une meilleure oreille. De la ville montent des cris épouvantables scandés par les claquements secs des flagellations. En Pologne, la Semaine sainte est sacrée. On revit chaque journée de la Passion du Fils de Dieu torturé par le péché des hommes. On se souvient et on se repent en se mortifiant.

– *Miserere nobis !* hurle la foule.

A la lueur de vilains flambeaux de poix, de multiples processions sillonnent les rues. Marie Casimire et ses dames, le prince et toute sa suite de gentilshommes ont revêtu des robes noires ceinturées de cordes et des capuchons percés à l'endroit des yeux. Dans ces accoutrements, ils rejoignent les nombreuses cohortes qui déambulent derrière les lourdes croix de bois.

– *Iesus pius,* gémissent les pénitents, *Iesus fortis, Deus immortalis, miserere nobis !*

Ils portent au côté une discipline [1] teintée de sang. Certaines ont des pointes de fer. Aux abords des églises, nombreux sont ceux qui se couchent ventre contre terre, puis se relèvent en découvrant leurs épaules nues et « s'escourgent » rigoureusement, n'hésitant pas à entailler leur chair de l'épaisseur d'un doigt. Avec la nuit s'amplifient les lamentations. Les rafales d'un vent glacé les accompagnent de leurs sifflements lugubres. Soudain, on ne sait comment, des brandons incandescents embrasent les toits de chaume. Le feu prend la ville, le tocsin résonne, et Zamosc hurle sa douleur dans une gigantesque clameur.

– Malheur ! Malheur !

On court de tous côtés pour chercher de l'eau et les chaînes s'organisent. Les seaux passent de main en main. Pas assez vite pour noyer les brasiers. Tout s'écroule autour de la place, derrière les belles arcades à l'italienne, et le vent pousse les flammes vers le châeau.

– Videz les réservoirs, crie le prince avant de disparaître dans l'obscurité.

Les cinq cents cosaques de sa garde et les deux mille soldats de son armée s'activent autour de l'armurerie et des écuries. Dans les bâtiments que menace la fournaise, les piétinements des chevaux terrorisés font trembler le sol et leurs hennissements aigus sont insupportables. Sans penser au

1. Fouet pour se flageller.

danger, Marie Casimire s'élance à leur secours et aide les palefreniers à les mettre en lieu sûr dans les enclos voisins.

A l'aube, l'incendie est maîtrisé. Le château est couvert de suie, mais ses murs sont indemnes. Les communs ont disparu ainsi que l'Académie, une église, un clocher et trente-quatre maisons. Marie Casimire, épuisée, s'arrête au bas de l'escalier de pierre qui conduit au « piano nobile ».

– Où est Monsieur le Prince ? demande-t-elle en se laissant tomber sur les premières marches.

– Chez Monsieur le Comte, répond un majordome.

L'inquiétude serre son cœur. Elle n'a pas vu son mari de toute la nuit.

– Est-il blessé ? demande-t-elle en se relevant dans un sursaut. Vite, une calèche !

Quelques instants plus tard, elle entre chez le comte Podlodowski. Jean Zamoyski, confortablement installé au coin d'une cheminée, les pieds sur les chenets, boit tranquillement une chope de krûpnick, mélange de beurre, d'eau-de-vie, d'hydromel et d'épices qui lui met le rose au visage et anéantit sa volonté.

– Comme vous voilà faite, dit-il en regardant sa femme d'un air goguenard. Vos hardes sont trouées et vos joues sont noires. Quelle est cette pénitence qui vous couvre de cendres ? Auriez-vous tant de péchés à vous faire pardonner ?

– Je viens du feu, Monsieur, où votre place était mieux que la mienne. Car après tout c'est votre château qui allait brûler.

– La belle affaire ! Nous l'aurions reconstruit. Mais il est toujours là et, comme vous le voyez, je me réjouis.

– S'il a été épargné, il y a bien du dégât aux alentours et dans la ville. Cela coûtera beaucoup.

– Ne m'ennuyez pas avec des comptes de bourgeois. Mes intendants m'apporteront demain les sommes nécessaires et nous rebâtirons dès que les pierres seront refroidies.

Il la dévisage des pieds à la tête avec une moue hautaine et ajoute :

– Retirez-moi cette robe, Madame. Je n'aime pas vous voir laide.

Il se lève et s'approche de Marie Casimire, toute petite et désemparée à côté de son géant au corps élancé. D'un geste de séducteur avisé il caresse les cheveux défaits, les lèvres aux coins si joliment retroussés et se penche pour les embrasser.

– Venez, murmure-t-il d'une voix pleine de désir, rentrons chez nous, et vous n'aurez pas à vous plaindre de moi.

Les jours suivants, ils abandonnent Zamosc, livré au tintamarre des maçons et des charpentiers, pour s'installer à Zwyrzyniec[1], le Parc, une résidence d'été au bord d'une rivière. Le prince se montre aimable et de fort bonne humeur. Il emmène Marie Casimire dans de longues randonnées à travers la campagne, courant d'un château l'autre, fort nombreux dans cette principauté qui s'étend sur six mille lieues à la ronde et possède douze villes et cinq cents villages. Il lui offre un domaine avec une ferme, des animaux, des champs et des vergers.

– Tout cela pour moi ? s'exclame-t-elle, ravie. Vous me comblez.

– Vous aimez ce Ploskié ?

– Je l'adore.

– Je vous devais une dot. En voilà une partie. Nous lui ajouterons d'autres terres que vous choisirez.

– Dosia, c'est merveilleux. Vous ne pouviez me faire un plus grand plaisir. Ce n'est pas loin du Parc et je pourrai y venir souvent, car je compte bien faire fructifier tous ces trésors.

– Vous n'y connaissez rien, Madame. Laissez faire les paysans et, si tel est votre caprice, venez vous y promener pour jouer à la fermière.

– Nenni, mon cœur. J'apprendrai.

– Allons donc, vous vous en lasserez, et vous y perdrez vos jolies mains. Les travaux d'aiguille sont un passe-temps plus

1. Se prononce Zwirjiniec.

charmant pour une dame de votre condition. Et puis, n'oubliez pas que j'attends de vous un fils. Les biens Zamoyski ne sont transmissibles que par les mâles.

A cheval ou en carrosse, ils se perdent dans les forêts et dans les prés où quelque chaumière, transformée sur un ordre en palais, abrite les ardeurs de leur passion. On donne des fêtes. Bals et mascarades, pique-niques et colin-maillards... Au bras de Marie Casimire dont la beauté et l'élégance sont inimitables, le prince Zamoyski parade, heureux on ne peut mieux d'affirmer sa supériorité sur ses amis du voisinage. Sans chercher les honneurs, il aime à se singulariser et ce n'est pas pour rien qu'on l'a surnommé « Sobiepan », son propre maître. En épousant la favorite de la reine, c'est un peu comme s'il avait installé sous son toit la cour de Varsovie et cette cour de France qui sert d'exemple à toute l'Europe. Les femmes grimacent, dissimulant mal leur jalousie, et les hommes s'amusent. Trois d'entre eux, cependant, font grise mine : le comte Podlodowski, et deux autres gentilshommes de la suite du prince, les sieurs Jaboclitski et Goletski, qui gèrent ses affaires et tiennent les registres de ses comptes. Ils ne voient pas d'un bon œil la soumission de leur maître à cette jeune femme qu'ils considèrent désormais comme une rivale. Si son influence grandit, comment pourront-ils continuer à manipuler à leur avantage celui dont ils connaissent toutes les faiblesses ? De drôles de choses se murmurent alors au fin fond des cuisines comme dans les propriétés alentour. Pourquoi cet incendie le soir du Vendredi saint ? La princesse, bien sûr. La malédiction est sur elle, et les vampires se sont réveillés...

Marie Casimire, goûtant son bonheur, n'entend pas les commérages de la bêtise et de l'envie. L'été s'annonce dans toute sa splendeur, et son « kochany tiaptuta », son cher petit ourson, que dans l'intimité elle appelle aussi « Fanfan », est toujours là pour l'aimer chaque nuit et même le jour, la comblant de ces caresses devant lesquelles le temps s'arrête. Mais un matin, il annonce qu'il s'en va :

– Quelques jours seulement, dit-il. Je vais prendre possession des terres que m'a données le roi Jean Casimir. Ma résistance vigoureuse aux Suédois me vaut en récompense la voïvodie de Kamieniec, une autre forteresse qui a déjà repoussé bien des Turcs et des Tatars.

– Vous reviendrez bientôt, n'est-ce pas ?

Une angoisse inexpliquée serre la gorge de la jeune femme qui ajoute :

– Dosia, jurez-moi que vous m'aimez.

– Allons, Madame, répond-il en riant tandis qu'un valet lui passe un de ces habits à la française qu'il affectionne, ne vous l'ai-je pas prouvé ? N'ayez crainte, Kamieniec n'est pas au bout du monde.

– Que vais-je faire sans vous ? dit-elle en s'approchant d'une fenêtre ouverte sur la rivière. Vous me manquez déjà et mon cœur se vide.

Il la rejoint et pose ses mains sur les hanches juvéniles.

– Prenez soin de vous, Pani Zamoyska. J'espère entendre bientôt que vous portez mon héritier.

L'absence ne dure pas longtemps. Juste assez cependant pour que Marie Casimire en ressente les effets et réalise qu'en son âme l'amour peu à peu s'installe. Vania avait raison lorsqu'elle affirmait que l'amour s'apprend. Mais elle oubliait de dire qu'il s'accompagne de cette peur insidieuse, sournoise, douloureuse, de n'être pas aimée.

– Il arrive toujours ce que l'on craint, grommelle la servante, alors ne pensez pas à des choses tristes.

Etre gaie n'est pas toujours facile. Marie Casimire n'est pas seule, certes. Comme Louise, elle a sa cour. Mais à la différence du boudoir de la reine où l'on commentait avec esprit les nouvelles du monde, ici, les dames de compagnie ne connaissent rien en dehors de leur province. De petite noblesse pour la plupart, elles ont épousé des châtelains au service du « Prince » et l'arrivée de cette maîtresse pétrie des raffinements de l'entourage royal représente pour elles la plus grande aventure qui soit. Elles écoutent, éblouies, mais restent sceptiques quant à changer leurs habitudes. De même que la reine, Pani Zamoyska est française. Une étrangère. Ses décolletés, ses mouches, ses coiffures excentriques et ses allures d'indépendance peuvent amuser le seigneur de Zamosc qui porte plus volontiers l'habit orné de rubans et de bouffettes que le kontouche brodé, mais quel mari polonais qui se respecte accepterait ces fantaisies impudiques dans sa maison ? Oseraient-elles, toutes ces dames élevées dans la tradition, se présenter sans gorgerette ni fraise et ôter leur bonnet ? Alors on chuchote dans les coins. On papote et on ricane. Derrière les flatteries se tissent les intrigues les plus perfides et, sur un ton faussement innocent, les langues des prudes jettent leur venin : « La beauté passe... La débauche ne s'oublie pas... Le vice est tenace... Dieu nous garde de la maladie... » Petites phrases lâchées au compte-gouttes qui font autant de ravages que l'acide le plus violent.

– Tu les as entendues, Vania ? s'écrie Marie Casimire lorsque enfin seule dans sa chambre elle peut donner libre cours à son amertume. Je les déteste. Je ne veux plus les voir.

– Vous êtes trop jeune et trop belle, ma tourterelle. Elles ne vous le pardonnent pas.

– Je ne vais pas m'enlaidir pour leur plaire. Puisqu'elles n'ont que sarcasmes aux lèvres, je vais leur donner matière à jacasser.

Le domaine de Ploskié devient son refuge. Au galop de sa jument tatare, elle s'y rend chaque matin et s'enivre d'un plaisir bien particulier, celui de posséder. Pour la première fois de sa vie, quelque chose lui appartient. Et ce quelque chose n'est pas rien. Le domaine est vaste, bien cultivé. Les Suédois ne l'ont pas trop ravagé. Les bâtiments sont délabrés, mais on peut y remédier. L'un d'eux, bien aménagé, lui servira de résidence.

– « Ma » maison, dit-elle, imaginant déjà le chaume nouveau sur le vert cru des volets repeints, les roses grimpant le long des murs, les peaux d'ours devant l'énorme cheminée, les meubles cirés, les cuivres et les étoffes chatoyantes.

Elle parle aux paysans, inspecte les champs, s'enquiert des cultures. Le temps des semailles et celui des récoltes. Bientôt on moissonnera. Dans les vergers on cueille déjà. En jupons de couleurs vives et blouse brodée de fleurs, un mouchoir noué sous le menton, Pani Zamoyska se mêle aux femmes de la ferme et s'amuse à partager leurs besognes.

Un matin de juillet, un page annonce enfin le retour du prince Zamoyski. Marie Casimire appelle aussitôt ses servantes et se plonge dans sa baignoire d'argent.

– Vite, ma robe de satin rose et le tablier de dentelle brodée. La crème pour le teint, la poudre, le parfum, l'eau de bouche. Sortez aussi mes perles et mes diamants.

Elle rit, elle chante. Dans quelques heures son époux sera là et elle sera dans ses bras. Les tirs de mousquets dans le lointain annoncent la cavalcade. Les cris de loups des cosaques se rapprochent, les cochers sifflent et leurs fouets cinglent l'air, les sabots des chevaux crépitent sur les graviers de la cour, des bruits de bottes résonnent dans l'antichambre et son pas dans l'escalier... La porte s'ouvre :

– Dosia ! crie-t-elle en courant vers lui.

Il sourit et la serre sur sa poitrine.

– J'avais hâte de vous revoir, murmure-t-il.

Il contemple le visage parfait et se penche sur le décolleté parfumé.

– Voilà ce que j'aime par-dessus tout, Madame. Vous me rendez fou.

– Je me languis de vous, mon tiaptuta.

La volupté retrouve ses rites que l'absence avait interrompus. Ils s'embrassent et s'enlacent, se mordent et se griffent, s'enroulent et se déroulent... La passion dicte ses lois jusqu'à ce qu'enfin apaisés, étendus l'un contre l'autre, ils se regardent, étonnés de s'être tant aimés.

– Le plaisir, à en mourir, dit-il avec un sourire béat. Telle est ma devise, Madame. Vous savez me satisfaire et j'en suis fort aise.

– Mon plaisir est de vous plaire, Monsieur, puisque ainsi vous m'aimez.

Plus tard, un festin est servi dans la grande salle à manger où trois tables sont dressées pour les différents membres de cette petite cour, selon leur importance. Marie Casimire, resplendissante, préside la plus grande auprès du maître. Autour d'eux sont venus s'asseoir les premiers gentilshommes et leurs épouses, le chapelain et le médecin. Des valets habillés à la cosaque passent les traditionnelles pyramides de viandes grillées avec les quatre sauces épicées, versent la bière ou le vin de Hongrie, puis vont s'aligner le long des murs, surveillant les plats avec anxiété. Les restes seront leur repas. Zamoyski porte toast sur toast. Les verres se vident et se remplissent. La cadence s'accélère et les pots défilent. Le comte Podlodowski et ses deux compères, Jaboclitski et Goletski, égaient l'assistance de leurs bons mots, suivant d'un œil perfide les progrès de l'alcool sur le comportement du prince. Marie Casimire remarque leur manège et s'en inquiète. Mais comment les arrêter sans provoquer un esclandre ? Elle se penche vers son mari et se contente de murmurer sur un ton enjoué :

– Mon oreiller est pour mon bien-aimé et non pour un charretier.

A ces mots, il sursaute et tonitrue :

– Taisez-vous, Pani Zamoyska. Vos sermons m'ennuient. Je hais les gens tristes. Or, vous êtes triste parce que vous ne buvez pas. Allons, Madame, buvez si vous voulez me plaire. Obéissez. Je suis le maître ici.

Un silence de mort pétrifie l'assistance et Jean Zamoyski le brise aussitôt d'un gros rire que ses courtisans reprennent en chœur. Près de lui, son épouse blêmit et se maîtrise pour garder le sourire. Sans rien perdre de sa grâce, elle se lève et se tourne vers ses femmes en disant :

– Je crois qu'il est temps de laisser nos seigneurs à leurs jeux.

Cette nuit-là, le prince ne vient pas la rejoindre. Au matin cependant, il est à son chevet et présente des excuses. Il pleure et se repent, faisant mille promesses pour obtenir un pardon. Marie Casimire veut bien oublier. Ils se réconcilient derrière les rideaux complices. Quelques semaines plus tard, elle annonce enfin, une main sur son ventre :

– Je porte votre fils, Monsieur. Etes-vous satisfait ?

– Ah, Madame, dit-il en la serrant contre lui, vous faites de moi le plus heureux des hommes.

Il lui offre des perles aussi grosses que des noisettes, et quelques terres pour agrandir son domaine de Ploskié. Un courrier porte la nouvelle à Varsovie. La reine envoie des félicitations et renouvelle son invitation en écrivant :

« Si l'air de là-bas ne convient pas à votre honorable épouse, nous souhaitons vivement que vous nous l'envoyiez ici pour améliorer sa santé. »

– Voulez-vous partir ? demande le prince. Vos malaises m'inquiètent et je crains que notre médecin ne soit pas assez compétent.

– Non, mon aimé, dit-elle en se serrant contre lui, vous savez bien que je ne peux vivre loin de vous.

Marie Casimire, oubliant ses troubles qui sont les maux habituels d'une grossesse, se préoccupe bien plus de la santé de son mari. Le prince est tombé malade. La goutte, a-t-on dit. Mais il avait des maux de tête qui le faisaient hurler et de drôles de convulsions qui venaient mousser au coin de ses lèvres. Dans les couloirs les domestiques s'enfuyaient en se signant. Maintenant que les crises sont passées, elle doit veiller sur lui pour empêcher ses courtisans de le détruire à coups de krûpnick. Il lui a demandé de l'aider, et elle a promis.

L'automne arrive et déroule sur la campagne ses flamboyances mêlées d'or et de roux. On abandonne le Parc pour le manoir de Krzeszow[1], un rendez-vous de chasse entouré de mélèzes et de sapins, et le prince Zamoyski organise de grandes battues. Il attend chaque année ce

1. Se prononce Kchechov.

moment et s'enflamme quand on lui dit que les forêts sont giboyeuses. Des pages porteurs de missives partent ventre à terre vers les propriétés voisines tandis que les piqueurs s'apprêtent et comptent les chiens. Trois mille paysans rabatteurs sont envoyés sur les lisières pour y prendre place avec des toiles. Les invités se rassemblent dans la cour et les chevaux piaffent. Une sonnerie de trompe donne le départ et les chasseurs lancent leurs montures. Ils se dispersent sous le couvert. Des valets battent les taillis, on lâche les chiens.

– Trois sangliers en lisière, dit le maître d'équipage.

Le prince Zamoyski s'arrête à une croisée de chemins pour les surprendre. En tenue d'amazone à la française, Marie Casimire est auprès de lui. Ils échangent des propos tendres entrecoupés de rires. Soudain, au fond de l'allée qui leur fait face, débouche un cavalier en veste à la turque et cape de panthère. Il est entouré d'une petite escorte et galope vers eux. Sous son feutre empanaché, le visage de la palatine se fige. Dès le premier instant elle a reconnu la silhouette de celui qu'elle croyait avoir oublié.

– Sobieski ! s'exclame Zamoyski. Vous ne pouviez me faire un plus grand plaisir. Ainsi vous êtes notre voisin ?

– Pour quelques jours seulement. La guerre n'est pas finie. Aux marches du pays, nous talonnons encore les Suédois et des rumeurs inquiétantes nous viennent de Moscovie.

Il se tourne vers Marie Casimire et la salue de façon cérémonieuse.

– Pardonnez, Madame, cette irruption brutale, et permettez-moi de vous présenter mes hommages, ainsi que mes vœux de bonheur.

– Vous vous connaissez, je crois, dit Jean Zamoyski. J'ai ouï dire que vous ne manquiez aucun bal de la cour.

– Un temps fort lointain, répond l'officier d'un air songeur.

Ses yeux d'azur se posent sur la jeune femme qui parvient à calmer les battements de son cœur et demande d'une voix glacée :

– Vous parliez de guerre, Monsieur. Dois-je comprendre que vous allez m'enlever mon mari ?

Un ours apparaît soudain à quelques mètres, poursuivi par des chiens. Zamoyski s'élance, prêt à le charger, et Marie Casimire tourne bride. Sobieski lui emboîte le pas et rapproche sa monture :

– Auriez-vous peur ? demande-t-il intrigué.

– Je vais me mettre à couvert, Monsieur. J'attends un enfant.

Il se penche aussitôt et saisit les rênes de la cavalière. Leurs regards se rejoignent et leurs joues se colorent. Il confie dans un murmure :

– N'ayez crainte, Marysienka, je resterai près de vous.

# VII

DANS la grande salle du manoir aux murs garnis de peaux de bêtes et de trophées, les chasseurs commentent avec animation les péripéties de la journée. Ils se sont bien amusés avec tous ces sangliers, talonnés par la meute, qu'ils forçaient à l'épieu avant que les chiens ne les mettent en pièces. Mais le plus divertissant fut le combat féroce et terrifiant de l'ours chargé par six dogues d'Angleterre. Les deux premiers furent tués d'une chiquenaude, les deux suivants étripés. L'animal furieux s'était dressé sur ses pattes arrière pour s'attaquer aux deux derniers lorsque le prince Zamoyski poussa son cheval et, d'un coup de lance assuré, le cloua au sol. On porte des toasts en l'honneur du maître de maison, et les chopes de bière se vident allégrement.

– Pardonnez-moi, mon ami, dit le prince en s'approchant de son invité inattendu, j'aurais dû vous laisser ce plaisir. J'espère que vous ne m'en tiendrez pas rigueur.

– Que Votre Seigneurie se rassure, rétorque Jean Sobieski sur un ton de cérémonie. J'ai eu le grand honneur d'assurer la protection de Pani Zamoyska, et vous m'en voyez comblé.

Avec un air amusé, il se détourne un instant pour un salut

courtois vers Marie Casimire. Entourée de ses dames, elle est assise près d'une cheminée où brûlent des troncs d'arbre et cache son trouble en jouant aux dés. L'arrivée inopinée du Porte-Enseigne de la Couronne et leur retour botte à botte à travers la futaie la bouleversent encore. Pourquoi est-il revenu ? Pourquoi l'a-t-il appelée « Marysienka » ? Pourquoi réveiller les souvenirs après tant d'indifférence ? Autant de questions qu'elle n'a pas eu la force de lui poser, préférant maîtriser son cœur et garder sa dignité dans le silence. Le feu crépite et dore les visages. Elle répond à l'officier par une inclination de tête accompagnée d'un sourire discret et reprend son jeu tout en surveillant à la dérobée les deux hommes qui s'entretiennent en aparté sur un ton familier.

L'un porte perruque, l'autre est tonsuré. Ils ont presque le même âge, la même taille, et se connaissent depuis le collège de Cracovie où, dans une discipline toute militaire, ils apprenaient l'histoire, la philosophie et les sciences humaines chères aux Anciens. Mais à la différence du maître de Zamosc, qui affiche des modes étrangères, Jean Sobieski est un Sarmate, attaché aux traditions de son pays jusque dans son costume qu'il agrémente de touches orientales. Ce soir, il a troqué sa tenue de hussard pour un kontouche fourré orné de broderies de fils d'or. A côté du longiligne Zamoyski, désinvolte et fluctuant, promenant sur l'entourage un regard un peu morne, Sobieski, avec sa forte carrure, le verbe haut, l'œil vif et le geste prompt, est le type même de l'homme d'action. Sa vaillance et son courage lui ont valu la starostie de Iavorow à dix lieues de Zamosc, le titre de Porte-Enseigne de la Couronne, puis le grade de colonel, et il n'a que vingt-neuf ans.

– La République est en danger, dit-il d'une voix sourde.

– Pourquoi ce pessimisme ? rétorque Zamoyski. L'ennemi est repoussé de tous côtés.

– Nous regagnons notre Pologne, certes, mais tout est brûlé, saccagé, les morts se comptent par milliers, et dans cet état de faiblesse qui est le nôtre, le roi fait n'importe quoi. Il paie l'Autriche. Un tribut annuel et des droits sur nos mines de sel. Il a même promis son trône à l'empereur pour le décider à nous envoyer des renforts. Et si nous n'avions fait capituler Ragotski dans ses montagnes de Transylvanie, nous perdions Poznan et Cracovie qui lui avaient été assurées dans le plus grand secret.

– Oui, oui. J'ai entendu aussi que Jean Casimir veut une armée de métier constituée de paysans. Cela n'est bon ni pour nous ni pour la Pologne. Que la Diète se réunisse, et nous lui opposerons notre veto, cela va sans dire. Le sabre est pour les nobles et non pour les bouseux.

– Les bouseux, comme vous dites, se sont battus avec la rage des lions, et nous aurons besoin d'eux. La paix n'est pas signée.

– Qu'attendons-nous ? On dit que Charles-Gustave nous supplie à deux genoux de la lui accorder.

– A des conditions que nous refusons. Alors la guerre continue. Nous reprenons nos terres de Prusse et le roi, poussé par la reine, nous appuiera de sa personne lorsque nous ferons le siège de Torun. Préparez vos régiments, Sobiepan. Recrutez tout ce que vous pouvez. C'est ce que je suis venu vous dire de la part de Sa Majesté.

– Par la Vierge de Yasna Gora, où vais-je trouver l'argent pour payer les soldes ? Nos starosties ne produisent plus les revenus d'autrefois, et les prêteurs juifs nous saignent.

– Allons, ami, quand le salut du pays est en jeu, plus rien ne compte.

Sobieski vide d'un trait sa chope de bière puis se penche vers son hôte et baisse le ton pour demander :

– Comment était Kamieniec ?

– Calme.

– La garnison est-elle bien armée ?

– Une véritable poudrière.

– Soyez vigilant. Cette forteresse est notre verrou contre les Turcs, et je les entends qui rôdent au loin.

– Allons donc ! s'exclame Zamoyski d'une voix forte.

Depuis qu'ils ont tué votre aïeul et votre frère, ils sont devenus votre obsession. Pour l'heure, je me méfierai plutôt des cosaques et des Moscovites. La mort du vieux Bogdan a rallumé les tensions le long du Borysthène. J'attends le retour de ma sœur, la duchesse Wisnowieska, pour avoir de plus amples nouvelles.

Marie Casimire, qui pendant tout ce temps gardait l'oreille aux aguets, frémit en entendant ces propos. La visite de cette belle-sœur dont l'autorité s'exerce jusque sur le prince, dit-on dans la principauté, s'annonce comme une tempête. Elle avait bien raison d'être inquiète en voyant arriver le hussard. Décidément, sa compagnie n'est pas de bon augure. Au bal de la Saint-Jean, il lui avait raconté, en riant aux éclats, qu'à l'instant de sa naissance la foudre s'était abattue sur la forteresse d'Olesko où sa mère lui donnait le jour et que sa nourrice en était devenue sourde. Aurait-il depuis lors le don d'attirer les orages ?

– Que se passe-t-il ? s'écrie Jean Zamoyski. Je n'entends plus les violons et il n'y a plus de bière. Allons, bonnes gens, nous ne sommes pas dans un tombeau.

La musique se réveille, les valets s'activent et les coupes s'entrechoquent sur fond de gros rires.

– Gagné ! s'écrie une dame après avoir jeté les dés. Pani Zamoyska, voulez-vous une revanche ?

– A quoi bon, répond-elle, je perds toujours au jeu.

– Parce que votre tête n'y est pas, remarque Sobieski sur un ton taquin.

Sa conversation avec le maître de Zamosc ne l'a pas empêché d'observer Marie Casimire. Leur retour silencieux dans la forêt a fait renaître le feu qui l'embrasait lorsque, trois ans plus tôt, il tenait la taille frêle et la faisait plier sur son bras. Mille petits détails brûlent sa mémoire. Sous les lambris de Varsovie, les mains ravissantes emprisonnaient ses doigts, les seins adorables frémissaient à chaque pas et, dans le creux du décolleté, l'ensorcelait un grain de beauté qu'il mourait d'envie de dévorer. La favorite de la reine fait aujourd'hui une épouse bien désirable. Pourquoi n'a-t-il pas osé se prononcer avant qu'il ne soit trop tard ? La guerre, il est vrai, l'occupait tout entier. Pouvait-il penser à son bonheur lorsque son pays était au bord de la ruine ? Mais il y avait surtout la peur d'une mère austère et implacable qui ne conçoit l'amour que dans la rigueur de l'honneur et en oublie le cœur. Theophila Danillowicz Sobieska lui avait fait jurer de venger Marc, le frère aîné qu'elle lui préférait, décapité cinq ans plus tôt par les Turcs. Dernier héritier de son illustre famille, il ne pouvait la décevoir et perdre une chance de mériter une considération maternelle trop souvent refusée.

– Je suis sûr que si vous me permettiez de vous disputer une partie, ajoute-t-il en approchant un pliant, vous l'emporteriez.

– Je sais, Pan Sobieski, que vous faites profession d'obliger les dames. Iriez-vous jusqu'à perdre votre sabre ?

– Je ne perdrai rien, Madame. C'est vous qui marquerez le point, car vous avez déjà, ce me semble, décidé de gagner.

Il a de la repartie et Marie Casimire retrouve cette verve avec laquelle elle excellait dans les jeux favoris de la cour où l'on se griffe de mots avec esprit.

– Monsieur le Porte-Enseigne, vous êtes un vilain diable que je me garderai bien de tenter. Parlez-moi plutôt de Varsovie.

– Le Palais sans son « Arche » n'a plus d'attrait, Madame, mais on récite encore les vers de notre galant poète, Monsieur Morsztyn, en pleurant votre absence :

*Et les cœurs vont à elle en hommage, en offrande,*
*Ainsi que vers un temple, ainsi que vers une Arche...*

Un sourire narquois pince les lèvres de Marie Casimire et son regard se durcit. Le hussard se souvient et dissimule à peine son émotion. Mais pourquoi l'a-t-il dédaignée naguère lorsqu'il n'avait qu'un mot à dire, un mot qu'elle souhaitait si fort et qui aurait changé le cours des choses ? Parce qu'elle n'était qu'une suivante de la reine ? L'officier fougueux aimait à se divertir entre deux campagnes. Peu lui importait de briser un cœur de quinze ans, et peu lui importe en cet instant de réveiller les plaies endormies. Séduire la palatine Zamoyska lui offre certes un jeu plus piquant. Consciente de son rang et de ce qu'elle représente désormais dans l'aristocratie polonaise, la jeune femme redresse son buste et toise le jeune homme en lui disant sur un ton plein de morgue :

– Bravo pour votre mémoire, Monsieur le Porte-Enseigne. Comment va Sa Majesté la reine ? Lorsque vous la rencontrerez, dites-lui, je vous prie, que je suis fort heureuse auprès de mon époux le prince Zamoyski.

Mais lorsque, un peu plus tard, Jean Sobieski se lève pour prendre congé, elle le regarde avec mélancolie et murmure à la dérobée :

– Nous nous reverrons, n'est-ce pas ?

– Le destin a ses lois, Madame, répond-il en s'inclinant. Nul ne peut les changer.

*

* *

Les jours suivants, tout se gâte. Sur son habit français, le prince Zamoyski noue une longue écharpe de soie blanche. Il part pour la guerre. Avec une escorte de mille cinq cents chevaux, deux mille valets, mille chariots et trois mille bœufs, il conduit son régiment sous les murs de Torun en Prusse royale où le roi Jean Casimir va lancer l'assaut. Combien de temps durera le siège ? Nul ne peut le dire et Marie Casimire, postée derrière une fenêtre, accompagne de son regard noyé la colonne impressionnante qui s'éloigne par-delà les collines. Les derniers nuages de poussière disparaissent à l'horizon, et l'inquiétude emplit son cœur. Elle s'emporte soudain contre Jean Sobieski. N'est-ce pas lui qui est venu briser son bonheur en lui enlevant son époux ?

L'automne se meurt. Les premières bourrasques d'un hiver

glacé s'abattent alors sur Zamosc. Elles portent dans leur sillage l'imposante Griselda Wisnowieska qui rentre d'Ukraine et reprend ses droits sous le toit de ses ancêtres. Avec son fils Michel, âgé de dix ans, et les deux cents personnes de sa suite, elle occupe une aile entière du château qui se met à vivre sous sa loi. Sa voix de basson vibre dans les couloirs interminables. Elle gronde, vocifère, critique et se moque, épie et intrigue... L'atmosphère s'alourdit et devient irrespirable. Marie Casimire, excédée, se réfugie au Parc pour y attendre son mari, tremblant qu'il ne revienne jamais. Et quand, enfin, les galops des chevaux, les claquements de fouets et les cris des gardes cosaques réveillent les forêts alentour, une fièvre lente la consume. Les médecins, affolés par la violence des maux et des nausées, ne savent plus que prescrire et, s'apprêtant au pire, accueillent le prince avec des mines endeuillées. Jean Zamoyski, bouleversé, s'approche de son épouse.

– Je suis parti dès que j'ai pu, dit-il en prenant sa main. Je ne savais pas que vous étiez si mal.

– Dosia, dit-elle faiblement. Je vais mourir, n'est-ce pas ?

– Non, mon cœur, dit-il en retenant un sanglot. Vous irez à Varsovie. Les chirurgiens de la reine vous sauveront.

– Vous venez avec moi, Dosia ? Je vous en prie, ne me laissez pas.

– Des affaires de toute urgence me retiennent, mais je vous rejoindrai au plus tôt. Je vous le promets.

Il se penche sur le visage brûlant de son épouse.

– J'ai besoin de vous, ajoute-t-il près de son oreille. J'ai besoin de vos caresses et de tous ces plaisirs dont vous me comblez. Je viendrai vous retrouver pour ne plus vous quitter.

– Alors, je vivrai, dit-elle avec un faible sourire.

A bord d'une litière capitonnée de fourrures et montée sur un traîneau d'argent, Pani Zamoyska et sa suite de quarante personnes traversent les champs de neige dans une course presque aérienne, ne s'arrêtant que pour changer les montures. Le voyage est une torture et, lorsque l'équipage exténué franchit les grilles du Palais du Jardin, c'est une femme à demi morte que l'on transporte en hâte dans une chambre voisine des appartements de la reine. Louise n'est pas là. Elle est en Prusse avec le roi et toute la cour, mais elle a laissé derrière elle son vieux médecin français, Augustin Courrade, venu de Nevers dans son cortège. Il s'est fait une spécialité de traiter les maladies des femmes. Il en a dénombré sept et les guérit toutes grâce à une eau particulière dont la source est en Nivernais. Il ajuste ses besicles, procède au diagnostic, et déclare de sa voix chantante que colore un fort accent de terroir :

– Je vois une suffocation de matrice due à un excès de fureurs. Mais ne craignez rien, Madame. L'hydre [1] n'est pas invincible. Nous avons de quoi la terrasser : la bonne eau de Pougues ! Je viens d'en recevoir trois cents bouteilles commandées à grands frais pour Sa Majesté. Dieu vous protège, car c'est un miracle qu'elles aient passé tant de frontières sans se briser par ces temps troublés.

Et de fait, lorsque la reine revient deux mois plus tard, Marie Casimire peut se lever pour aller à sa rencontre et se jeter dans ses bras. On s'embrasse en pleurant et on se congratule.

– Ah, ma chère, dit Louise, encore tout animée. Quelle aventure ! J'étais dans un fort d'où je voyais les deux armées comme de Chaillot à la porte de Grenelle. Les Polonais tenaient ferme. Savez-vous qu'à la fin nos ennemis étaient si faibles que nous chargions nos canons avec de la viande de cheval et qu'ils nous répondaient en tirant des fromages hollandais ?

– Vous prenez trop de risques, Madame, s'exclame Marie Casimire en se tordant les mains. La guerre n'est pas cette comédie que vous racontez. Je vous ai suivie à Praga et j'ai vu le carnage que faisaient les boulets.

– Reprenez-vous, très chère, nous les avons exterminés. Les Suédois ont capitulé. Sur les deux mille cinq cents qui

1. Dans un traité écrit en 1634, Augustin Courrade compare les maladies de femme (il en compte sept) à une hydre.

tenaient Torun, sept cents seulement sont sortis de la ville. De ma portière, je les ai vus passer la tête basse devant le roi à cheval et nos armées en ordre de combat.

– Comme vous parlez de ces choses, Madame. N'êtes-vous pas sensible au nombre des morts ?

– Le glaive répond au glaive, chère princesse.

Elle prend un air pensif et ajoute en soupirant :

– Avec le temps, la guerre rend les sentiments fort peu tendres.

Une porte s'ouvre à cet instant, et le roi Jean Casimir entre dans le boudoir, entouré d'une nuée de nains, de chiens et de guenons qui lui sont aussi indispensables que l'air pour respirer. Un perroquet sur l'épaule, il marche vers Marie Casimire et se plante devant elle avec une mimique bouffonne.

– J'apprends que nous sommes malade… Mais je vois que nous allons mieux. Et pour vous amuser, j'ai trouvé ceci.

Il laisse tomber sur les genoux de la palatine une petite boule de poils qui n'est autre qu'un chien nain pas plus gros qu'une souris. Tout le monde rit et s'extasie. Jean Casimir reprend son sérieux et dit d'une voix grave :

– Le prince Zamoyski s'est bien conduit. Je suis content de lui et je veux le voir. Où est-il ?

A ces mots Marie Casimire fond en larmes. Le roi fait une grimace et se retire promptement. Louise reste seule avec sa protégée.

– Pleurez tout votre saoul, dit-elle en tapotant les mains de la jeune femme. Je vois que vous en avez long à me dire. Monsieur Zamoyski oserait-il vous mal traiter ?

– Lorsqu'il est près de moi, il ne sait que faire pour manifester son amour. Mais dès que nous sommes séparés, il ne se soucie plus de moi, comme si je n'existais pas. Il sanglotait sur ma litière, jurant qu'il viendrait sous peu, et depuis, c'est le silence. Il ne répond à aucune de mes lettres, et Dieu m'est témoin que je ne manque aucun courrier.

Louise a écouté en fronçant les sourcils et répond sur un ton désinvolte :

– Votre grossesse vous fatigue et vous voyez tout en noir.

– Il y a plus, Madame, et j'ai honte de vous l'avouer. Il me laisse sans argent. Je suis obligée de lui renvoyer mes valets un à un, ne pouvant plus payer leurs gages. Je ne peux même pas acheter le lin nécessaire pour les couches. Je garde le peu qui me reste pour assurer la nourriture de mes femmes. Pour moi, je ne coûte rien puisque le chagrin m'empêche de manger.

La reine se raidit. Un sentiment désagréable de culpabilité lui rappelle sa responsabilité dans ce mariage. Aurait-elle fait un mauvais choix pour sa favorite ?

– Le prince est un homme d'honneur, rétorque-t-elle. Il l'a prouvé au combat, et je ne peux croire qu'il vous laisse volontiers dans le dénuement. La guerre a vidé nos caisses et les temps sont durs. Je gage qu'il cherche, comme nous tous, des ducats bien sonnants.

– Je comprends ces choses, Madame. Mais là n'est pas la question. Tout vient des gentilshommes qui l'entourent. Son maréchal, son trésorier, ses intendants ne sont pas des hommes de qualité. Ils le flattent et le volent. Ils l'entretiennent dans la boisson pour tirer de lui mille avantages et compromettent sa santé. Ma présence les gêne et, pour nous séparer, ils utilisent les stratagèmes les plus vils.

Les yeux de la reine s'assombrissent et son regard se durcit sous le front qui se plisse. Elle réfléchit en jouant avec les pans de dentelle de sa « marmotte » et dit :

– Votre affaire est simple. Tout d'abord, nous allons vous soigner. Pour l'argent, n'ayez crainte. Vous aurez votre pension comme autrefois, et j'entretiendrai vos femmes. Quant au prince, dites-lui que la naissance est imminente. Il sera bien obligé de venir à la cour, et nous saurons le garder auprès de nous par quelques avantages séduisants.

– Sans vous, je serais morte, dit Marie Casimire entre deux remerciements.

Louise se lève et continue son discours en marchant de long en large.

– Une pensée me trotte dans la tête et j'ai besoin de pouvoir compter sur la loyauté de Monsieur Zamoyski. Nous allons renforcer la République, lui donner d'autres lois, une autorité. Voilà ce qui manque aux Polonais... tandis qu'en France...

Elle s'arrête devant la jeune femme interloquée.

– Mais tout cela, c'est de la politique pour plus tard, reprend-elle sur un ton de badinage. Dès que nous aurons signé la paix. En attendant, venez dans mon boudoir. Je dois avoir une crème magique pour un teint irrésistible. Votre force est dans votre beauté. Ne l'oubliez jamais.

Jean Zamoyski arrive enfin par un matin d'avril et s'installe au Palais. Marie Casimire lui a organisé une chambre dans sa garde-robe et lui abandonne un cabinet de marbre qui lui servait de salon, où il recevra ses invités. De manière fort habile, elle le coupe de ceux dont elle se méfie, et l'intimité se recrée dans la tendresse. On déverse les reproches accumulés, on se pardonne dans les larmes et l'on s'enlace avec fougue. Le rire chasse les malentendus et l'on attend avec impatience l'arrivée de l'héritier qui portera le prénom de son père et de ses nombreux aïeux. Mais, quelques jours plus tard, Marie Casimire met au monde une petite fille et Jean Zamoyski bougonne.

– Ne soyez pas déçu, Dosia, lui dit-elle en minaudant. Nous recommencerons et n'en aurons que plus de plaisir.

La reine, qui s'est installée pour la circonstance auprès de sa favorite avec médecins et chapelains, prend le bébé dans ses bras et déclare :

– Ma filleule. Nous l'appellerons Marie-Louise !

On festoie pour célébrer le baptême et le roi distribue des faveurs. Jean Zamoyski reçoit le palatinat de Sandomir ainsi que le titre de sénateur. Sa voix, désormais, sera prépondérante à la Diète, et il devra se montrer plus souvent à la cour. Si le prince reste froid devant de tels honneurs, Marie Casimire ne cache pas son bonheur. Au Palais du Jardin, elle a retrouvé des habitudes et des gestes familiers. Elle n'est plus une étrangère comme à Zamosc dont elle redoute désormais la solitude et l'hostilité. Varsovie a plus d'attraits assurément. Au milieu des divertissements, elle y gardera son mari et n'aura plus à subir un entourage néfaste.

De tous côtés, la ville bourdonne. On reconstruit vivement ce que les Suédois ont brûlé. Cette fois, c'est pour de bon. Ils sont battus et ne reviendront plus. Les fêtes se multiplient. Chœurs et violons mènent la danse, et Marie Casimire triomphe. Son esprit éblouit, sa beauté enchante. La jeune palatine a surpassé l'ancienne favorite de Louise. Poètes, hommes de science, hussards et petits marquis se disputent pour lui donner la réplique. Son rire pétille, et Zamoyski observe tout cela d'un air satisfait. Le succès de son épouse entretient sa bonne humeur et flatte sa vanité. N'est-ce pas au maître de Zamosc qu'appartient la plus jolie femme du royaume ? Et lorsque dans la pénombre de l'alcôve ses longs bras enlacent le petit corps aux courbes voluptueuses, sa fougue ne faiblit pas et s'accompagne de cadeaux hors du commun.

– Je ne peux me rassasier de vous, Madame. Et mon désir s'augmente de celui qui embrase les regards de vos amuseurs.

– Dites-moi que vous m'aimez, Dosia, et je serai comblée.

– Seul le plaisir existe, Madame. Sans lui, il n'y a pas d'amour.

– Que faites-vous de votre cœur, Monsieur ?

– Gardez vos questions pour vos poètes et petits-maîtres, et ne m'ennuyez pas, de grâce.

Mais un soir, le rire sonore de Jean Sobieski résonne d'un bout à l'autre de la galerie. Sa haute silhouette traverse l'assemblée de courtisans qui emplit les salons, et s'incline devant les souverains qui le félicitent. Promu Grand-Enseigne de la Couronne, le staroste de Iavorow est à l'honneur. Les musiciens attaquent une « marche à la polonaise », et Marie Casimire dissimule son émoi derrière son éventail lorsqu'il vient lui offrir son bras. Le visage tanné par les vents arbore un sourire éblouissant qui balaie toute hésitation. Le charme du séducteur ensorcelle la jeune palatine qui se laisse guider dans la lumière des lustres aux mille bougies.

– N'êtes-vous pas heureuse de me revoir, Marysienka ? dit la voix chaude tout près de son oreille.

Elle frissonne et se défend de perdre la tête. Comme autrefois, leurs pas s'accordent et il l'amuse de calembours. Elle sourit et badine.

– Est-ce le hasard qui nous réunit encore, ou ce destin dont vous me parliez naguère ?

– Je ne crois pas au hasard, Marysienka. Il n'y a que le destin et les surprises qu'il nous réserve.

## VIII

DES feuilles tourbillonnent dans le vent d'automne et vont piquer les pelouses d'un point de broderie rousse. Assise sous une charmille, le visage défait, Marie Casimire se recueille sous ses voiles de deuil. Pour elle, il n'y a plus de bals et les violons se sont tus. L'été a emporté sa fille, un bébé trop chétif qui s'est éteint au milieu d'une nuit. Et pour ajouter à sa douleur, Jean Zamoyski, alarmé par une dépêche, a regagné sa principauté.

– Je ne prends qu'une petite escorte, a-t-il expliqué. Nous brûlerons les étapes. Vous avez tout votre temps pour me rejoindre avec vos femmes et nos valets.

Trop affaiblie par son chagrin, elle n'a pu le suivre et s'inquiète de ce départ précipité. La raison grave existe-t-elle, ou n'est-ce qu'un stratagème du comte Podlodowski pour reprendre le maître sous sa loi ? Dans quelques jours elle en aura le cœur net, lorsque à son tour elle regagnera la principauté. Un curieux pressentiment l'envahit. De nouveau il lui faudra affronter les visages hostiles et renifler les intrigues. Mais combien de temps encore devra-t-elle lutter contre les influences néfastes ? En aura-t-elle la force ? Un grand vide l'entoure soudain, une lassitude voisine du découragement. Tout allait si bien à Varsovie. Dosia semblait heureux. Les assemblées de la Diète l'occupaient, et tous deux s'étourdissaient de plaisirs dans les fastes de la cour. Après les divertissements viennent les épreuves, dans une même abondance.

Son regard erre sur les eaux miroitantes de la Vistule. Des chalands chargés de bois glissent lentement le long du fleuve et le chant des bateliers monte dans la brise aux senteurs humides. La cloche d'un couvent voisin sonne les vêpres. Marie Casimire se signe et joint les mains pour une prière en pensant au petit corps inerte qu'elle a découvert un matin, image cruelle qu'elle s'efforce d'effacer de ses pensées. Souffrir avec patience, lui a dit son confesseur. Dieu ne laisse pas sans récompense une peine, même légère, soufferte pour Lui.

– Accepter est impossible, murmure-t-elle, et pourtant,

*Vers toi, Seigneur, j'élève mon âme,*
*Desserre l'angoisse de mon cœur.*
*Hors de mes tourments tire-moi,*
*Vois mon malheur et ma peine.*
*En toi j'espère, Seigneur.* [1]

– Amen ! dit un homme caché par les feuillages.

La palatine reconnaît la voix chaude et sursaute. Elle n'a pas le temps de se retourner. Plus souple qu'un félin, Jean Sobieski enjambe un massif de roses et vient s'incliner devant elle. Les bottes claquent, le sabre cliquette sur les éperons, et la cape de panthère galonnée de pierreries caresse de ses ondulations le grand corps habillé de cuir et d'or.

– Je vous débusque enfin, dit-il en s'asseyant près d'elle. Chassez vos idées noires, Marysienka, et souriez.

L'arrivée subite de l'officier illumine le visage de la jeune femme. Ils se sont vus plus d'une fois aux fêtes de la cour. L'amitié de Jean Zamoyski pour le voisin de Iavorow favori-

1. Psaumes de Jérusalem, n° 24.

sait leurs rencontres et leur permettait quelques familiarités qui les rendaient complices.

– Vous avez raison, dit-elle. J'essaie d'oublier, mais dès que je suis seule, les souvenirs reviennent. Quels potins me servirez-vous pour m'amuser ?

Il n'est pas en peine de bons mots. Elle minaude derrière son éventail et prend soudain conscience de la tenue de combat. Son regard s'assombrit.

– Dois-je comprendre que vous partez aussi ?

– Je suis un guerrier, Madame, vous le savez. Et le devoir m'appelle en Prusse. Sa Majesté m'envoie auprès du Grand-Maréchal qui nettoie les dernières poches de résistance, et j'ai tenu à vous saluer.

– Prenez garde, dit-elle en contenant son émotion.

Ses grands yeux noirs se plongent un moment dans les yeux de ciel et se détournent bien vite vers un petit sac de velours qu'elle ouvre d'une main nerveuse. Elle en sort un scapulaire en or serti de pierres précieuses.

– Portez-le, Jean, dit-elle en maîtrisant le tremblement de sa voix, et ne le méprisez pas. Non pas parce qu'il vient de moi, mais à cause des reliques qui sont dans la croix. Si par malheur l'on vous tue, on trouvera sur vous la marque d'un bon chrétien.

Sobieski, stupéfait, ne dit mot. Il fait glisser le bijou autour de ses doigts et le porte à ses lèvres.

– Ne le considérez pas comme une faveur, ajoute-t-elle. C'est une chose que je ferais pour tout le monde.

– Allons, Madame, rétorque-t-il avec une lueur dans l'œil, n'ai-je point gagné une part de votre cœur ?

– En vous donnant ce scapulaire que j'aime, dit-elle d'une voix grave, je vous traite comme mon enfant. Accepterez-vous de moi une affection toute maternelle ?

La fossette frémit au creux du menton et les yeux clairs se détournent pour cacher le trouble qui les envahit. Jean Sobieski se lève, s'incline et disparaît sous les frondaisons. Marie Casimire, perplexe, essaie de comprendre la raison de cette brusquerie. Le Grand-Enseigne aurait-il mal compris ses propos et les aurait-il trouvés désobligeants ? Des pas sur le gravier d'une allée, accompagnés de rires et de joyeux babils, viennent interrompre le cours de ses réflexions. La reine, suivie de ses dames, descend vers les berges encombrées de cygnes, de loutres et de flamants roses. Quittant l'abri de sa charmille, la palatine s'empresse de la rejoindre.

– Pourquoi tant de mélancolie sur ce charmant visage ? demande la souveraine.

Marie Casimire hésite un instant avant de répondre et décide de garder secrète son entrevue. Elle soupire et dit avec une moue boudeuse :

– Je suis triste de vous quitter, Madame.

– Avouez tout, rétorque Louise qui l'observe de son œil incisif. Vous craignez de rentrer chez vous et de vous y ennuyer.

– Je me demande surtout dans quel état sera Monsieur Zamoyski lorsque je le retrouverai au milieu de ses gentilshommes.

– Vous n'aurez qu'un mot à dire, très chère. Je vous attends tous deux à Dantzig. Nous partons sous peu avec la cour. Les pourparlers de paix vont occuper tout notre hiver.

Dans son carrosse tiré par six chevaux tigrés somptueusement harnachés, Marie Casimire se laisse tanguer sur les coussins de velours. En face d'elle, ses dames de compagnie somnolent. Elle peut sourire et fredonner sans crainte d'être devinée. Ce n'est pas le retour vers ses châteaux qui la met en joie, mais la perspective de rejoindre au plus tôt la cour et ses divertissements. Et ses pensées, en cet instant, vont au cavalier chamarré qui s'est approché de la portière lorsque son attelage franchissait les grilles du Palais. Sous le bonnet fourré pétillaient les yeux d'azur de Jean Sobieski.

– Acceptez mes excuses, Madame, lui a-t-il dit. Je me suis conduit comme un butor et j'en demande humblement pardon.

– Vous m'avez laissée bien pantelante, Monsieur. Je craignais à mon tour de vous avoir offensé.

Il l'a détaillée de son regard de connaisseur en disant :

– Ce chapeau vous sied à merveille. J'aurais tort, j'en conviens, de refuser une si jolie « maman ».

Marie Casimire a relevé son masque de cuir [1] de la fenêtre, afin de dissimuler un sourire de satisfaction. Sur un ton désinvolte, elle lui a demandé :

– Serez-vous à Dantzig ?

– Je gage que vous y serez aussi.

– Vous avez deviné. Je vais de ce pas chercher Dosia.

– Puis-je retenir la première danse ?

En guise de réponse, elle a tendu vers lui sa main gantée de soie. Il l'a effleurée de ses lèvres en murmurant :

– A bientôt, Marysienka !

– A Dantzig ! s'est-elle écriée tandis qu'il éperonnait sa monture.

Elle l'a vu s'élancer ventre à terre, entouré de sa cavalcade, puis disparaître au bout d'une allée et, depuis cet instant, son cœur est en émoi. Des images défilent derrière ses paupières à demi closes et elle ne voit que Jean Sobieski, rien que lui, toujours lui, dans la lumière dorée des mille bougies. Son grand corps magnifiquement musclé qui s'incline avec grâce pour la faire danser, son visage coloré par les vents, ses dents éclatantes, ses yeux d'un bleu céleste... Et sa voix chaude qui coule en elle comme un rayon de miel. Est-elle amoureuse ? Elle en frissonne et repousse énergiquement cette pensée qui l'affole. Elle ne peut nier son trouble cependant lorsque leurs mains se touchent, les picotements de sa chair quand leurs regards se rencontrent et cette chaleur dans son ventre quand il est si près d'elle qu'elle peut sentir l'odeur de sa peau. Sera-t-elle assez forte pour jouer de ces sensations dangereuses sans se brûler à tout jamais et sombrer dans le péché ? Ne

1. Les dames de condition ne voyageaient pas sans un masque de cuir, tenu à la main, qui leur permettait de protéger leur visage du vent, de la poussière et du froid.

devrait-elle pas repousser le hussard insouciant et ne penser qu'à protéger son mariage ? Une seule réponse lui vient à l'esprit : Jean Sobieski est revenu sur son chemin et elle ne veut pas le perdre. Non pour en faire un amant, mais le complice d'un passé familier, un confident, un frère... Pourquoi pas un enfant ? En lui offrant d'être pour lui une mère, elle l'attirera dans l'intimité de son foyer et conservera son honneur.

– A Dantzig ! murmure-t-elle en fermant les yeux pour mieux rêver.

Mais au bout du voyage est le désenchantement. Lorsque enfin les montagnes de Zamosc barrent le ciel, des silhouettes en armes se promènent sur les murs de la forteresse et la campagne est vide. Aux abords des remparts, des flots de gens à pied ou en carriole se hâtent vers la poterne. Ils ont quitté leurs villages pour se réfugier dans la ville qui s'apprête à soutenir un siège. La garnison est en alerte, les hommes ont regagné les postes de défense et, dans son château, le prince Zamoyski, en justaucorps de cuir sous son habit orné de rubans, accueille son épouse en frappant de son épée le bout de sa botte.

– Les cosaques, Madame. L'Ukraine se réveille. Une fois de plus on s'insurge. Le fils de Bogdan a rallié Moscou et massacre tous ceux qui ne veulent pas le suivre.

D'un bout à l'autre de la Pologne on s'était réjoui, l'année précédente, lorsqu'on avait appris la mort du vieux Bogdan qui avait pris la tête, dix ans plus tôt, des cosaques en colère. Ce qu'il demandait, pour rassurer les siens, n'était pas impossible : une autonomie dans le cadre d'une fédération. Sa disparition, loin d'éteindre les rancœurs, avait provoqué une scission. Sur la rive gauche du Borysthène on suivait son fils Georges qui, soutenu par le tsar, proclamait l'indépendance, tandis que sur la rive droite on se contentait de quelques libertés accordées par Jean Casimir et l'on restait fidèle à la République.

– Nous payons aujourd'hui les conséquences de notre faiblesse qui a laissé proliférer les vipères, ajoute Zamoyski.

La porte du salon s'ouvre brusquement et Griselda, qui a entendu les derniers mots de son frère, s'écrie avec violence :

– Nous tendons la main, ils arrachent le bras et bientôt couperont nos têtes.

Pour elle, les cosaques n'ont jamais été que des bêtes de somme tannées par le fouet. Depuis qu'ils ont eu l'audace d'égorger son mari le grand-duc Yaréma Wisnowieski et de ravager ses biens, sa haine ne trouve plus de mots pour désigner ce qui est tout juste bon pour les feux de l'enfer. Elle se tourne vers Marie Casimire :

– J'entends, Madame, que vous songez à rejoindre Dantzig ? L'heure n'est pas aux divertissements pour Monsieur Zamoyski. Croyez-vous qu'il ait envie de danser lorsque l'ennemi s'apprête à le dépouiller ?

– Griselda, ma chère sœur, vous offensez Pani Zamoyska, intervient le prince.

La duchesse se laisse tomber lourdement dans un fauteuil et continue de bougonner :

– Entre quelles mains repose le sort de la Pologne ! Une cour étrangère qui ne pense qu'aux frivolités.

Marie Casimire, qui jusque-là s'était tenue immobile au milieu de la pièce, pétrifiée par tout ce qu'elle apprenait, rétorque d'une voix glacée :

– Si vous n'aimez pas cette cour, Madame, c'est aux gens de votre rang qu'il faut vous en prendre. N'est-ce pas votre Diète qui a mis les Vasa sur le trône ? N'est-ce pas votre Diète qui a poussé le roi Jean Casimir à épouser la reine Louise, sa belle-sœur ? Et je pense que vous auriez tort de vous plaindre de cette reine française qui n'a pas hésité à vendre ses bijoux pour armer la Pologne contre les Suédois.

Les gentilshommes qui entourent le prince se gaussent de ce qu'ils appellent des « caquets de femmes », et ce dernier, ennuyé, se joint à eux pour les imiter. Le bruit de leurs rires couvre bientôt celui des pots qui s'entrechoquent. Marie Casimire promène de l'un à l'autre un regard outré et s'écrie :

– Ce n'est plus un château, mais une auberge !

D'un pas nerveux, elle se dirige vers la porte. Dans son dos, les rires moqueurs viennent se planter comme des poignards. Dans un sursaut de fierté, elle se retourne vers son mari et le tance d'une voix sèche :

– Vous avez une curieuse façon d'accueillir la mère de votre fils, Monsieur. Je ne resterai pas une minute de plus dans cette pétaudière. Je vais de ce pas m'installer au Parc. Je vous y recevrai volontiers lorsque vous serez dans de meilleures dispositions.

Pour la première fois, elle a eu le courage de le braver devant sa cour, et ses mots ont fait mouche. Il vient la rejoindre au cours de la nuit dans le manoir au bord de l'eau :

– Etes-vous grosse ? demande-t-il en écartant brutalement les rideaux du lit.

– Donnez-moi l'envie de l'être, Monsieur, dit-elle en se lovant dans ses oreillers. La femme est une terre qui se nourrit de caresses et il lui en faut beaucoup pour produire des fruits.

– Qu'avez-vous donc, diablesse, pour m'enflammer ainsi ?

Le jeu de la volupté les réunit encore. Marie Casimire brûle un à un les secrets de l'esclave tatare. Ses mains douces courent sur la peau mate. Mille caresses savantes éveillent le grand corps amolli. Elle connaît ses goûts et l'enivre de ces baisers les plus fous qui lui arrachent des cris de jouissance et le laissent anéanti, à sa merci. Pour retenir son mari auprès d'elle, elle oublie son propre plaisir. Mais Jean Zamoyski ne tarde pas à s'échapper. Ses absences, de plus en plus fréquentes, s'allongent parfois au point de durer des semaines. Avec ses gentilshommes, il voyage dans la principauté pour vérifier ses points de défense. En réalité, il retourne à ses chères beuveries, jurant et sacrant à l'envi au milieu de ses compagnons de débauche, gens médiocres dont il aime le parler trivial et le manque de manières.

La déception est grande pour Marie Casimire. Les illusions s'envolent et les sentiments s'effilochent. Que reste-t-il de leur passion des premiers jours ? Ils n'en répètent que les gestes et se servent de mots pour se rassurer. Mais c'est elle qui donne en attendant d'être aimée, car l'espoir vit encore dans son cœur. Tout n'est pas perdu, puisqu'elle règne dans sa chambre. Et lorsque son ventre s'arrondira, Dosia changera.

Pour l'heure, il lui faut tromper le temps et calmer son humeur. Comment ne pas trépigner de rage, en effet, d'être ainsi reléguée à l'autre bout du royaume, si loin de cette cour brillante qui s'amuse sans elle sur les bords de la Baltique, et danse en parlant de paix tandis que, dans la solitude de Zamosc, on attend avec effroi le déferlement des hordes sauvages ? Marie Casimire écrit à la reine et laisse entendre ses lamentations. Elle griffonne aussi quelques mots à l'adresse de Jean Sobieski en pestant contre les cosaques qui la privent de tout ce qui la grise.

Les jours s'écoulent dans cette campagne désolée qui semble retenir son souffle avant le cataclysme. Dans les salons du manoir de Zwierzyniec, les dames de compagnie ont repris leurs broderies et leurs commérages, dénués cette fois de futilité. On commente les nouvelles. Domestiques et pages colportent les rumeurs les plus folles et l'on répète inlassablement le récit des insurrections passées, avec leur chapelet d'horreurs dont on se repaît en se gavant de pâtisseries et de sucreries. Toutes ces châtelaines bien en chair ont manié le sabre comme elles tirent l'aiguille et la duchesse Wisnowieska, venue de Zamosc pour leur rendre visite et surveiller sa belle-sœur, n'est pas la moins volubile pour expliquer par le menu sa façon de manœuvrer l'épieu. Un coup de poignet redoutable que plus d'un homme lui envie, lorsqu'elle cloue au sol, d'un seul jet puissant, le fauve le plus menaçant.

– Loups, sangliers, ours, rien ne me résiste, conclut-elle d'une voix claironnante. Quant aux cosaques, je les embroche par trois.

Avec une agilité surprenante, elle se tourne tout d'une pièce, faisant gémir le fauteuil sous le poids de ses quatre-vingt-dix kilos, et fixe Marie Casimire d'un air moqueur.

– Si les choses se gâtent, comme on le dit, que pourrons-nous attendre de vous, Pani Zamoyska ? Vous êtes si frêle que je doute de vos capacités à nous prêter main-forte.

– Ne craignez rien, Duchesse. N'ayant pas cette corpulence qui vous tient lieu de rempart, j'ai néanmoins appris à me défendre. Je tire à l'espagnole et je n'ai encore trouvé personne qui se veuille battre en duel avec moi. Daigneriez-vous me mettre à l'épreuve ?

La duchesse, interloquée, prend un temps pour ajuster sa riposte. Un page s'incline devant Marie Casimire et lui tend quelques lettres sur un plateau d'argent.

– La poste de Varsovie, chuchote-t-il.

Le visage de la jeune femme s'illumine. Le sceau royal s'étale sur le papier.

– La reine ! s'exclame-t-elle en toisant l'assistance.

Les bonnets dodelinent et les mentons frémissent au-dessus des fraises. D'une voix claire, elle jette en pâture quelques-unes des confidences écrites par la souveraine, et son œil fier s'arrête sur Griselda pour mieux savourer son triomphe et affirmer sa différence.

– Des bals somptueux ont marqué l'ouverture des pourparlers... Sa Majesté regrette mon absence à Dantzig... Elle s'inquiète aussi des dangers qui nous menacent et le roi nous envoie une armée.

Elle tend la main vers une seconde missive et s'apprête à l'ouvrir. Ses joues s'empourprent. Sur le cachet de cire elle a reconnu les armes de Jean Sobieski.

– Nous lirons tout cela plus tard, dit-elle en faisant disparaître le courrier dans sa manche.

Elle se tourne vers un groupe de musiciens et elle ajoute :

– Allons, bonnes gens, *piesni, tance i padwany* ! [1] Ne laissez point dormir vos flûtes et vos tambourins.

Ce billet inattendu fait battre son cœur et attise son impatience. Mais elle attend d'être seule dans l'intimité de sa

1. Chants, danses et pavanes.

chambre pour en prendre connaissance. Et ce qu'elle lit, alors, la pétrifie de stupeur. Elle imaginait quelques récits de fêtes émaillés de potins de cour, et ne trouve que des propos qui brocardent son honneur et allument sa colère.

– Le guerrier ne conçoit que la conquête ! s'exclame-t-elle en s'installant devant son secrétaire.

Elle saisit une plume et répond d'une main rageuse :

« Monsieur,

« Je vous suis fort obligée de la peine que vous prenez à m'écrire. Je suis pourtant fort fâchée que vous me demandiez une chose que je ne peux vous octroyer sans m'offenser. Et si vous la considérez vous-même avec toute la justice nécessaire, vous avouerez que c'est me faire tort. Je vous traite assez comme mon enfant en vous donnant un scapulaire que j'aime. Adieu, vivons contents dedans la vertu. » [1]

« MCf [2] Zamoyska. »

– Vania, dit-elle en se tournant vers sa servante, donne cela au page de service et dis-lui de rejoindre sans tarder la poste de Varsovie.

Un feu pétille dans le poêle de faïence. La jeune femme s'en approche et jette les mots outrageants qui se consument dans l'instant.

– C'en est fini de ce « nic dobrego » [3], s'exclame-t-elle en regardant la missive disparaître dans les flammes.

Son cœur est lourd. Une fois de plus Sobieski ne comprend rien et ruine ses illusions. Pas plus qu'il n'a su cueillir l'amour de ses quinze ans, il ne sait à présent répondre aux sentiments d'une femme qui veut rester honnête. Ne serait-il sensible qu'aux Tcherkesses et aux Valaques ? Où est donc son âme de noble gentilhomme ? La nuit s'inonde de larmes

1. Lette authentique.
2. La signature signifie Marie Casimire femme Zamoyska. Toutes les lettres datant du premier mariage sont signées de ce paraphe.
3. Bon à rien.

et lorsqu'arrive le matin avec ses odeurs familières et les bruits feutrés des servantes, une douleur pince ses entrailles et sa tête chavire. Le médecin diagnostique une grossesse.

– Du repos, Madame. Evitez les imprudences.

– Vous dites toujours la même chose, Monsieur l'Hippocrate. Mais louons Dieu pour la bonne nouvelle.

Rejetant les édredons de satin, elle s'assied au bord du lit.

– Vania, mes mules, mon négligé. Ouvre la fenêtre.

La servante lui présente une simarre de soie fourrée.

– Il neige, Pani Zamoyska.

L'hiver a noyé de blanc les embrasements de l'automne. Des flocons épais tombent et font plier les ramures, tissant avec minutie le manteau épais que viendra déchirer le dégel. Un croassement ici ou là perce le silence. Des rumeurs montent vaguement dans le lointain. Brames de cerfs éperdus ou cris de loups affamés ?... Voici qu'elles se rapprochent et s'accompagnent de claquements de fouets dans un tintamarre de sonnailles et de tirs de mousquets. On s'agite dans les corridors du palais. Des caves aux greniers courent valets et cuisiniers.

– Monsieur le Prince ! crie-t-on de tous côtés.

Marie Casimire s'installe devant sa toilette.

– Fais-moi belle, Vania.

Elle contemple son visage dans le miroir et ajoute :

– Dieu m'accorde enfin le bonheur. Le prince arrive au moment où son fils tressaille en mon sein.

Chevaux et traîneaux envahissent la cour. Un grand nombre de bottes piétinent les dalles du vestibule, puis les marches de l'escalier. La porte s'ouvre avec fracas devant un groupe de gentilshommes essoufflés. Ils portent leur maître dans une couverture de fourrure. Les mains sur son ventre, la palatine blêmit.

– Ce n'est que la goutte, Madame, disent les médecins de l'escorte. La crise est violente. Mais il s'en remettra.

Valets et pages s'activent autour du lit. On y dépose le prince moribond. Pris de convulsions subites, il pousse des hurlements tandis qu'une mousse verdâtre coule au coin de ses lèvres. Marie Casimire, terrifiée, regarde la scène. Les gentilshommes hochent la tête et les hommes de science font la grimace.

– Laissez-nous, dit-elle alors avec un geste sec de la main pour congédier l'assistance. Je le soignerai.

Pendant trois semaines, aidée d'un seul médecin et de quelques servantes, dormant à peine, elle le veille de jour comme de nuit, redoutant à chaque instant de le voir s'éteindre, et la crise disparaît aussi subitement qu'elle s'est déclenchée. Les yeux fatigués de Jean Zamoyski rencontrent ceux de la jeune femme. Il prend sa main, esquissant un sourire.

– Je vous vois bien pâle et défaite, Madame. Se peut-il que vous m'aimiez pour supporter tant de tracas ?

– Si vous en doutiez, Dosia, en voici une autre preuve, dit-elle en lui montrant fièrement son ventre.

– Voilà des mots propres à me guérir. Vous êtes donc une bonne épouse.

Sa santé revient peu à peu, et la tendresse réchauffe le couple. Le plaisir à nouveau les unit, et les jours s'écoulent, prolongeant la volupté de leurs nuits. Un écuyer venu de Zamosc fait irruption et bouleverse leur tranquillité.

– Jean Vihowski et sa famille ont été égorgés, déclare-t-il.

– Le chef des cosaques fidèles ! s'écrie Zamoyski. Qui a pu commettre une telle folie ? Cette fois, c'est vraiment la guerre.

L'homme continue son récit. Sur les deux rives du Borysthène on crie vengeance et on court vers le camp de Georges, le fils de Bogdan. Les hordes vociférantes brandissent leurs lames et marchent sur la Pologne. Les Moscovites qui les appuient sont à dix lieues de Lublin.

– Tous ceux qui peuvent sortir de cette ville se réfugient à Zamosc, conclut-il.

Au Parc, on plie bagage en hâte pour regagner l'abri sûr de la forteresse. Jean Zamoyski part au galop, entouré d'une garde nombreuse. Marie Casimire le suit dans son traîneau.

Une course folle l'emporte au long des chemins semés de trous et de fondrières. Une violente secousse renverse le véhicule et, sous les yeux de sa suite terrifiée, la palatine roule au fond d'une ravine. On s'affole, on se signe, puis on soupire d'aise. Pani Zamoyska se relève et s'ébroue tandis que les pages dégringolent à son secours. Mais en arrivant à Zamosc, elle s'effondre dans les bras d'une de ses femmes. Un liquide sombre coule le long de ses jambes et tache son linge.

– Une chute fatale, déclare le médecin. Dieu merci, la vie de Sa Seigneurie n'est pas en danger.

A son tour elle garde le lit et, pendant douze jours, sa chambre devient le centre du château. Le prince y fait salon et y donne ses audiences. Marie Casimire s'en réjouit. Les événements se précipitent. Elle n'en ignore aucun détail. Elle se permet même d'intervenir dans certaines décisions que prend son mari. Un matin, on annonce le général Sapieha. Le Notaire de la Couronne arrive de Varsovie sur ordre de Sa Majesté et s'incline dans un claquement de bottes. Jean Zamoyski lui rend son salut.

– Cette maison est la vôtre, dit-il avec cérémonie.

– Je vous apporte l'assistance de dix-huit compagnies, déclare le visiteur. Dans quel secteur pourrons-nous bivouaquer ?

– Envoyez vos contingents à Cotelniy, mon ami, et soyez des nôtres pour le souper.

– Ce domaine m'appartient, dit alors Marie Casimire, assise dans ses oreillers de dentelles. Faites en sorte que vos soldats le respectent.

Le Hetman [1] glisse une main dans son justaucorps en disant :

– J'ai ici de quoi me faire pardonner, Madame. La reine m'a chargé d'une lettre pour l'honorable palatine.

Il s'approche de la jeune femme et ajoute à voix basse :

1. Général.

– Je vous apporte les excuses de Sobieski.
– Ne me parlez pas de lui, souffle-t-elle en le fustigeant d'un regard glacé.
– Lisez tout de même, Madame. Vous comprendrez son désarroi.
– Soit, dit-elle en crispant ses doigts sur le billet.

# IX

DANS la grande salle à manger du palais de Zamosc, le souper est fort animé. Au son des violons, les viandes rôties succèdent aux pâtés, le vin de Hongrie emplit les verres et les desserts apparaissent en long cortège. Pour la première fois depuis son accident, Marie Casimire s'est levée pour tenir sa place auprès de son époux en l'honneur de l'illustre visiteur. En robe de velours cerise, parée de perles et de pierreries, elle rit et pose mille questions. Son humeur est radieuse. Dans le message secret qu'elle a déjà lu plus de vingt fois, Sobieski fait amende honorable. Il accepte son affection et ne demande qu'à prouver sa bonne foi. Un sentiment de satisfaction teintée d'orgueil l'envahit. Elle n'a pas dix-huit ans et fait plier le guerrier âgé de trente-deux ans. Autour de la table, on parle un peu de politique et de tous ces plénipotentiaires étrangers réunis dans le monastère d'Oliva, puis on s'attarde dans de multiples commentaires au sujet du roi, de la reine, et des fêtes innombrables qui révolutionnent la ville du Nord.

– Je vois que vous ignorez la plus importante des nouvelles, dit soudain Sapieha, échauffé par la bonne chère.

Notre Sobieski ne quitte plus la Leszczynska. La cour attend la noce.

Marie Casimire maîtrise les battements de son cœur. Sa victoire sur le Grand-Enseigne de la Couronne ne lui paraît plus aussi glorieuse. Elle comprend en cet instant pourquoi il accepte si aisément de la traiter comme une mère. Le hussard roucoule auprès d'une femme et se rit de toutes les autres. Elle se sent mortifiée jusqu'au fond de l'âme, mais trouve assez de force pour dire sur un ton enjoué :

– Ils devraient, comme le prince et moi, se marier pour le carnaval. C'est le meilleur moment de l'année.

– Avec cette maudite guerre, ils convoleront sans nous, conclut Zamoyski.

Il se tourne vers son épouse et la regarde avec insistance. Marie Casimire, respectant le signal convenu, se lève et se retire, suivie de toutes ses dames. Les hommes s'attardent pour boire leur saoul et s'abandonner à des propos plus grivois.

Dès l'aube, c'est le branle-bas. Sous le commandement du général Sapieha, un régiment du prince de Zamosc et les dix-huit compagnies du roi de Pologne prennent la route de l'Ukraine. Jean Zamoyski, paré de sa traditionnelle écharpe blanche sur le justaucorps de cuir, les accompagne sur quelques lieues puis s'en va inspecter les frontières menacées de sa principauté.

Pour Marie Casimire, la vie devient un enfer. Griselda, livrée à elle-même, la tyrannise à volonté et les domestiques la persécutent à leur manière. Majordomes italiens et servantes polonaises n'en font qu'à leur tête, entretenant au mieux une pagaille qui sert leur profit. Le maître parti, on se moque de Pani Zamoyska, la Française aux goûts bizarres. Alors, il lui faut se méfier de tout et de tous. Seuls quelques pages et un vieux chambellan lui restent dévoués ainsi que sa fidèle Vania et une jeune chambrière. Lasse d'affronter une telle hostilité, elle se réfugie dans ses appartements et garde le lit, car les tourments réveillent la fièvre. Les jours s'égrènent et le temps s'étire. L'ennui s'installe avec ses mélancolies, et le souvenir de Sobieski, lancinant, vient tarauder son esprit.

Ce mariage l'agace. Le Grand-Enseigne de la Couronne continuera-t-il à lui écrire si une autre femme occupe ses pensées ? Comment garder son amitié sans laquelle son cœur se glace ? Après avoir réfléchi pendant des heures entières, elle en revient à son idée première. Le jeu de la mère et de l'enfant, sous son voile d'innocence, lui paraît le plus sûr moyen d'entretenir une relation honnête et de conserver un ton de confidence qui lui apporte un peu de chaleur et, dans la solitude de cet immense château qui la rejette, une raison d'exister. Aussitôt elle reprend sa plume. Il lui a écrit en polonais avec quelques mots en français. Elle lui répond en français en y mêlant quelques tournures polonaises.

« Monsieur,

« Nous avons été fort fâchés que votre Iavorow ait brûlé ainsi que vos bains où s'étaient réfugiées plusieurs Tcherkesses fuyant l'Ukraine. Prenez garde que l'on ne vous chante : "*Ne bery Woloszki !* Ne touche pas aux Valaques."

« Et maintenant, autre chose. Ecrivez-moi comment va Madame Leszczynska. Est-elle toujours en Prusse et allez-vous vous marier cet hiver ? Il nous serait très agréable d'avoir une si jolie voisine. Nous attendrions toutes les deux, impatientes, chacun de vos retours. Nous regrettons de ne pouvoir être à votre mariage, mais pour votre emménagement, nous nous invitons nous-mêmes, espérant votre hospitalité.

« Je vous écris alors que je suis au lit. Dieu vous aurait donné un petit frère si une course en traîneau ne s'était mal terminée. Je suis tombée, ce qui m'a rendue malade jusqu'à présent.

« Si vous voulez me faire plaisir, je vous demanderai de me chercher des nappes damassées de Flandre et du lin hollandais ainsi que des broderies. Faites-les-moi porter par vos hommes. Je vous envoie une rangée d'émeraudes. Donnez-les à Sa Majesté la reine mais faites attention, je vous prie, que le joaillier les sertisse bien et mette toutes les pierres. La reine vous donnera l'argent qu'il faut sur ce que je lui ai confié.

« En ce qui concerne Dosia, ça va ça vient. Il est parti pour ses frontières pendant qu'il y a sujet de craindre pour ma santé. Je suis dans un ennui insupportable.

« Adieu, Monsieur. Je reste votre très humble et très aimante mère. Dosia ne sait pas que je vous ai donné le scapulaire. Encore une fois adieu. Envoyez vos lettres et brûlez les miennes. » [1]

« MCf Zamoyska. »

D'autres missives suivent. Une correspondance à sens unique qui, pour elle, prend des allures de dialogue avec un interlocuteur qu'elle modèle selon son humeur. Sur les feuilles de papier, la plume court inlassablement, révélant les petits secrets d'une existence isolée. Du Grand-Enseigne de la Couronne, fort occupé dans ses plaines du Nord, elle fait son confident, son factotum, son *patito.* Une réponse, brève et courtoise, l'encourage à continuer et elle s'enhardit, donnant plus de nouvelles sur un ton plus intime. Tout y passe : ses états d'âme, ses faits et gestes et les inconstances de son mari soumis à l'influence grandissante de son entourage.

« Je vous assure que je fais mon purgatoire avec tous ces gens ici... Enfin, je vous entretiens de toutes ces bagatelles parce que vous le voulez. Et je vous mande une nouvelle qui vous étonnera. J'ai obtenu de Monsieur Zamoyski permission de ne plus me coiffer à la française avec des cheveux seulement. Je porte des bonnets comme les femmes mariées polonaises. Je me suis lassée des justaucorps que l'on portait. J'en ai fait faire un qui est assez joli, fermé de côté à la criméenne... Je vous attends avec une grande "ochota" [2]. »

Elle imagine déjà le retour du staroste dans son château de Pielaskowice et veut l'accueillir selon la tradition dont il est

1. Lettre authentique.
2. Bienveillance. Cette lettre est authentique comme la précédente.

friand lorsqu'il rendra ses visites de bon voisinage. Il est vrai que le printemps a ranimé la campagne. Les cosaques sont maintenus dans leurs frontières et Zamosc respire. Le roi de Suède est mort et, dans le monastère d'Oliva, la paix se précise. Les frayeurs s'éloignent et l'on rêve de fêtes. Le couple Zamoyski et son train ont quitté la forteresse pour Krzeszow, le rendez-vous de chasse d'où partent des invitations. Sobieski reste muet et Marie Casimire s'emporte :

« Vous vous trompez si vous croyez que l'on doit être votre gazette. Monsieur le Prince vous attend pour que vous lui fassiez raison de toutes ses lettres auxquelles vous n'avez point répondu, et moi pour vous dire que je ne quitterai pas le silence que je commence. » [1]

Mais un jour de juillet, poussée à bout par les beuveries de Zamoyski, la palatine reprend sa plume. Le prince a le vin violent, et si elle ne lui avait arraché l'épée des mains, il aurait tué son valet sans vergogne, au beau milieu de sa chambre, au pied du lit conjugal. Elle en tremble encore. La peur est si forte qu'il lui faut en parler pour en alléger le poids. Sans l'avouer, elle recherche une protection. Et pour bien montrer à Sobieski qu'elle a besoin de lui et qu'elle n'a confiance qu'en lui, elle lui envoie son contrat d'assurance sur l'une des starosties de sa dot afin qu'il en étudie les termes et juge de leur conformité.

Une lettre de Louise lui fait oublier le drame. La paix est signée. La cour est à Varsovie. Il est temps de régler l'affaire d'Ukraine, et le couple royal a décidé de s'installer dans une villégiature de l'Est pour mieux suivre les opérations. En chemin, ils passeront par Zamosc.

– La reine ici ! s'exclame la palatine.

Aussitôt elle secoue sa Maison, distribue ses ordres et répartit les tâches afin de recevoir dignement sa royale protectrice ainsi que sa suite. On compte les broches, on inspecte les réserves. Y aura-t-il assez de gibier, assez de pâtés ?

1. Lettre authentique.

Il faut aussi des potages à la française, du chou à la polonaise et des montagnes de douceurs, sans oublier les fleurs favorites de la souveraine. Les jours s'envolent dans une atmosphère de ruche, lorsque soudain une cavalcade envahit la cour. Deux officiers se font annoncer : le Grand-Enseigne et le Notaire de la Couronne. L'espace de quelques secondes, la surprise immobilise Marie Casimire au milieu de son salon. Les deux hommes s'inclinent avec cérémonie. Elle répond de même et s'apprête à formuler les compliments d'usage lorsque Sobieski, très raide, le visage crispé, déclare sans ambages :

– Je suis las de votre bienveillance, Madame. Vous êtes l'épouse de mon ami le prince Zamoyski et je ne vois pas d'un bon œil cette façon de m'écrire. Cela sied mal à une femme honorable. Je vous le dis comme je le pense, car il n'y a pas de raison que nous ayons plus d'égards envers les femmes qu'envers les hommes. Nous sommes égaux en tout, Madame.

Sur ces mots il se retire aussi brutalement qu'il était entré. Les mains croisées sur son cœur, Marie Casimire accuse le choc avec dignité. Sapieha ne cache pas son étonnement d'une telle rudesse et balbutie des excuses au crédit de son ami. Mais elle l'interrompt aussitôt :

– Il dit que nous nous égalons en tout ? Soit. Il ne me doit rien, pas plus que je ne lui dois. J'ai été bien sotte de lui vouloir du bien, ce que je n'ai fait pour aucun autre. Et s'il est le premier, il sera le dernier à me traiter de la sorte. Qu'il ne s'imagine pas que je l'ai écouté patiemment par sottise. J'ai assez de présomption pour croire que je ne suis pas la dernière de toutes les femmes.

– Les Slaves sont impulsifs et lunatiques. Ce que Sobieski dit aujourd'hui, demain, il n'y pensera plus. Il est en ce moment dans un état d'extrême confusion. Les Moscovites marchent sur Zolkiew, la terre de ses pères. Il y court de ce pas avec ses dragons. Pardonnez, je vous en prie. Je suis sûr qu'en cet instant il est fort malheureux.

Elle se tourne vers une fenêtre et réfléchit un instant en regardant le paysage. Pour elle, le message est clair. Le Grand-Enseigne se libère de toute attache. Les noces sont proches, sans nul doute, avec la Leszczynska, et il n'y a plus de « Marysienka ». La palatine doit admettre sa défaite et faire bonne figure.

– Puisque vous le voulez, répond-elle, je veux bien recevoir ses paroles pour des galanteries que sa belle humeur produit. Mais je ne suis pas en état d'en souffrir d'autre sorte.

Les notes aiguës des trompettes royales retentissent au loin. Au son des fifres et des tambours, un long cortège hérissé de bannières multicolores franchit la poterne. Marie Casimire se réfugie dans ses appartements pour y calmer sa peine et vider les larmes qu'elle ne peut plus retenir.

La réception est splendide. Le roi et la reine visitent la ville de fond en comble et s'attardent sur les équipements des divers bastions. Dans une salle de la forteresse, on dresse des plans de bataille pour aller châtier comme ils le méritent les rebelles de l'Ukraine et fustiger le tsar qui, après avoir dévoré la Livonie et la Courlande, s'attarde aux abords de la Lituanie avec un œil gourmand sur la Podolie et le palatinat de Russie.

– Il vient chercher son trône, déclare Zamoyski en se tournant vers Jean Casimir d'un air furieux.

– Quelle jolie pagaille si j'étais mort au combat ! s'exclame le souverain en riant. Le Suédois payait pour nous terrasser, et moi, pour le contrer, j'offrais mon sceptre à qui m'envoyait des renforts.

– Dieu merci, intervient la reine, nous avons manœuvré de façon habile et nous avons gardé notre indépendance. Le Brandebourg s'est contenté de notre Prusse ; quant à l'Empereur, nous lui avons assuré que son fils, l'archiduc Charles, nous succéderait.

– Vous allez contre les lois, rugit Zamoyski. Le roi est élu par les nobles. Election *viritim*, Madame. La base de notre Constitution. Votre Majesté aurait-elle oublié ?

Marie Casimire blêmit devant l'insolence de son mari qui n'a plus de limites et surprend l'assistance. Cet homme n'a d'égards pour personne, pas même pour la première dame du royaume. Son œil le jauge. Où est l'amour quand il n'y a plus de respect ? Il lui faudra se soumettre néanmoins et lui donner cet héritier susceptible de le changer, puisque tel est son destin. Louise, souveraine, ignore la rudesse des propos et répond au prince avec son ineffable sourire :

– Croyez-vous, Illustre et Très cher, que je laisserai un Habsbourg s'emparer de la Pologne ? Pas plus qu'un Hohenzollern ou un Romanov ! Je pencherais plutôt pour un Bourbon, si j'en avais le choix, mais la Pologne est libre, c'est ce qui fait sa force. Et Votre Sincérité, sans nul doute, se rangera du côté qui servira au mieux les intérêts de la Couronne.

– Ce qui est bon pour nous sera bon pour la Pologne, bougonne encore Zamoyski.

– Pour l'heure, je suis toujours vivant, conclut le roi, et je vais me battre encore.

Jean Casimir a levé ses dernières troupes et rassemblé ses meilleurs généraux : Czarnieçki, Potocki, Lubomirski, Sobieski, Sapieha... ainsi que Jean Zamoyski. Toutes les armées de la République se mettent en route vers les frontières de l'Est. Louise, entourée de sa cour, s'installe à Sambour, non loin de Lvov. Sur sa demande, Marie Casimire s'empresse de la rejoindre. Le cœur serré, elle a vu partir son mari. Elle est enceinte à nouveau et cette invitation de la souveraine lui permet d'oublier les démons de Zamosc.

*
* *

A bord d'une calèche qui suit la berge du fleuve, les deux femmes goûtent un moment de silence dans la paix du soir de l'été finissant. L'eau immobile reflète les saules majestueux et l'air embaume de tous les parfums qu'exhalent les parterres multicolores. Aux pieds de la palatine, un nain s'agite.

– Depuis quand avez-vous la passion de ces choses ? demande la reine.

– N'est-il pas drôle ? Mouchka est un présent de Monsieur Sobieski.

Marie Casimire esquisse un sourire au souvenir du messager à cheval qui s'était mis en travers de son carrosse tandis qu'elle sortait de Zamosc. Il était accompagné du nain qui, la saluant avec cérémonie, lui offrait une somptueuse corbeille de fruits en plaidant la cause de son maître repenti :

– Il veut mourir et demande humblement votre pardon. De jour comme de nuit il porte votre scapulaire dont les larmes d'or se mêlent aux siennes. Soyez bonne, noble Palatine. Quelques mots accompagnés d'un petit portrait de vous lui rendraient la vie.

Tout cela était si joliment dit que Marie Casimire, attendrie, s'était exécutée sur-le-champ. Elle avait écrit au hussard et l'avait remercié de ses bontés. En gage de leur amitié restaurée, elle avait gardé le petit Mouchka, trait d'union vivant d'une complicité retrouvée.

– Le Grand-Enseigne de la Couronne est un excellent officier, dit la reine, songeuse, mais je le saisis mal. Il me paraît bien fluctuant. Cet hiver le papillon volait de dame en dame, et jetait son dévolu sur la Leszczynska. Nous attendions la noce, et voilà qu'on n'en parle plus. Peut-on se fier à un tel homme ?

Devant le silence hésitant de Marie Casimire, elle ajoute :

– J'ai besoin plus que jamais de consolider mes appuis. Croyez-vous que Messieurs Sobieski et Sapieha me soient favorables ?

– Je puis vous assurer, Madame, qu'ils vous aiment avec le plus grand respect et seront prêts à vous rendre service à la première occasion.

Louise contemple le paysage d'une pureté céleste. Une brise légère ondule les bords de dentelle de sa marmotte et son visage s'éclaire d'une lumière qui le transfigure lorsqu'elle dit d'une voix inspirée :

– Nous sommes à l'aube d'une ère nouvelle, très chère. Les heures prochaines seront grisantes. Ma « grande affaire » se met en place.

Elle se penche vers la jeune femme pour lui confier à voix basse ce qu'elle mijote depuis bientôt quatre ans : installer en Pologne une monarchie absolue et héréditaire à l'image de celle de la France, et que le Danemark vient d'adopter sans coup férir.

– Le *liberum veto* mène ce pays à la mort, explique-t-elle. Il faut briser la noblesse et bousculer cette Constitution impossible.

Marie Casimire ouvre de grands yeux étonnés.

– Les libertés nobiliaires sont une religion que l'on ne peut toucher ! s'exclame-t-elle.

– Qu'à cela ne tienne ! Nous mettrons un roi français sur le trône.

– Croyez-vous que les magnats accepteront l'*absolutum dominium* ?

– Nous avons des partisans. Nous achèterons les autres.

– Votre Majesté songe déjà à remplacer Sa Majesté le roi ? Est-il en si mauvaise santé ?

– Sénile tout simplement. Il court le jupon et s'entoure de prélats pour s'en repentir plus aisément. Il accepte encore de se battre, mais la politique ne l'intéresse plus, et je ne suis pas éternelle. Il pourrait bien abdiquer, mais si le trône est subitement vacant, c'en est fini de la Pologne. Je l'ai bien vu à Oliva. On nous flatte, pour nous mieux croquer.

Elle observe un moment de silence avant de reprendre :

– Nous ne pouvons nous permettre un de ces interrègnes qui laissent le pays sans lois et favorisent l'anarchie. Nous ferons nommer un successeur *vivente rege*, du vivant du roi, et nous installerons ainsi la continuité dynastique dont jouissent les puissantes nations.

– A qui pensez-vous, Madame ?

– A celui qui épousera ma fille.

Marie Casimire s'écarte de sa protectrice et la regarde d'un air suspicieux. La reine aurait-elle perdu la raison ? Diantre non ! Imperturbable, elle continue :

– N'ayant pas d'enfant, j'en ai adopté une, ma nièce Anne de Gonzague, fille de la Palatine, ma sœur, et je lui ai cherché un mari. En France bien sûr. Son Eminence [1], aguichée, m'a proposé l'un ou l'autre de ses neveux. Trop modeste pour mon goût ! Je lui ai opposé l'archiduc d'Autriche. Il s'est emporté et m'a avancé un Longueville. J'ai alors exigé celui à qui je pensais depuis toujours, le jeune duc d'Enghien, fils de mon très cher prince de Condé. Mazarin s'est rebiffé : Condé était banni, relégué au-delà des Pyrénées. Mais voilà que l'obstacle est levé. Le mariage de Louis avec l'infante d'Espagne arrange tout. Condé est réhabilité, les Habsbourg du Sud sont neutralisés et Son Eminence découvre avec un malin plaisir qu'un prince de France à Varsovie lui permettrait de prendre Vienne dans un étau.

Louise reprend son souffle et se tourne vers la jeune palatine toute ébaubie qu'elle enveloppe d'un regard irradiant de séduction :

– J'ai fait votre fortune, très chère, et c'est maintenant que j'ai besoin de vous. Quels que soient les défauts de votre mari, ménagez-le. Ils en ont tous. Mais lui est le prince de Zamosc. Il n'est peut-être pas le foudre de guerre que j'imaginais, il n'est pas non plus d'une grande ouverture politique, mais un bon nombre de magnats se rangent à son avis. C'est à vous de le convaincre qu'il est dans son intérêt de me servir en servant la Pologne.

Marie Casimire s'incline.

– Je suis l'humble servante de Votre Majesté, murmure-t-elle.

La calèche franchit une arche de verdure taillée dans les bosquets de la rive et remonte une allée majestueuse, bordée d'ifs et de sculptures à l'antique, qui conduit vers le palais orné de colonnades et de galeries ajourées.

1. Mazarin.

– Autre chose, dit encore la reine. Puisque vous êtes en bonne intelligence avec Monsieur Sobieski, recommandez-lui de rattraper le Grand-Maréchal et de ne pas le quitter. Je veux tout savoir de Lubomirski. Son attitude n'est pas claire. Je le croyais de mon côté, et j'apprends par l'un de mes agents qu'il entretient des contacts secrets avec l'Empereur. Vous n'êtes pas dénuée de finesse et vous saurez présenter la chose. Et surtout, pas un mot de notre conversation. Prenez garde. Les espions sont partout et les lettres sont ouvertes.

Une nuée de valets entoure l'attelage. La promenade est terminée. Dames d'atour et demoiselles d'honneur avancent avec cérémonie. On ouvre la portière et on déplie les marchepieds. La souveraine se tourne encore vers la palatine de Sandomir et touche d'un doigt furtif les plis de la jupe rebondie.

– Cette fois, vous ne me quitterez pas. Je ne veux pas d'imprudence, car j'attends un filleul.

De retour dans ses appartements, Marie Casimire s'installe devant son écritoire et reste un long moment à réfléchir. Les propos de la reine ont mis son esprit en ébullition. La voilà catapultée au sommet des plus hautes intrigues. Louise l'a jugée digne de connaître quelques secrets d'Etat et lui a même demandé de collaborer à la réalisation de certains projets. L'ancienne demoiselle d'honneur n'est plus une simple bénéficiaire de la faveur royale. Louise l'a chargée de mission. Elle est à présent son agent. Cette position d'intermédiaire entre le trône et « les autres » est un privilège qui a ses avantages. Elle entrevoit bien vite le parti qu'elle peut en tirer à condition de manœuvrer avec habileté. Y gagnera-t-elle la considération de son mari ? Elle en doute. « Sobiepan », comme beaucoup de magnats, se moque de la puissance des rois, a fortiori lorsque le pouvoir est entre les mains d'une reine. Tenter de l'impressionner ne provoquerait que sarcasmes des plus désobligeants. Avec Jean Sobieski, en revanche, il en va différemment. S'il appartient à la haute noblesse, il n'en reste pas moins un officier de la Couronne, et son devoir est d'obéir. Or, c'est elle désormais qui lui transmettra les recommandations de la souveraine. Autant de prétextes pour se l'attacher plus étroitement.

Sa première lettre est pour Jean Zamoyski, son « très cher cœur et bien-aimé mari ». Dans les termes les plus tendres, elle explique qu'elle est « au désespoir de ne le point voir » et le prie de venir au plus tôt car elle se trouve tout à fait « mélancolique, mais toujours sa très humble et obéissante femme ». Elle griffonne ensuite une courte missive pour Sapieha et lui demande, de la part de la reine, d'épargner ses terres de toute occupation militaire. Si son mari s'amuse à dilapider ses biens, elle protège les siens. Les domaines de sa dot sont sa seule fortune et, en ces temps de guerre qui n'amènent que cendres, elle s'évertue à les faire fructifier. Pour être considéré, en effet, mieux vaut ne pas être démuni. L'argent s'en vient, l'argent s'en va, les palais brûlent mais la terre est toujours là.

Avec une moue rieuse, elle saisit une autre feuille et promène sur sa joue le duvet de la plume. Cette fois, elle écrit à Jean Sobieski. Entre deux potins sur la vie de cour à Sambour elle lui recommande de courir auprès de Lubomirski et, pour piquer sa curiosité, elle ajoute en post-scriptum :

« Pour notre prochaine rencontre, je vous dirai de vive voix des histoires bien particulières et terribles. Tout le monde est concerné, même le roi et la reine. Déjà j'en ai trop dit. N'en parlez à personne, pas même dans vos lettres. Je vous préviens qu'on les ouvre. » [1]

1. Authentique.

# X

L'AUTOMNE embrase les jardins de Sambour. Les montures des courriers, aux croupes écarlates, disparaissent dans la campagne cramoisie. Le vent fraîchit et les feuilles tourbillonnent. Tandis qu'au loin le canon tonne, une fièvre lente s'empare de la jeune palatine. Elle augmente tous les soirs et s'accompagne de maux de tête insupportables que rien ne soulage. Pas même les eaux de Pougues acheminées à grands frais. Aux perturbations d'une grossesse difficile s'ajoutent les angoisses que provoquent les nouvelles des combats. La guerre fait rage en Ukraine et Zamoyski ne donne signe de vie. On dit qu'il court sur Kiev. Pas plus que lui, Sobieski n'écrit. Mais il est auprès de Lubomirski, en Volhynie, d'où viennent chaque jour les dépêches à l'usage de la souveraine.

– Par la Vierge et son fils Jésus, je n'ai jamais rien lu d'aussi beau, s'exclame Louise. Ecoutez, très chère, Sobieski fait des merveilles. Seul au milieu de ses gardes, il a tenu tête aux barbares de Schérémétieff et a remporté la victoire à Slobodysza. Le miracle est sur lui, disent nos soldats. Il ne mange ni ne boit, il court à l'ennemi sans relâche. Une bataille terrible a eu lieu à Cudnow. Cent mille Moscovites ont mordu la poussière, et notre Grand-Enseigne n'a eu que deux chevaux tués sous lui. Un héros béni de Dieu !

Allongée sur un lit de repos, les traits tirés, Marie Casimire sourit. Le nain Mouchka est blotti près d'elle. Il prend sa main et chuchote à son oreille :

– Le scapulaire !

Elle pense au petit portrait qu'elle lui a fait porter. L'officier l'a peut-être glissé sous sa cuirasse. Cette pensée vient colorer ses pommettes.

– Aucune nouvelle du prince ? demande-t-elle. Son silence me fait craindre le pire.

– Ne vous torturez pas inutilement, dit Louise. Que je sache, votre époux n'est pas un fanatique de la plume.

L'inquiétude de Marie Casimire est de courte durée. Le lendemain, en effet, un écuyer de Jean Zamoyski vient lui expliquer que le prince l'attend à Zamosc et qu'il en chassera tous ceux qui la persécutent.

– C'est une promesse qu'il fait à Votre Seigneurie, assure-t-il.

Touchée par ces marques d'intérêt de la part de son mari, Marie Casimire se réjouit et pense déjà à se mettre en route pour lui obéir en tous points. Mais Louise ne voit pas les choses du même œil.

– Folie ! s'exclame-t-elle. Vous partez au péril de votre vie. Que Monsieur Zamoyski vienne vous retrouver ici.

– Au risque de vous fâcher contre moi, Madame, je suis toute résolue à lui obéir car on pourrait lui faire entendre bien des mensonges. Je ne laisserai pas ses gentilshommes le détourner de moi lorsque je porte son héritier.

A Zamosc, on ne l'attend pas et l'on n'annonce aucun retour. Griselda, hautaine, ricane, et les persécutions domestiques reprennent de plus belle. Ses malaises et ses maux de tête s'amplifient. L'accouchement approche et sera difficile, mais cette fois Marie Casimire est seule, loin des médecins et des chirurgiens de la cour. Zamoyski l'aurait-il attirée dans sa forteresse pour l'y laisser mourir abandonnée de tous ? Désespérée, elle supplie encore. Chaque jour des lettres s'en vont vers l'Ukraine. Pour le prince et aussi pour Sobieski à qui elle confie son désarroi :

« Je vous en prie, trouvez un moyen de me le faire venir. Je lui mettrai au monde un beau fils qui se battra aussi bien que son père et je vous le donnerai pour qu'il apprenne de vous comment se conduire glorieusement en toute occasion. Si c'est une fille, vous aurez quelque prétention. Faites-le revenir au plus tôt, je vous le demande instamment. Votre Mouchka est la chose la plus plaisante du monde, pleure souvent et veut vous servir... et puis non. » [1]

C'est elle qui pleure et ne sait plus que penser. La confusion est grande dans son esprit, et son cœur ne sait plus où il en est. Qui l'aime et qui aimer ? L'enfant pèse dans son ventre et elle a peur de ces douleurs qui la torturent. Le médecin ne peut la soulager et la regarde d'un drôle d'air. Autour d'elle règne l'indifférence. En l'absence du maître, nul ne se soucie de « l'étrangère ». On se rit de ses souffrances et lorsque, dans le froid de décembre, une rumeur emplit la ville annonçant que le prince est mort, tué au combat, on s'empresse de la lui rapporter sans aucun ménagement. Le choc de la nouvelle lui fait perdre connaissance. Quelques heures plus tard, elle met au monde une petite fille et Griselda déclare :

– Nous l'appellerons Catherine, en l'honneur de notre mère.

Marie Casimire est au plus mal et la déception de cette naissance n'arrange rien. L'espoir est mince de l'arracher aux ombres qui guettent, et l'on prie autour de son lit. Soudain, comme autrefois, des martèlements crépitent sur les pavés de la cour. Au travers des bourdonnements qui emplissent sa tête, la jeune femme tend l'oreille. Une cavalcade ?... N'est-

1. Authentique.

ce pas tout simplement la pluie qui tombe comme un déluge pour nettoyer la terre avant la Nativité ? Mais alors pourquoi ces bruits de bottes dans l'antichambre, ces pas dans l'escalier ? La porte s'ouvre et Jean Zamoyski se précipite à son chevet. Marie Casimire ouvre les yeux.

– Dosia, serrez-moi fort. Montrez-moi que vous êtes vivant.

Elle se remet peu à peu. On se lance quelques reproches, on se réconcilie dans les larmes et l'on donne des fêtes pour le retour du maître de Zamosc. Noël passe, on entame une nouvelle année et déjà on prépare les masques du carnaval. Les invités s'annoncent, ils seront nombreux. Le château est en effervescence et se pare de guirlandes. On s'agite dans l'exubérance mais le cœur de Marie Casimire n'y est plus. Zamoyski oublie ses promesses et ses serments. Il sort de sa chambre le matin et n'y revient que le soir pour y faire entendre les hoquets de l'ivresse. Ses gentilshommes le happent et le captivent. C'est avec eux qu'il rit, boit et s'amuse, prenant un malin plaisir à faire tout ce qui peut irriter son épouse et provoquer son ire. Voudrait-il la rendre folle qu'il ne se conduirait pas mieux.

Auprès du bébé chétif qui s'efforce de vivre, la jeune femme se résigne et perdrait courage si elle n'avait, pour chasser son ennui, toutes ces lettres qu'elle écrit à longueur de temps. A la reine, au Notaire de la Couronne qui est devenu le sien, et surtout à Jean Sobieski qu'elle continue de traiter comme son enfant. Les combats ont cessé en Ukraine. La cour est à Cracovie. Le Grand-Enseigne viendra-t-il sur ses terres, à Iavorow ou Pielaskowice si proche ? Elle l'attend avec impatience. Ils ont tant de choses à se dire. Tous ces petits secrets dont ils connaissent chacun une partie, et que Zamoyski ignore. Car « Sobiepan », indifférent à ce qui ne le concerne pas, refuse de converser avec son épouse.

Au début du printemps, on annonce enfin le Grand-Enseigne de la Couronne. Il est venu baptiser le fils du recteur de l'Université et ne manque pas de saluer le maître de la ville qui le reçoit dans l'intimité de ses appartements. Marie Casimire, radieuse, lui présente sa petite Catherine et s'inquiète de sa triste mine. Il est vrai que Sobieski arbore un visage préoccupé. Il arrive de Czestochowa où le roi Jean Casimir, au cours d'une réunion secrète, a exposé le projet de la reine.

– Sa Majesté abdiquera lorsque la Diète aura élu son successeur, explique-t-il d'une voix sourde. Il nous demande de nommer le duc d'Enghien, fils de Condé et neveu du roi de France.

– Une farce pour semer le trouble, mon ami ! s'écrie Zamoyski en cognant la table de son poing. Le roi est un pantin. La reine le mène comme un ours à la chaîne. Mais tout cela n'est pas sérieux. A la prochaine Diète, nous dicterons nos lois.

Il se tourne vers son épouse qui écoute avec attention et cache sa fébrilité en agitant son éventail.

– Pardonnez-moi, Madame, si je ne partage pleinement votre affection pour la souveraine.

Sobieski toussote dans sa manche et reprend son discours :

– Je ne vous cacherai pas mon inquiétude. Le pays s'enflamme et l'armée, qui réclame les soldes impayées, menace de se confédérer. Si nous continuons à nous déchirer, nous finirons par nous entre-tuer. Qu'adviendra-t-il alors de notre belle Pologne ?

– Tant que nous vivrons, elle vivra ! déclare Zamoyski en se levant brusquement.

Une promenade dans le parc tempère les humeurs. Les oiseaux encombrent les ramures et l'eau de la rivière bouillonne sur les galets. Le prince s'attarde au milieu de ses gentilshommes. Sobieski offre son bras à la palatine pour l'aider à franchir un petit pont de bois. Elle se penche vers lui et chuchote :

– La reine vous demande de plus amples détails sur cette confédération. Si par malheur on ne peut l'arrêter, alors, pour empêcher la ruine complète du pays, elle vous offre la charge de Maréchal et à Monsieur Sapieha celle de substitut. Si vous refusez, trouvez-lui des gens respectables.

D'un geste rapide, elle lui glisse un pli dans la manche.

– Une lettre pour vous. La reine vous demande de la brûler dès que vous l'aurez lue.

Elle regarde autour d'elle, badine en riant pour détourner tout soupçon, puis se penche à nouveau vers lui :

– Mandez-moi ce que la reine vous mande, mais je crois que c'est la même chose. Toujours l'Empereur, l'Electeur et le Tsar des Moscovites. Montrez-vous soigneux dans les temps où nous sommes. Scellez bien vos lettres. Prenez ce bâton de bonzine qui sera meilleur que votre cire.

Sobieski, imperturbable, sourit d'un air galant, l'œil fixé sur le décolleté de la jeune femme.

– Vous pensez à tout et vous m'amusez. Est-ce à dessein que vous avez collé une mouche friponne en cet endroit ? A y regarder de plus près, il me semble que c'est un grain de beauté, et je me demande ce qui lui va le mieux, d'être couvert ou de ne l'être pas.

Une lueur de contentement passe furtivement dans les yeux de Marie Casimire, mais elle réplique d'une voix sévère :

– Je crains que vous ne soyez trop débauché, mon cher enfant, et l'on me blâmera de ne pas vous avoir assez fouetté quand vous étiez petit.

Une bouffée de chaleur embrase le staroste. La tentation est grande de serrer dans ses bras cette « mère » si troublante, mais il n'en a pas le droit. Un rire complice les unit, un silence les ramène aux réalités. Avant de prendre congé, il lui dit encore :

– La Diète sera difficile, Marysienka. J'espère que Dosia sera des nôtres.

– Il n'écoute personne, vous le savez, et je me garderai de l'en convaincre.

Au début de mai 1661, des fêtes grandioses marquent l'ouverture de la Diète. Tout ce que la République compte de puissant est dans les murs de Varsovie. Le Palais royal déroule ses fastes et, dans la salle de théâtre luxueusement rénovée, on donne *Le Cid* traduit en polonais [1]. Rien de tel en effet que les accents guerriers de Corneille pour célébrer la vaillance de ceux qui ont bravement défendu le pays, et louer cette paix d'Oliva qui annonce une ère nouvelle. Le choix de cette œuvre bien française tendrait à soutenir le bien-fondé de certaines rumeurs. Une foule bruissante déploie ses élégances. Les pierreries abondent, l'or étincelle, et l'on ne sait plus, de la scène ou du parterre, où est le spectacle. Mais on s'attarde avec force murmures sur une loge proche de celle des souverains. Dans une robe de brocart d'or constellée de perles, d'émeraudes et de diamants, la palatine de Sandomir, duchesse d'Ostrog et princesse de Zamosc, plus éblouissante qu'on ne l'a jamais vue, est seule. Son mari est resté sur ses terres. Il ne veut pas se compromettre et attend la suite des événements.

La situation est explosive, en effet. Après les bals et les banquets, les sénateurs et les députés se pressent vers la salle du Congrès pour écouter le discours du roi. L'atmosphère est houleuse, hostile même sur quelques bancs, lorsque Jean Casimir rejoint son trône. Sur le mur qui lui fait face, une loge en mezzanine a été aménagée sur les ordres de Louise qui, ignorant volontairement la loi, assiste à cette cérémonie interdite aux femmes. Marie Casimire s'est glissée derrière elle pour ne rien perdre de l'événement. D'autant que sur l'estrade, dans une forêt de drapeaux et trophées pris sur les champs de bataille d'Ukraine, Jean Sobieski est au premier rang des grands officiers de la Couronne. Le tumulte s'apaise à peine lorsque le roi se lève et déclare d'une voix émue :

– Dieu veuille que je sois un faux prophète ! Mais je vous dis que si vous ne remédiez au mal, la République deviendra la proie des nations étrangères. Les Moscovites s'efforceront de détacher les provinces russiennes jusqu'à la Vistule. La

1. Authentique.

Maison de Prusse voudra s'emparer de la Grande Pologne. L'Autriche se jettera sur Cracovie. Chacune de ces puissances préférera partager la Pologne que la posséder tout entière avec vos libertés d'aujourd'hui !

Sur ces mots, il éclate en sanglots et stupéfie l'assistance. Mais une voix s'élève :

– *Niema zgody !* Pas de consentement !

Un tonnerre de vociférations lui répond. Déjà on s'empoigne. Le souverain décomposé se retire, soutenu par ses gardes, et la reine atterrée se raccroche au bras de Marie Casimire qui la réconforte en disant :

– Rien n'est perdu. Ils n'ont pas encore délibéré.

On se regroupe dans les appartements du roi fort ébranlé.

– Qui s'est opposé ? demande-t-il d'une voix brisée.

– Un député à la solde du maréchal, dit Jean Sobieski sur un ton rogue.

Au même moment, un chancelier entre et glisse un billet entre les mains de la reine en chuchotant :

– Le Grand-Maréchal Lubomirski sollicite une audience.

– Jamais ! s'écrie-t-elle en déchirant rageusement le papier.

Mais aussitôt elle se reprend et, réprimant sa colère, déclare sur un ton plus suave :

– Qu'il entre !

Sobieski s'esquive furtivement et Marie Casimire en fait autant. Elle le rejoint dans l'antichambre où des hussards montent la garde. Il fait mine de l'ignorer et tente de s'enfuir, mais elle le rattrape par un pan de son manteau fourré.

– Vous ne pourrez vous sauver, cher enfant, dit-elle en riant.

– L'heure n'est plus au jeu, Madame.

Il l'enveloppe d'un regard sévère et demande de façon brutale :

– Pourquoi cette absence de Dosia ? Va-t-il rejoindre les confédérés ?

– Présentement, il s'abstient de toute décision. Mais je ne vous cacherai pas que le Grand-Maréchal le prie d'être de compagnie avec lui.

– Vous feriez mieux de rentrer chez vous pour l'en dissuader.

– Tout serait simple si vous acceptiez la charge que vous offre la reine.

– Je me garderai bien de remplacer un Lubomirski. Un Prince d'empire [1] qui tient plus de la moitié du pays. Nous courons à la guerre civile si nous ne trouvons un compromis.

– Je vous vois de fort méchante humeur, Monsieur. Et je vous donne le bonjour. Soyez plus galant lorsque nous nous reverrons.

A la fin de juillet, Jean Sobieski regagne ses terres et fait un détour par le château de Zamosc. Le prince le reçoit avec sa morgue habituelle. Ils parlent de la Diète qui s'est terminée dans le chaos aux cris de « A bas Condé ! ». Un échec cuisant pour le parti de Louise.

– L'armée bascule dans le camp des confédérés, ajoute Sobieski.

– Tout cela parce que la reine a sorti la hache de Richelieu et se prend pour Mazarin, s'exclame Zamoyski. Cette Française veut notre ruine.

– Convenez, Sobiepan, que le pays a besoin de discipline. Dieu nous préserve du bain de sang.

– Vous voyez les choses en homme de guerre, Sobieski. N'oubliez pas cependant les principes sacro-saints de nos ancêtres. Election *viritim* et *liberum veto,* c'est ainsi que nous défendrons notre liberté. Sur ces mots, pardonnez-moi, les affaires m'attendent.

Le prince se lève lourdement et sort pour rejoindre son carrosse qui l'attend au-dehors. Sur les traces d'un laquais, Jean Sobieski retrouve Marie Casimire dans un cabinet de verdure près de la rivière. La palatine n'ignorait pas la présence du Grand-Enseigne, mais elle a préféré le laisser seul avec son

1. La Pologne, qui ignorait les titres nobiliaires, reconnaissait cependant ceux accordés par l'empereur d'Autriche et par le Saint-Siège. Lubomirski portait officiellement son titre de Prince que lui avait donné l'Empereur.

mari, sachant qu'il n'oserait s'en aller sans venir la saluer. D'un signe de la main, elle chasse ses femmes. Dans sa jupe de couleur et sa blouse de mousseline brodée de fleurs, elle a l'air d'une petite fille. Le grand air a satiné sa peau, et ses cheveux s'enroulent autour de son visage en de multiples nattes piquées de fleurs.

– Je vous attendais avec impatience, lui dit-elle.

– Je vous ai apporté ce que vous aviez commandé : tablettes, rubans, bijoux. J'ai tout vérifié, on a respecté vos instructions.

Sous l'ombrelle de soie aux couleurs tendres, les yeux pétillent.

– C'est parfait, dit-elle en jouant avec deux bagues en émail qu'elle glisse aussitôt à son doigt.

– Puis-je vous demander à mon tour un petit service ? demande l'officier d'un air confus. J'aimerais vous remettre ce coffret. Il contient quelques objets qui me sont précieux. Je compte sur votre discrétion pour ne pas l'ouvrir.

Marie Casimire, intriguée, le regarde avec un sourire malicieux et, le cœur en alerte, adopte le ton de la plaisanterie pour en savoir plus long :

– Des lettres d'un ancien amour que le nouveau ne doit pas connaître ?

Au cours de son dernier séjour à Varsovie, elle avait flairé quelque chose. La froideur de Sobieski n'était pas seulement due aux tensions politiques. Son œil ne brillait plus quand il dansait avec elle. Il ne badinait plus comme autrefois, et disparaissait avant la fin du bal. Une relation coupable, comme le chuchotaient les langues bien informées ? A tant jouer la mère, la voilà prise à son propre piège. Les confidences plusieurs fois suscitées abondent soudain. Il parle et n'en finit plus de raconter. Il s'est épris d'une cousine qui refuse de le voir et il ne sait que faire. Il aime et se sent malheureux. Le vainqueur de Cudnow est au bord des sanglots.

– Allons donc, lui dit-elle en caressant sa main. Je trouve votre parente bien cruelle en effet, mais vous savez si bien faire le mourant qu'à la fin elle se laissera gagner.

Prenant le coffret sur ses genoux, elle ajoute :

– Vous avez bien fait de vous fier à moi. Je n'essaierai pas de savoir ce que vous cachez sous ce couvercle. Je ne souhaite qu'une chose : vous voir content. Alors, vivons en bonne intelligence comme une mère et son fils.

Jean Sobieski regagne son domaine et Marie Casimire garde le silence. Quelques jours seulement. Le temps de se faire à l'idée que le voisin de Iavorow lui échappe encore. Après la Lesczcynska vient la cousine Lubomirska qu'une autre supplantera. Que peut-elle espérer dans sa position ? L'amour-propre se rebelle, mais la morale l'emporte. Ne valait-il pas mieux qu'il se marie et qu'on en finisse avec ces pointes qui déchirent le cœur ? Elle-même a son honneur et un mari qui, s'il la délaisse, lui a donné un nom, une fortune et un rang. En continuant à jouer la mère, elle gardera plus sûrement un ami.

Elle reprend la plume pour l'exhorter à convoler. Elle lui renvoie ses présents – une écharpe, un bracelet – et réclame son portrait. Elle apprend alors qu'il est mélancolique pour quelque raison. Aussitôt pour le distraire, elle lui fait parvenir par l'un de ses pages un livre étonnant qu'elle vient de découvrir dans l'immense bibliothèque des Zamoyski : *Artamène ou le Grand Cyrus*, un conte oriental et chevaleresque, mais aussi un roman à clés. Sous les noms des personnages que Mademoiselle de Scudéry met en scène se cachent les figures les plus marquantes de la cour de France et quelques célébrités de la Ville, honorant de leur présence les « salons » en vogue, l'hôtel de Rambouillet et tant d'autres. Et sous les traits de Cyrus on reconnaît bien vite le Prince de Condé, celui-là même dont le nom révolutionne la Pologne.

Le choix fait mouche et enthousiasme le Grand-Enseigne habitué aux drames épiques vécus sur le terrain, face aux Turcs et aux Tatars. A son tour, il expédie une histoire qui a ému son âme, la *Cléopâtre* de La Calprenède. De Iavorow au Parc on est en communion, malgré la distance, et l'on vibre sur les mêmes aventures, dans un univers imaginaire dont les héros, chaque jour plus familiers, tissent autour d'eux une nouvelle intimité. On joue au cryptogramme et l'on s'envoie des « confitures », lettres bien embarrassantes pour ceux qui tenteront de les intercepter.

Un après-midi d'août, parmi les cinq mille volumes aux reliures précieuses, ramenés de Vienne, Venise ou Paris, Marie Casimire rencontre Astrée. La jolie bergère imaginée par Honoré d'Urfé aime le berger Céladon et tous deux conviennent, afin de garder secret leur bonheur, que Céladon feindra d'en aimer une autre. Ce stratagème est la source de bien des malheurs, mais l'amour triomphe et les amants se rejoignent.

– Astrée et Céladon, murmure-t-elle, rêveuse. Marie Casimire et Jean...

Un voile se déchire. Le sentiment qu'elle n'osait s'avouer, le considérant comme impossible puisque interdit par l'honneur, devient possible. La prude Astrée et le Céladon platonique, l'amante vertueuse et l'amant soumis... Cela lui convient mieux que la mère et le fils, assurément. Sobieski acceptera-t-il ce nouveau jeu ? Un exposé de vive voix obtiendrait le meilleur effet. Les chasses approchent et il ne manquera pas de venir. Le prince a déjà lancé des invitations. Mais le staroste ne vient pas et ne répond même pas aux cartons de son ami Zamoyski.

De façon imprévue, la santé de Marie Casimire s'altère. Des maux de tête, des malaises fréquents suivis d'évanouissements. Elle maigrit et s'affaiblit. Le médecin, embarrassé, finit par avouer :

– Votre Seigneurie a la maladie du prince.

– La goutte ? Vous n'êtes qu'un ignorant.

Elle fait appeler son mari qui prend un air gêné.

– Je crains qu'il n'ait raison, Madame, et vous m'en voyez navré.

– Que voulez-vous dire ? Je suis loin de m'enivrer comme vous le faites.

– Lisez ceci et vous comprendrez.

Il ouvre un tiroir et en sort un opuscule en italien ayant pour titre *Le Mal français*.

– On le surmonte, mais on n'en guérit pas. Ne me regardez pas ainsi. C'est un mal courant, jusque dans la meilleure société, mais chacun garde son secret.

Il se tourne vers le médecin et lui lance une bourse remplie d'écus.

– Pas un mot à quiconque. C'est bien entendu ?

Marie Casimire horrifiée feuillette les pages du petit livre et se plonge dans la lecture d'un conte pastoral qui ne ressemble en rien à la symphonie de Monsieur d'Urfé. Le berger, cette fois, s'appelle Syphilus. Il est atteint de cette vérole que certains ont appelée le mal napolitain, bien qu'importé par les Espagnols en Italie d'où il s'est répandu dans toute l'Europe, disséminé par les Français. Pour soulager ses maux et guérir ses lésions, le brave homme n'a trouvé qu'un remède, les plantes sudorifiques et un certain bois de gaïac, venu des îles avec les Espagnols en même temps que le mal qu'il soigne.

– Les tisanes, Madame, ajoute le prince. Vous trouverez dans ce cabinet toutes les herbes miracles : fleurs séchées de bourrache, pétales secs de roses pâles, folioles de séné, fruits d'anis, et bien sûr l'indispensable salsepareille ainsi que le bois de gaïac et le sassafras. C'est d'un goût atroce et je préfère mourir tranquillement en buvant mon krüpnick !

La mort ! Marie Casimire voit déjà le spectre implacable se dresser à l'horizon et se rapprocher, déployant son manteau de glace pour l'y engouffrer. N'y aurait-il aucune issue pour échapper à cet horrible destin ? Dieu l'aurait-il déjà condamnée ? Pour quelle faute ? Et s'il y a eu faute, n'y aurait-il point de pardon, point de miséricorde ?

– Une épreuve pour vous soumettre, lui dit le chapelain. Priez, et vous aurez la Lumière. Dieu n'abandonne jamais.

Dans un coin de sa chambre transformé en oratoire, on allume des bougies et on brûle de l'encens. Agenouillée devant le Christ en croix et la Vierge au sourire clément, pendant des nuits entières elle implore, persuadée que ses oraisons arrêteront la marche fatale.

> *Sauve-moi, ô Dieu,*
> *Car les eaux me sont entrées jusqu'à l'âme.*
> *Je m'épuise à force de crier,*
> *Tire-moi du bourbier, que je n'enfonce.*
> *Réponds-moi, car ton amour est bonté.* [1]

Et, de fait, une amélioration se produit. Les tisanes sudorifiques font leur effet et une bouffée d'espoir réchauffe son corps amaigri.

« Je guérirai ! se répète-t-elle les yeux fixés sur le visage au teint de cire que lui renvoie le miroir. Si Dosia veut mourir, moi je veux vivre... et être aimée ! »

Quelques taches brunes fleurissent au creux de son cou.

– Le « collier de Vénus », murmure-t-elle. Je l'effacerai.

Aussitôt elle sort ses perles et s'en pare. Un peu de rouge sur les pommettes, des frisons sur les tempes, une robe de velours ornée de dentelle et son manteau d'un gris rose, un chapeau garni de plumes et des gants de soie.

– Vania, mon carrosse, mes malles, nous partons !

A son mari elle déclare :

– Je veux en avoir le cœur net, et vais consulter Monsieur Courrade à Varsovie !

– Dites plutôt que vous allez conspirer auprès de votre reine, répond le prince. Croyez-vous que la politique vous guérira de votre mal ? Vous me faites rire, Madame. Amusez-vous bien. Pour ma part, je m'en vais chasser.

Au Palais royal on la trouve un peu pâle, et Louise, habituée à saisir les situations au premier regard, donne aussitôt son verdict :

– Vous vous ennuyez dans votre campagne, très chère.

1. Psaumes de Jérusalem, n° 68.

L'air de la cour vous fera du bien. Ici, tout se complique et nous n'avons pas de temps pour la mélancolie.

Marie Casimire ne dit rien et, dans le plus grand secret, se confie au vieil homme de Pougues. Augustin Courrade confirme le mal honteux, mais laisse entrevoir une guérison :

– A Paris, lui dit-il. Les docteurs de la Faculté ont expérimenté une nouvelle thérapie à base de chimie qui fait merveille. La médecine moderne est, dans certains cas, plus efficace que les plantes. On vous traitera au mercure et vous retrouverez votre santé.

Il essuie ses besicles et ajoute d'une voix émue :

– Séchez vos larmes, ma chère enfant. Je vous ai soignée depuis votre plus jeune âge. Suivez mon conseil et partez. Je ne vous verrai pas mourir avant moi.

– Une dernière question, Monsieur. Est-ce pour cela que mon premier enfant n'a pas vécu et que ma petite Catherine est si fragile ?

– Oui.

– Suis-je à jamais une terre pourrie qui ne donnera que des mauvais fruits ?

– A Paris, Madame, répète-t-il en s'inclinant.

# XI

La palatine rejoint ses appartements et s'installe dans un fauteuil pour mettre un peu d'ordre dans ses pensées. Le vieux Courrade a fait renaître l'espoir. Le mal n'est pas sans remède. Il ne lui reste plus qu'à décider Zamoyski à faire le voyage ou du moins, s'il refuse de l'accompagner et de se faire soigner lui aussi, de l'autoriser à se mettre en route. Mais comment justifier auprès de la cour sa hâte à quitter le pays dans un moment où les routes sont la proie de barbares et de factieux ? Un prétexte lui tombe du ciel fort à propos. Une lettre de sa famille lui apprend que le marquis d'Arquien est souffrant. Ce père qu'elle ne connaît pas peut-il s'éteindre sans l'avoir embrassée ? Revoir sa famille lui devient indispensable. Sans attendre, elle s'en ouvre à la reine qui, aux premiers mots, la transperce de son œil scrutateur, réfléchit un moment et dit :

– L'idée est bonne et pourrait nous être utile. Reposez-vous, très chère, et reprenez des forces.

La jeune femme se retire satisfaite, prête à plier bagage pour s'en aller convaincre son mari. Derrière la porte de l'antichambre, une forte carrure lui barre le passage. Elle reconnaît Jean Sobieski.

– Je vous croyais à Iavorow ! s'exclame-t-elle.

– La reine m'a fait mander, explique-t-il. Les confédérés ont formé une ligue sacrée, *nexus sacer*. Les agents troubles foisonnent. L'argent circule. On en prend de tous les côtés.

– Tout cela ne m'intéresse plus, dit-elle en minaudant. Bientôt je serai à Paris.

Sobieski tressaille. La fossette s'agite au creux du menton et le regard s'assombrit.

– Puis-je vous voir après mon audience ? dit-il à voix basse. Soyez sous la charmille, près du mur de verdure. Je vous y retrouverai.

– Je vous attends déjà, murmure-t-elle, les yeux à demi clos. Moi aussi j'ai des choses à vous raconter.

Tout en fredonnant, Marie Casimire regagne sa chambre et prend le temps de ranimer son teint d'un nuage d'une poudre précieuse spécialement faite pour elle. Une composition de perles fines broyées avec du corail rouge, auxquels sont ajoutés des semences d'oseille et d'émeraude, de l'ambre jaune, un peu de corne de licorne et de corne de cerf, des râpures de pied d'élan, des yeux d'écrevisse et un scrupule de manus christi. Elle se parfume d'un mélange de violette, de musc et de rose, et glisse une aigrette de diamants dans ses cheveux. L'heure est venue, se dit-elle de parler d'Astrée.

Habillée d'un manteau léger qui drape sa silhouette amaigrie, elle se faufile à travers les bosquets jusqu'au banc dissimulé dans les feuillages. Sobieski l'a précédée. Il marche de long en large sous la charmille et son sabre scande sa nervosité. Il vient à son devant, saisit sa main et l'aide à s'asseoir.

– Vous ne pouvez quitter la Pologne, dit-il d'une voix grave.

– Pour quelle raison, grand Dieu ? s'exclame-t-elle en riant. Vous me faites languir, Monsieur.

– Je vous aime et ne peux plus me taire. Si vous partez, j'en mourrai.

Les yeux fixés sur les mains de l'officier qui emprisonnent les siennes, Marie Casimire reste sans voix. Cet aveu brutal la désarçonne. Son cœur bat à se rompre. Un désir fou l'envahit de se jeter dans les bras de son hussard, de sentir sa chaleur, son odeur, et de s'étourdir de ses caresses. Mais le doute refroidit son âme. Sobieski est d'humeur changeante. Ce qu'il dit aujourd'hui, le pensera-t-il demain ? Où sont les larmes qu'il versait naguère sur sa cousine ? Et n'a-t-elle pas entendu la reine annoncer l'arrivée prochaine d'une demoiselle de Valençay, nièce du prince de Condé, à la demande même du Grand-Enseigne qui voulait une épouse française ?

– Il est temps de ne plus vous moquer, dit-elle sur un ton cassant. Vous n'arriverez pas à me persuader que vous souffrez lorsque je suis loin de vous. Me voir ne vous est pas agréable.

– En ces temps troublés et dans les positions qui sont les nôtres, le moindre geste, le moindre mot de ma part à votre égard peut donner lieu aux plus folles interprétations. Dosia est un ami et l'idée de le trahir m'est insupportable. J'ai tout essayé pour vous oublier, Marysienka... Je ne peux, pourtant, en aimer une autre !

Un flot de tendresse embue les yeux clairs de l'officier qui se penche sur la jeune femme. Son bras se glisse autour de la taille fine. Leurs lèvres se joignent et leurs corps frémissent.

– Iachou ! [1] soupire Marie Casimire en s'abandonnant sur l'épaule habillée de cuir.

Elle se ressaisit et dit d'une voix ardente :

– L'amour est un noble sentiment et ne peut être coupable. Monsieur d'Urfé l'explique fort bien. Ses bergers nous montrent la voie. Pour égarer les soupçons, vous feindrez d'en aimer une autre. Moi seule connaîtrai vos sentiments. Les embûches seront multiples, certes, mais si notre passion est forte, c'est elle qui triomphera. Soyez Céladon et je serai Astrée.

1. Diminutif tendre de Ian, Jean en polonais.

Il a lu le roman-fleuve qui, depuis Paris, fait vibrer l'Europe.

– Disposez de moi, Marysienka.

– Etes-vous prêt à me jurer fidélité ?

– Cent fois plutôt qu'une.

Il presse sur ses lèvres les mains de la jeune femme et ajoute :

– Je serai votre Céladon et je fais vœu de célibat.

Un silence ému les enveloppe. Soudain la palatine se raidit. Le doute à nouveau emplit son cœur. La promesse est trop forte pour être sincère.

– Pour vous croire, rétorque-t-elle, il me faut un serment devant Dieu.

Le lendemain, 24 septembre 1661, jour de la Saint-Jean, après que les cloches aient sonné la fin des vêpres, un carrosse entouré d'une cavalcade s'arrête devant le couvent des pères carmes en bordure de la ville. Jean Sobieski, d'une prestance magnifique dans son uniforme de Grand-Enseigne, entre dans l'église d'un pas martial. Dans le chœur désert, Marie Casimire l'attend. Enveloppée dans une mante sombre, elle est agenouillée devant l'autel. Un voile de dentelle noire couvre son visage qu'elle tourne vers lui lorsqu'il la rejoint. Elle sourit et ses traits d'une beauté inouïe s'irradient de bonheur. Sur un carré de velours posé près d'elle scintillent les deux bagues en émail que le staroste lui avait apportées à Zamosc. L'une est bleue, l'autre est verte, l'une et l'autre s'ouvrent sur deux cœurs brûlant d'une même flamme. Leurs mains se joignent.

– Foi et amour, dit-il, jusqu'à la fin de mes jours. Je le jure devant Dieu.

Elle glisse au petit doigt de l'officier l'anneau bleu. A son tour elle répète le serment et reçoit l'anneau vert.

– Unis dans la vertu et l'amour de Dieu, dit-elle.

Il se signe et conclut d'une voix sourde :

– Que ces « noces du Carmel » nous lient à tout jamais et vous retiennent en ce pays.

L'un près de l'autre, ils se recueillent un long moment et sortent de l'église aussi discrètement qu'ils se sont rencontrés. Deux jours plus tard, le Grand-Enseigne se rend en Podolie sur ordre de la reine qui l'a chargé de mission auprès des confédérés, et Marie Casimire s'en retourne dans sa principauté. Que fera-t-elle de ses noces mystiques ? Elle ne sait encore. Pour l'heure, l'amour de Jean Sobieski l'emplit tout entière et lui donne assez de force pour affronter les démons de Zamosc. Plus que jamais elle veut guérir, et ne peut renoncer à son projet de voyage.

Dès son arrivée dans la principauté, elle parle de Paris. Zamoyski s'en amuse et raconte ses randonnées passées lorsqu'il promenait à travers l'Europe ses fastes exotiques. Il donne même des ordres pour s'en aller avec un train semblable. Subitement, dans un accès de colère, il change d'avis.

– Vous me condamnez à mort, Monsieur, et vous de même, ainsi que notre fille.

– Nous devons tous mourir. Un peu plus tôt, un peu plus tard, qu'importe ! Vous ne quitterez pas Zamosc, Madame, et je vous aurai à l'œil. On me dit que vous recevez en secret le Grand-Enseigne de la Couronne.

Marie Casimire blêmit. Son dernier message aurait-il été intercepté ? Il est vrai qu'un écuyer de Jean Sobieski sillonne la campagne, porteur de billets doux hâtivement griffonnés. Mais nul ne peut les déchiffrer sans connaître la grille de cryptonymes qu'ensemble ils ont établie. Imitant les personnages de Mademoiselle de Scudéry, ils se sont donné des noms de code. Sobieski est Céladon, Sylvandre, la Poudre, l'Automne. Marie Casimire se cache derrière Astrée, la Rose, le Bouquet, l'Aurore, les Essences. Ils s'envoient des « oranges » pour témoigner leur amour et parlent de leur santé sous le mot « odor ». Les termes de sa dernière missive lui reviennent en mémoire. Ils ne laissent aucune illusion :

« Je pense à vous depuis que nous nous sommes quittés et ne me soucie plus de plaire à personne. Ne vous amusez nulle part, si vous voulez que je vous croie ponctuel à ce que je désire de vous. Jouir au plus tôt de votre présence. Pour Céladon et pour lui seul, Astrée garde ses Oranges. Que l'Automne se dépêche. La Rose se languit de la Poudre. »[1]

L'œil mauvais, Zamoyski observe son épouse, à l'affût du moindre signe prouvant sa culpabilité. Sur un ton sentencieux, plein de hauteur, il ajoute :

– Vous pensiez me tromper, et me rallier à la France. Vous en serez pour vos frais. Je vais de ce pas rejoindre le Maréchal. Lubomirski est mon oncle, et la Pologne restera aux Polonais, non aux étrangers. Les Zamoyski ont de l'honneur, Madame, et je vous le prouverai.

– L'honneur de m'avoir contaminée et de me refuser les soins qui pourraient me sauver ? lui dit-elle alors avec sang-froid en le fustigeant d'un regard plein de mépris.

Il s'emporte encore puis se calme. Marie Casimire ne craint plus de lui tenir tête et lui fait accepter une invitation des souverains à fêter Noël en leur compagnie. En ralliant son mari à la reine, elle obtiendra en retour une aide qui lui est indispensable pour la réalisation de ses desseins. Sa décision est prise, désormais. Avec ou sans Zamoyski, elle ira à Paris. Et s'il ne l'accompagne pas, elle y attirera Jean Sobieski pour ne jamais revenir. Dans un billet dépêché en secret, elle prie le Grand-Enseigne de la rejoindre à Varsovie.

Le couple Zamoyski prend le chemin de la capitale. Plus versatile que jamais, le maître de Zamosc se montre docile devant la souveraine, et se rallie au Prince de Condé, candidat favori au trône de Pologne. Il lui écrit un éloge vibrant d'hommages et ne s'oppose plus au voyage de Marie Casimire. La palatine a la permission de se rendre auprès de son père avant qu'il ne « passe », et Louise, ravie, bâtit de nouveaux plans. Avec Zamoyski, elle tient un bon nombre de magnats qu'elle opposera à tous ceux que Lubomirski soulève contre elle.

1. Authentique.

– Il était temps, confie-t-elle à sa protégée en l'entraînant vers son boudoir. Il me fallait à tout prix un homme puissant pour contrer le Maréchal. Sobieski, sur lequel je comptais, ne donne plus signe de vie. Le bruit court qu'il défend la cause des confédérés. Son âme de transfuge revient au galop. J'avais raison de douter de lui.

A ce moment même, on annonce le Grand-Enseigne. Il entre comme un ouragan. Sous le bonnet ébouriffé, mouillé par la neige, les mâchoires sont crispées. Il exécute un profond salut de cour et déclare :

– Que Votre Majesté pardonne mon silence.

Son regard se porte alors vers Marie Casimire. Un coup d'œil rapide, lourd d'une tendresse inquiète, qui transperce la jeune femme. Elle se retire discrètement tandis que l'officier commence son rapport à l'adresse de la souveraine. Au chambellan posté dans l'antichambre, elle chuchote quelques mots et disparaît au fond d'un couloir, dans un cabinet secret où elle attend Jean Sobieski. Une heure plus tard, il est à ses pieds et baise sa main avec effusion.

– Pourquoi ce voyage ? Quelle urgence à mettre encore plus de distance entre nous ?

– J'ai brouillé les pistes en parlant de mes parents que nous appellerons désormais les « oiseaux de mer ». En réalité je travaille pour nous. Je suis lasse de toutes ces précautions que nous prenons pour nous voir. Tout en respectant la morale, je me sens coupable. Nous ne pourrons nous aimer librement que loin d'ici. Voilà pourquoi je vais à Paris. Avec l'appui de la reine dont je me fais fort, nous pourrions obtenir du roi de France une charge digne de vous, des régiments, un titre, que sais-je ? N'aimeriez-vous pas que nous soyons ensemble ? Nous aimer au grand jour sans souci des horreurs que l'on colporte déjà sur moi et bientôt sur vous…

– J'irai où vous serez, Marysienka, mais cela ne se fera que lorsque le calme sera revenu dans la Patrie. Pour l'heure, je suis au service du roi et, malgré toute la passion que j'ai pour vous, je ne faillirai pas à mon honneur.

Marie Casimire réprime un sursaut. Ces derniers mots lui prouvent que son emprise sur le Grand-Enseigne n'est pas aussi profonde qu'elle le supposait.

– Nous devons en reparler, répond-elle, conciliante.

Le lendemain, Sobieski n'est plus à Varsovie. Ayant appris la mort de sa mère, il a rejoint son château de Zolkiew pour y présider les funérailles. Marie Casimire lui envoie des condoléances et lui recommande de revenir au plus vite. Elle ne peut l'attendre cependant. Elle doit suivre son mari et regagne Zamosc. Le prince est à nouveau malade. Elle aussi. Paris s'impose de toute urgence, mais Zamoyski, une fois de plus, oublie ses promesses.

– On m'attend à la Diète, déclare-t-il. Je tiens à me prononcer.

– Allez voter, soit, dit Marie Casimire, mais ne soyez pas parjure en faisant obstacle à ma guérison.

– Une bonne épouse reste dans sa maison. Que je sache, vous n'y manquez de rien, pas même de médecines dont je vous ai largement pourvue. Adieu, Madame, et portez-vous bien lorsque je reviendrai.

Plein de morgue et d'indifférence, il lui tourne le dos et se met en route, escorté de ses gardes cosaques et de ses violons. La palatine indignée trépigne de rage et dans son esprit germe l'idée folle : Fuir ! Partir à tout jamais de ces palais maudits, de ce pays hostile où en tout lieu et à tout moment elle est traquée, offensée, vilipendée. Une persécution insupportable qui la fait mourir à petit feu.

– N'est-ce pas aller au-devant de la mort ? s'écrie Vania, effarée.

– Il nous faut une escorte armée, dit Stavski, un chambellan attaché à sa cause. Les dangers nous guettent à chaque tour de roue. Le Maréchal [1] est contre Votre Seigneurie, et ses hommes sont partout. Sans compter ceux de Monsieur le Prince qui ont reçu des ordres à votre sujet.

1. Lubomirski.

Les mises en garde ne fléchissent en rien sa décision. Elle l'a prise et n'y revient pas.

– Mourir pour mourir, rétorque-t-elle, que ce soit dans la liberté.

Quelques domestiques dévoués acceptent de la suivre. En hâte, à la faveur de la nuit, on pille la maison : chevance, objets précieux, vaisselle d'or et d'argent, et soixante-dix mille thalers découverts dans un coffre. On jette des hardes dans une malle et les bijoux viennent alourdir les ourlets de son jupon.

– Nous irons d'un couvent l'autre, dit-elle au cocher. A défaut d'une armée, Dieu nous protégera !

Sur les chemins que blanchissent les rayons de lune en cette nuit d'avril 1662, Marie Casimire pleure. Elle a dû laisser derrière elle sa petite Catherine qui s'était mal remise d'une récente épidémie de peste et que Griselda retenait sévèrement. Les cahots font grincer le carrosse. Elle soulève le rideau de cuir et fait glisser la vitre de la portière. Les pages caracolent en silence dans un bruit de martèlements sourds. L'air est vif sur son visage. Elle soupire en regardant les étoiles qui disparaissent une à une. Déjà le ciel pâlit. Une aube nouvelle est en train de naître sur le trille cristallin d'un oiseau que l'écho répète à l'autre bout de la forêt.

– Jean, murmure-t-elle, rêveuse. Bientôt, et pour toujours !

Elle n'a rien révélé de son mal, mais n'est-ce pas pour lui qu'elle veut guérir ? Elle sourit au souvenir de leur dernière entrevue. Répondant à son appel, il était venu en secret à Ploskié. Comme elle l'avait demandé, il était passé par le couvent des moines pour ne pas être vu, et Sapieha l'accompagnait. Elle lui avait expliqué la mauvaise gestion des domaines Zamoyski et ses craintes quant aux siens, depuis que le prince, sans vergogne, lui avait emprunté deux mille écus pour payer les frais de leur dernier séjour à Varsovie. Elle avait cherché sans tarder la protection d'hommes de loi sincères et n'en avait pas trouvé de meilleurs que le Grand-

Enseigne et le Notaire de la Couronne, au demeurant ses amis. L'administration de ses terres se trouvait ainsi en de bonnes mains et Sobieski, en aparté, lui avait renouvelé sa promesse de la rejoindre quand elle le souhaiterait, au bout du monde s'il le fallait.

Non loin de la frontière, un courrier de la reine l'intercepte et lui remet plusieurs missives frappées du sceau royal. Marie Casimire a pris soin d'informer la souveraine de son différend avec son époux et de son départ précipité. Louise gronde un peu, mais comprend. Elle joint quelques recommandations pour ses amis de la cour, ainsi qu'une lettre pour sa sœur, la Princesse Palatine [1], nommée depuis peu surintendante de la jeune reine Marie-Thérèse. De santé, elle ne parle pas. Zamoyski s'est tu sur ce sujet scabreux, et la folle équipée de son épouse passe pour un coup de tête.

Dans son hôtel de Capitaine des Gardes de Monsieur, enfoncé dans une rue étroite entre le Louvre et le Palais-Royal, le marquis de La Grange d'Arquien n'est plus malade et reçoit sa fille avec panache. Sous l'ample perruque bouclée, la moustache grisonne, mais l'œil de jais s'allume d'étincelles. Il est de belle taille et se tient droit, à son avantage. Son pas est vif, il marche avec élégance et promène son feutre d'une main souple pour un salut des plus savants. Séduite dès la première seconde, Marie Casimire se jette dans ses bras et l'aime comme si elle ne l'avait jamais quitté. Près de lui, une femme résignée, vieillie par les maternités. Les traits empreints de douceur ont perdu leur beauté et le regard n'a plus d'éclat.

– Votre mère, dit le marquis.

La palatine l'embrasse timidement. Il est difficile de se reconnaître après un si long temps. Deux jeunes mousque-

1. Anne de Gonzague, sœur cadette de Louise, avait épousé Edouard de Bavière, comte palatin du Rhin, et portait le titre de Princesse Palatine. Son rôle politique pendant la Fronde fut important.

taires s'avancent alors, moustache frémissante et regard pétillant. Ils sont beaux et virevoltent avec aisance sur les talons de leurs bottes.

– Vos frères, dit encore le marquis. Anne-Louis, comte de Maligny, et le chevalier Louis. Vous rencontrerez tantôt votre sœur aînée Louise-Marie qui est au service de la reine Marie-Thérèse en tant que demoiselle d'honneur. Une bonté de la Palatine. Vous verrez aussi la benjamine Marie-Catherine, moins jolie que vous, mais d'une douceur exquise. Quant aux cadettes, elles sont entrées en religion, comme vous le savez. Elles attendent votre visite dans leurs couvents respectifs de Bourges et de Nevers.

On se regarde avec curiosité, on parle et on s'apprivoise. Jour après jour on sympathise. De tendres sentiments se développent et Marie Casimire goûte avec délices la chaleur d'une famille. Dans une aile du premier étage, on lui donne deux pièces, tandis que sa suite trouve à se loger dans les dépendances.

– Paris a ses usages, ma fille, dit le marquis d'Arquien. A la cour comme à la ville. Princesse de Zamosc, duchesse d'Ostrog ou palatine de Sandomir, vous devrez paraître selon votre rang.

– Je vous ai dit, mon père, dans quelles conditions je suis partie. Mes moyens sont limités et je ne suis pas sûre de retourner en Pologne, encore moins de voir le prince ici ou d'en recevoir de l'argent.

– Ayez un train discret, mais de qualité. Nous dirons que vous êtes en visite privée chez vos parents.

Tapissiers et charpentiers se mettent à l'œuvre, et la palatine choisit un ameublement qui convient à la saison d'été toute proche : un tissu à personnages sur les murs et de belles crépines dans l'alcôve où trône un lit à anges moulés d'argent. Il est tendu de damas cramoisi, et l'on fait exécuter pour l'hiver un autre lit à baldaquin de velours. On commande un nouveau carrosse capitonné selon la mode et, pour les pages et laquais de la suite, une livrée de couleur isabelle avec galon de velours rebrodé de soie. Tout cela est du plus bel effet et la princesse Zamoyska peut enfin recevoir « dans la ruelle », comme il se doit. Et pour se conformer en tous points aux caprices des usages, elle convoque coiffeurs et couturiers et fait venir des maîtres divers, les meilleurs, « ceux qui montrent à la reine ». Elle chante et joue de la guitare, elle danse aussi et s'y prend d'assez bel air, si bien même que le mentor, d'une voix de fausset, daigne exprimer un compliment. Elle s'inquiétait de sa petite taille et voilà qu'on ne la trouve pas tant « chienne ». Ce Paris l'enchante. On l'invite, on la flatte, on l'adule, on semble même l'adopter.

– Qu'attend-on pour vous présenter au Louvre ou à Saint-Germain ?

– Votre reine devrait demander pour vous le tabouret.

– Lorsque vous serez reçue par Sa Majesté, faites-vous attribuer le titre de duchesse.

Les mots tourbillonnent, l'enivrent et l'étourdissent. Les titres, le tabouret... De la cour à la ville, on ne parle que de cela, on ne vit que pour cela. On se grise de se donner du prince, duc ou marquis. On s'affuble de rubans et de bouffettes, on cache son or de peur de se le faire prendre et, si l'on n'en a pas, on méprise celui qui en possède en le traitant de « barbare » ou de rustre. Comme il est loin le Palais de Varsovie où l'on exhibe sans vergogne son luxe et ses pierreries car l'importance s'y mesure à la fortune et au mérite ! Les titres n'y sont qu'un jeu, une forme de courtoisie. Elle s'y croyait en France pourtant, auprès de sa reine française qui n'oubliait jamais les raffinements de son éducation première. Elle en rit à présent, et tout lui paraît bien lourd, jusqu'au français précieux qu'on y parle, trop coloré d'italien ou de polonais lorsque les tournures latines ne viennent pas l'entacher de grandiloquence.

Va-t-elle la renier, cette Pologne qui l'a vue grandir et l'a nourrie depuis tant d'années ? N'y a-t-elle pas laissé une part de son cœur ? Depuis son arrivée sur les bords de Seine, elle n'a cessé d'écrire à Jean Sobieski. De longues épîtres donnant tous les détails de son installation et de sa vie. Son père qui l'adore, sa visite chez la Princesse Palatine dans sa superbe maison d'Asnières, puis chez le marquis de Cablé dans son château de Meudon qui a la plus belle vue du monde. Elle lui a envoyé un petit portrait d'elle ainsi qu'un bracelet de ses cheveux tressés. En retour, elle lui a demandé de lui faire parvenir des tapis de Perse, des bonnets en queue de martre, et des chevaux pour son père. Pour lui, elle s'est mise en quête d'une maison au cas où il confirmerait son dessein d'en acheter une. Le moment est favorable, lui a-t-elle expliqué, car tout le monde vend de peur d'être saisi. Douze lettres qui n'ont pas eu de réponse. Les courriers se sont-ils évanouis dans le vent de la steppe ou bien serait-ce déjà l'oubli ? De nouveau elle reprend la plume et le gronde comme au temps où elle le traitait de *nieszczeny syn*, fils déloyal, et menaçait de le punir d'une fessée.

« On me mande de Pologne qu'il a fort gelé. Je m'en aperçois, étant très frileuse. Les embarras de la Diète vous font négliger la France et ceux qui y sont. Mandez-moi à quoi vous êtes résolu et qu'est-ce que vous faites. Si vous voulez acquérir du bien, mandez-moi un pouvoir. Je suis fâchée de cette impossibilité de vous entretenir de bien des choses. On trouve ici que ma taille est tout à fait belle. Adieu. Assurez notre troupe de mon affection. » [1]

Elle écrit à Louise et lui raconte les potins de la cour et son espoir d'être présentée à la reine de France qui accepte de la rencontrer incognito chez les capucins de Saint-Germain. Elle mentionne au passage le détail du tabouret et suggère incidemment que le Grand-Enseigne de la Couronne serait un représentant tout à fait digne de la Pologne au baptême du Dauphin qui vient de naître.

Zamoyski lui a confirmé qu'il ne la rejoindra pas. La voie est libre désormais pour Jean Sobieski. Plus activement que

1. Authentique.

jamais, elle lui cherche une maison et veut lui préparer des appuis. Auprès du marquis de Lionne elle sollicite une audience. Mais le ministre du roi fait la sourde oreille. Et soudain, tout se complique. Sobieski répond enfin mais ne parle pas de voyage. Il va recevoir le couple royal dans son château de Iavorow. La jeune femme s'effondre :

– Je vois bien que je suis née pour être malheureuse !

Le sort s'acharne, il est vrai, et les mauvaises nouvelles s'accumulent : l'entrevue avec la reine de France est ajournée. Zamoyski multiplie ses beuveries et lui coupe les vivres. Il a saisi les revenus de Ploskié et toutes les hardes qu'elle y avait laissées. Pour ponctuer le tout, elle apprend que la petite Catherine est malade.

Une forte fièvre s'empare de Marie Casimire, dont la santé semblait s'améliorer. Les douleurs se réveillent, accompagnées de nausées et d'évanouissements. Le mal qui se faisait oublier, au point qu'elle n'y croyait plus, revient la torturer. Elle a peur alors. Non de la mort, mais de la honte de voir son secret découvert. Une toux sauve son honneur. On prescrit un changement d'air et Louise-Marie l'emmène à Saint-Germain.

Le voyage est atroce, voisin de l'agonie, mais la campagne lui fait du bien. Le rose colore ses joues et les forces reviennent si bien que son père lui propose de suivre la famille en Nivernais pour y faire les vendanges. Elle accepte sans hésiter. Le château de Prye que les La Grange d'Arquien possèdent, non loin de Nevers, est à quatre lieues à peine de la station thermale de Pougues. Les eaux bénéfiques conforteront sa convalescence et l'aideront peut-être à se guérir sans avoir recours à ce mercure qui, lui a-t-on dit, noircit les gencives, pourrit les dents et fait tomber les cheveux. Elle vient de fêter ses vingt et un ans et ne peut se résoudre à sombrer dans la laideur. Y garderait-elle la vie ? Nul ne peut l'assurer. Mais à qui se confier qui ne trahira pas sa dignité ?

La fièvre revient comme une fournaise et lui ôte le sommeil. On la ramène à Paris et les plus grands noms de la Faculté viennent à son chevet : Monsieur Dupuis, premier médecin de la Princesse Palatine, Monsieur Guénaut, premier médecin de la reine mère, et Monsieur Esprit, premier médecin de Monsieur. On confronte les diagnostics. Abcès au poumon ? Au foie ? On hésite. Après une saignée, on lui fait boire des semences fraîches gardées dans la cire de capillaire, et l'on finit par conclure :

– La mélancolie, Madame. C'est votre peste !

Les grands chapeaux s'agitent encore au-dessus des longues robes. Ils confèrent en latin, ordonnent du lait d'ânesse et s'en vont allégrement. Mais un homme en robe courte qui assistait Monsieur Esprit revient sur ses pas et se glisse au chevet de la palatine.

– Il est de mon devoir de vous dire ce qu'ils n'ont osé avouer.

– Vous confirmez mon mal, dit-elle d'une voix résignée. Le « mal français » !

– Nous avons un remède, Madame. Le mercure. L'Ecole de Montpellier m'a enseigné cette médecine moderne que l'on nomme la « iatrochimie ».

– Monsieur Courrade m'en a parlé. Elle soulage d'un côté ce qu'elle détruit de l'autre.

– Tout dépend de la durée du traitement. Et dans votre cas... Une demi-année et vous n'y penserez plus.

Elle reste un long moment sans rien dire, les yeux errant sur les poutres du plafond, puis se tourne vers le jeune homme qu'elle transperce d'un regard de feu :

– Je veux vivre, Monsieur. Et je guérirai.

Elle le congédie d'un geste sec et prend sa plume. D'une main que la fatigue rend malhabile, elle écrit à Jean Sobieski :

« Je ne me porte pas bien, mais ne vous affligez point. J'espère que ce ne sera rien. Votre Astrée va se conserver pour son Automne. Ecrivez-moi souvent et amplement. » [1]

1. Authentique.

# XII

Au château de Vincennes, le Grand-Maître [1] régale la reine ainsi que Monsieur, frère du roi. Le marquis d'Arquien est auprès de son auguste prince, et Marie Casimire, accompagnée de ses frères, est au nombre des invités. On remarque sa bonne mine et son élégance. Elle sourit en inclinant la tête avec grâce. Dans le sillage de Marie-Thérèse, souveraine altière et sévère, elle a reconnu sa sœur ainsi que la Princesse Palatine qui lui a fait un petit signe. Toute la cour est là et l'air s'emplit de conciliabules.

Les illustres convives font quelques pas sous le soleil radieux de juillet. Des combats de lions, léopards et taureaux sauvages ont ouvert la fête sur une note barbare, non moins excitante, et l'on regagne les carrosses qui vont rejoindre des postes précis disséminés dans le parc, d'où l'on assistera à plusieurs sortes de chasses. Les divertissements se succèdent dans un ordre parfait. La journée se termine par une somptueuse collation servie avec raffinement dans un concert de violons.

1. De la Franc-Maçonnerie.

On se presse autour de Pani Zamoyska. Sa beauté fascine, et sa fortune aiguise les curiosités.

– Elle est exquise. Son magnat de mari possède plus d'un million de rentes. Avez-vous vu ses bijoux ?

– Elle est presque duchesse. C'est imminent. Avez-vous vu son carrosse ?

A l'arrière de sa voiture, il est vrai, Marie Casimire a fait mettre les armes des Zamoyski mêlées à celles des La Grange d'Arquien sur un manteau ducal. De Varsovie, Louise lui a fait savoir qu'elle avait demandé le tabouret avec le rang qui l'accompagne, et que son attribution ne devrait tarder. Le regard pétillant de la jeune femme se promène sur un aréopage de courtisans et de jeunes officiers qui servent dans les régiments de Louis XIV. Ils ne manquent ni d'esprit ni de séduction, et virevoltent avec grâce, comme ce roi qui a leur âge et leur sert de modèle.

La « petite palatine », comme on la nomme avec bienveillance, s'amuse et laisse entendre son rire frais. Elle est heureuse. Cette réception est sa première sortie. Elle renaît après un hiver qui fut un véritable cauchemar : à sa maladie et au traitement pénible qui semble avoir produit son effet s'était ajoutée cette Mort qui, après lui avoir enlevé sa fille dans la forteresse de Zamosc, était venue la traquer jusque dans l'hôtel de son père en lui disputant le plus fidèle de ses valets. Une pneumonie mal soignée, à la suite de la démission de la Faculté, avait emporté Stavski, son fidèle chambellan. Tout au long de son agonie, elle ne l'avait pas quitté, l'aidant de ces soins assidus qu'elle aurait tant aimé donner à sa petite Catherine. Elle l'avait soulagé de son mieux, le confortant de ses prières. Elle avait usé de tous les moyens pour maintenir une petite lumière dans les yeux qui se vidaient, et entretenir le souffle léger qui s'amenuisait puis s'étira jusqu'à l'extrême seconde où, brusquement, il n'y eut plus rien. Un combat terrible contre la fatalité qui l'avait laissée pantelante et hébétée, répétant inlassablement :

*Les flots de la mort m'entouraient,*
*Les torrents du Malin m'épouvantaient,*
*Les filets des enfers me cernaient,*
*Dans mon angoisse j'invoquai le Seigneur.* [1]

Le vieil homme est venu hanter ses nuits, ainsi que ses deux filles, disparues trop vite, l'une après l'autre. Ils souriaient, nimbés d'or dans les nuages, et semblaient veiller sur elle. Ne s'approchaient-ils par pour la prendre à son tour ? Elle a fait dire des messes pour leurs âmes et s'est installée dans une maison, située à une lieue de Paris, prêtée par le comte de Quincey, l'homme le plus fou de la cour. Il fallait être fou en effet pour avoir une baignoire et s'y tremper chaque jour. Or, c'était justement ce que cherchait la « petite palatine », coutumière elle aussi de ces pratiques dans ses châteaux lointains luxueusement équipés. On s'est amusé de ses fantaisies, mais personne n'a su qu'un médecin de Montpellier lui avait ordonné, en plus des pilules de mercure, des bains quotidiens dans une eau fortement sulfurée. Elle s'occupe désormais de sa santé, et la lettre de la reine au sujet du tabouret lui a rendu une gaieté qui s'est confirmée lorsque, dans une missive, son mari lui a réclamé quelques « explications » : toute la Pologne, disait-il, racontait que Pani Zamoyska s'installait en France avec Sobieski, surnommé désormais le « Caligula débauché, objet de la réprobation et du scandale universels ».

Le Grand-Enseigne de la Couronne avait-il annoncé son départ ? Vendait-il enfin des terres pour en acquérir près de Paris ? Des lettres se seraient-elles perdues ? Les dernières, écrites de Zolkiew, ne mentionnaient que la visite des souverains polonais et lui reprochaient les « oranges flétries » de ses « confitures », ce qui signifiait en clair qu'il trouvait ses dépêches bien tièdes. Sur le moment, la palatine s'était fâchée, avait réclamé son portrait, puis s'était calmée en ajoutant :

1. Psaumes de Jérusalem, n° 17.

« J'espère des nouvelles que "tout est décidé" et non "nous vous écrirons bientôt ce que nous décidons", comme vous le faites depuis six mois. » [1]

Elle se grise en attendant celui qui a pris son âme et lui a juré fidélité, imaginant déjà leurs retrouvailles dans une maison voisine des Tuileries. Ensemble ils achèteront un domaine et un château près de Meudon ou de Saint-Germain. Et ils s'aimeront enfin, de jour comme de nuit, loin des perfides et des ragots.

Mais au retour de la fête de Vincennes, le rêve s'évanouit. On lui remet le courrier de Varsovie. La reine parle de guerre. Jean-Casimir mobilise contre la Moscovie et les armées partent pour l'Ukraine. Louise souligne les prouesses du Grand-Enseigne qui prouve son attachement à la Couronne et, de façon impérative, conseille à sa protégée de faire ses malles. Elle est passée par Zamosc, a mis le nez dans les comptes et promet que tout va s'arranger. L'ordre est formel : il faut rentrer.

Une fois de plus, tout s'écroule et Marie Casimire enrage. Elle doit plier. Non devant la reine, mais devant cette maudite guerre qui revient la narguer et lui enlève Jean Sobieski. La fièvre reprend et ses nouveaux médecins ne promettent plus de guérison. Des hauts et des bas. Comme les Valaques elle porte le mal et le transmettra. A-t-elle encore, dans ces conditions, le droit d'aimer ? Qui aimer ? Celui qui tient son cœur s'en va courir sous la mitraille et son marie l'oublie sur les bords de la Seine. Il ne lui reste plus que la maladie, la souffrance jusqu'à l'agonie avant de s'endormir pour l'éternité. N'est-ce pas la colère de Dieu qu'elle a osé défier dans la chapelle des pères carmes en profanant le sacrement de mariage par un serment parjure ? N'est-ce pas le doigt de Dieu qui la ramène ainsi vers Zamosc où l'attend son devoir d'épouse ? Vers Dosia, le seul recours permis, celui que Dieu a béni. Ensemble, ils

1. Authentique.

partageront ce mal qui désormais les unit. Pour le pire, à défaut du meilleur. Quant à Jean Sobieski, restera-t-il un ami, ou devra-t-elle l'oublier ?

Laissant là ses illusions, il lui faut partir et dire adieu, s'arracher à cette famille qu'elle commençait à chérir. On s'embrasse et on pleure. Elle promet de revenir. Le marquis d'Arquien bougonne et décide que son fils cadet Louis la suivra :

– Sa présence vous rendra moins vulnérable, dit-il, et vous l'aiderez à trouver du service dans les armées de Scythie. [1]

A la fin d'octobre 1663, Pani Zamoyska franchit la frontière de Pologne. L'escapade est terminée. Comme un condamné marche vers la mort, l'âme résignée, elle suit le chemin de Zamosc. La forteresse sera son tombeau. Elle s'en est persuadée tout au long du voyage. Quel accueil lui réservera son mari ? Peu lui importe désormais. Avec patience et soumission, elle acceptera ses colères et ses mots humiliants, offrant à Dieu ce purgatoire qu'elle a déjà accepté.

Un nuage de poussière annonce une cavalcade. Les cris de loups se rapprochent, des haches dorées volent dans le soleil... Les cosaques de la garde du prince Zamoyski entourent le maigre cortège de la palatine qu'ils escortent en grande cérémonie. Le comte Podlodowski est à leur tête. Il salue respectueusement et se penche vers la portière du carrosse :

– Le prince est au Parc, dit-il après les compliments d'usage. Il est trop malade pour venir vous présenter ses souhaits de bienvenue.

Marie Casimire pâlit. L'émotion serre sa gorge. Ses ordres claquent et l'on repart au galop. C'est elle, cette fois, qui traverse l'antichambre en courant, avale l'escalier, ouvre la porte de la chambre et se précipite vers le lit.

– Dosia, s'écrie-t-elle en prenant la main de son époux. Je ne vous laisserai pas mourir. Mes pilules vont vous sauver.

1. Nom donné à la Pologne au XVII^e^ siècle.

– A quoi bon, puisque vous voulez me quitter ? souffle-t-il en la fixant de ses yeux pleins de fièvre.

– Je vous aime comme je vous ai toujours aimé. Pourquoi prêter l'oreille aux menteurs ? Ils pullulent en ce pays et leurs boniments vous empoisonnent. Je vous soignerai, n'ayez crainte, et je vous guérirai.

Elle s'installe à son chevet, veille sur lui et lutte avec acharnement contre cette mort implacable qui revient la narguer. Implorant Dieu et lui offrant sa peine, elle se bat pied à pied, de toutes ses forces, refusant d'assister à un départ douloureux qui lui annoncerait le sien. Chaque jour de vie arraché lui donne plus de courage, car il repousse d'autant sa propre fin. Le mercure soulage le prince. Au bout d'un mois, il peut se lever et la ville de Zamosc se met en fête pour célébrer solennellement le retour de la princesse : bénédiction épiscopale, discours en vers et en prose, théâtre, musique, danses et banquets, rien n'y manque. Marie Casimire rayonne de bonheur. La guérison de Dosia est son triomphe et il lui en sait gré. L'époux reconnaissant a perdu sa morgue et l'emmène au Parc pour y roucouler le reste de l'hiver. Il a pardonné l'escapade et veut bien oublier les ragots à condition que l'ami Sobieski ne se montre pas. Elle rétorque aussitôt avec le plus doux des sourires :

– Puis-je à mon tour vous demander de renvoyer tous ceux parmi vos gens qui m'ont offensée ?

– Allons, Madame, répond-il en riant. Je n'ai pas manqué de faire donner le fouet aux intendants qui s'étaient permis de détourner les revenus de vos terres. Quant à mes gentilshommes, ils ont reçu eux aussi leur algarade et m'ont promis de vous servir avec autant de zèle que pour moi-même.

Et de fait, Podlodowski, Jaboclitski et Goletski, les trois compères aux langues de fiel, débordent d'amabilités et font amende honorable. Griselda tempère ses humeurs et son fils Michel fait les yeux doux. Alors on donne des festins et des bals. Le château s'emplit chaque jour d'une grandissime compagnie, et Marie Casimire étonne les seigneurs du voisinage ainsi que leurs épouses en les recevant « dans la ruelle ».

– A la cour comme à la ville, c'est ainsi que font les dames, explique-t-elle d'une voix languissante.

Parée de ses robes « à la mode », elle chante et joue de la guitare. On applaudit en faisant mille compliments, mais on s'empresse de raconter à la ronde que Pani Zamoyska met tout le monde dans son lit. La médisance repart au galop, les malentendus recommencent et l'arrivée du chevalier d'Arquien ne fait qu'envenimer un climat fort tendu. Sur un ton de suffisance malvenue, le jeune homme se permet quelques remarques à l'égard du maître de Zamosc qui entre alors dans une colère fracassante et le poursuit en brandissant son épée. Marie Casimire intervient de justesse, mais Zamoyski refuse les excuses du chevalier et lui interdit sa maison.

– Un petit blanc-bec sans le sou qui ose me donner des leçons ! s'exclame-t-il. Les Français croient tout savoir... Nous n'avons que faire de leurs conseils et de leurs manières. Ils n'ont pas encore conquis la Pologne.

Il reprend son souffle et ajoute :

– Nos traditions valent les vôtres, Madame, et dites à votre frère de quitter mes terres sur-le-champ.

La jeune femme s'incline et soupire. Celui qui était venu pour l'aider, la protéger, devient une charge trop lourde sur ses frêles épaules. Sous le ciel de Zamosc, rien ne change assurément. La voilà de nouveau seule et désemparée. De quel côté se tourner pour trouver un appui ? Un nom s'impose : Jean Sobieski, l'ami, le confident, le *patito*. Celui qui savait écouter et qu'elle a ignoré depuis son retour. Il se bat en Ukraine, opérant une retraite savante sur les bords du Borysthène. Son sabre fait merveille et refoule les hordes cosaques et moscovites, mais on se demande pour quelle raison mystérieuse le Grand-Enseigne de la Couronne ne porte plus que des vêtements noirs. La palatine, qui avait gardé le silence afin de respecter les promesses faites à un époux soupçonneux, reprend sa plume et recommande son frère :

« Il sera autant votre serviteur que j'ai toujours été votre amie et votre servante. Ayez, pour l'amour de moi, un peu de bonté pour lui. »

Elle s'étend sur la maladie du prince qui lui cause un réel chagrin et s'inquiète de savoir si l'officier a bien reçu le remboursement des sommes qu'il lui avait prêtées. De façon habile, elle renoue les relations, suscitant une réponse, mais se fait violence pour les maintenir sur le terrain des affaires, le seul qui leur soit permis désormais. Elle décortique la gestion de ses starosties, les comptes des diverses commandes faites pour lui à Paris, et lui propose même de lui acheter ses dragons.

« Vous m'obligeriez infiniment de me préférer à un autre. Vous êtes libre d'accepter. Je serai heureuse de vous rendre service. »

Des réponses arrivent. Les reproches abondent, estompés de tendresse. On s'écrit de plus en plus, à la sauvette, en se cachant derrière de nouveaux cryptonymes. Sobieski disparaît derrière Beaulieu, nom emprunté à une dame d'atour de Louise, et Marie Casimire se cache sous les traits de son frère lorsqu'elle confie dans un court billet :

« On ne peut trouver l'occasion pour vous écrire sûrement. J'espère avoir une lettre de ma chère Beaulieu envers qui je reste et resterai tendre. Je ne la quitte jamais de mes pensées. »

Elle lui envoie une écharpe couleur feu ainsi qu'un portrait du chevalier d'Arquien qui n'est autre que le sien. Mais Sobieski se répand en gémissements et refuse de ceindre l'écharpe. Dans son âme il n'y a plus de joie puisque Marysienka ne veut plus le voir.

Pendant ce temps, l'hiver blanchit la campagne et durcit les chemins. Le Parc s'endort sous la neige, mais dans les salons du manoir les beuveries recommencent et se multiplient. Le krüpnick coule à flots près de l'immense cheminée où semblent danser tous les mauvais génies. Entouré de ses gentilshommes, le maître s'amuse dans un concert de grossièretés et de hoquets. L'orgie est permanente, et les domestiques pillent la maison au gré de leurs envies. Marie Casimire s'emporte, mais ses cris ne font qu'accroître les rires. On se moque et on l'insulte. Accablée par son impuissance, la palatine se réfugie dans sa chambre pour y pleurer son saoul avant que son ivrogne de mari ne vienne l'assaillir.

Des lettres mouillées de larmes sont envoyées au Palais de Varsovie. La reine s'émeut de tant d'horreurs et conseille le divorce [1]. L'idée séduit la jeune femme. Elle y consent, puis soudain la refuse. Que peut-elle faire avec ce mal qui revient brûler ses entrailles ? Le prince a ses humeurs, mais après la violence vient la douceur. Il est malléable alors et ne sait plus comment se faire pardonner. Malgré la fièvre qui l'habite en permanence, Marie Casimire le soigne et le veille car des convulsions de plus en plus fréquentes viennent le terrasser. Un jour, pourtant, remarquant la mauvaise mine de son épouse, il lui propose de retourner en France et d'y reprendre son traitement. Elle rétorque vivement :

– Nous sommes inséparables, Dosia. Dieu nous a unis pour le meilleur et pour le pire. Je vous tiendrai compagnie et soignerai vos infirmités.

Au mois de juin 1664, elle est enceinte pour la quatrième fois et la grossesse est près de son terme. La jeune femme reprend espoir. Dieu lui accorderait-il enfin un héritier ? Elle se souvient des conseils du jeune médecin de Montpellier.

– Il me faut gagner Paris au plus vite ! s'écrie-t-elle. Le bébé sera traité au mercure dès le premier instant. C'est ainsi qu'il survivra. On me l'a assuré.

Zamoyski donne tout ce qu'il faut, carrosse, escorte, argent, mais le voyage s'arrête à Dantzig. Marie Casimire accouche d'une petite fille que l'on baptise très vite car on voit bien qu'elle est chétive et ne peut vivre. Un drôle de sort semble poursuivre la princesse Zamoyska qui s'en revient, désespérée, vers ses châteaux. Les ombres de ses angelots la guident inexorablement vers un mourant qui l'entraîne au

1. Une séparation de biens et de corps qui lui permettrait de vivre auprès de son époux comme une fille auprès de son père.

tombeau et, pour oublier la marche fatale, elle se remet à ses écritures.

Au début de janvier 1665, un courrier lui transmet une curieuse lettre de Jean Sobieski. Il lui apprend qu'on lui a offert le bâton de Maréchal et qu'il s'est empressé de le refuser. Il lui demande d'intercéder auprès de la reine à laquelle il a déjà fait une concession, afin que l'on n'insiste plus sur ce sujet, faute de quoi il quitterait Varsovie. Le même jour, un dragon de la Garde royale franchit la poterne du château de Zamosc, porteur d'une missive écrite de la main de Louise. En termes pressants, la souveraine prie sa chère palatine de gagner la capitale au plus tôt. Avec le prince, si Son Illustre Seigneurie veut bien l'accompagner.

– Allez comploter, dit Zamoyski en bougonnant. Je me remets à peine et ne suis pas en état de voyager. C'est ce que vous expliquerez à votre reine. En réalité, depuis que Lubomirski a été destitué et condamné à l'infamie par une Diète achetée, je préfère rester chez moi. Je refuse cette politique qui déchire le pays et méprise ses plus valeureux défenseurs.

– Puisque c'est ainsi, je n'irai pas. Pas plus que vous ces histoires ne m'intéressent.

– Partez, Madame. N'irritez pas Sa Majesté. Cela vous distraira, vous en avez besoin.

Dans le carrosse monté sur un traîneau, on empile des peaux d'ours et l'on installe des chaufferettes. On crie, on s'agite, on court. Les fouets claquent sur les croupes des chevaux et les grelots font vibrer l'air de leurs tintements cristallins. Lorsque, quelques jours plus tard, Marie Casimire arrive au Palais royal, Louise est dans tous ses états. Son secrétaire Jean des Noyers est auprès d'elle, ainsi que le marquis de Lumbres, ambassadeur du roi de France, et un Monsieur Caillé, agent très spécial du secrétaire d'Etat des Affaires étrangères français, Monsieur de Lionne.

– Il faut en finir avec Lubomirski, dit ce dernier. Votre Majesté doit trancher le nœud gordien.

– Je consulterai mes astrologues, dit Louise.

D'un geste de la main, elle congédie l'assistance. Le visage rayonnant d'un grand sourire, elle s'avance au-devant de la palatine qui attend respectueusement près de la porte et s'incline dans une profonde révérence de cour.

– Venez, très chère, j'ai mille choses à vous dire.

La jeune femme suit la reine dans son boudoir et l'écoute dévoiler un à un ses secrets : avec l'argent de France, Louise a reconstitué un parti français composé d'un bon nombre de seigneurs polonais et lituaniens. Ils ne voulaient plus du duc d'Enghien qui a épousé Anne de Gonzague, officiellement adoptée par le couple royal, et préféraient le prince de Condé dont la gloire militaire est plus flatteuse. Tout allait bien. Lubomirski, qu'elle surnomme le « Jaloux », semblait enfin approuver, faisait mine de traiter, et par-derrière complotait avec l'Empereur et l'Electeur, envenimant la sédition.

– Comme je l'écrivais hier encore à Chantilly, poursuit la souveraine, le « Jaloux » poursuit l'« Amante » (notre Couronne), tandis que les « Souris » (les seigneurs et magnats) ne songent qu'à ronger les écus français. Nous en avons distribué six cent mille et j'en attends un million de plus. La France ne lésine pas. Louis a même prévu des « moyens extraordinaires » : Condé et douze mille hommes sont prêts à saisir le trône par la force.

– Vous voulez déclencher une guerre civile ? s'écrie Marie Casimire affolée.

– Il faudra bien, dit Louise. Lubomirski s'est réfugié sur ses terres de Silésie. On me rapporte qu'il recrute une armée pour revenir en conquérant. Il veut du sang. Si Dieu nous aide, nous l'éviterons.

Elle soupire en regardant les flocons de neige qui tombent sur la Vistule :

– Ce *liberum veto* est une arme infernale, l'arme du diable, qui sème l'anarchie et ruine la Pologne !

Elle saisit la main de Marie Casimire et ses yeux pâlis par une cataracte naissante plongent dans le regard de la jeune femme.

– Où en est Zamoyski ? On me dit qu'il soutient le maréchal.

– Ses opinions oscillent, Madame, comme sa santé.

– Etes-vous prête à divorcer ?

La palatine blêmit et hoche la tête.

– Dieu m'a liée au prince et vous me l'avez choisi, Madame. Je le soignerai jusqu'au bout, quelles que soient les épreuves à endurer. Qui voudrait de moi lorsque je serai seule ?

– Jean Sobieski !

Marie Casimire crispe ses mains sur les bras du fauteuil pour ne pas défaillir.

– Trop tard, dit-elle d'une voix sèche.

– Je ne vous comprends pas ! s'écrie la reine. Qu'est-ce que cette bague à votre doigt ? Il porte la même. Je sais lire dans le cœur des hommes, très chère. Celui-là est à vous, et s'il n'y avait eu cette maudite confédération, puis la campagne de Moscou, c'est vers vous, à Paris, qu'il aurait galopé.

– Trop tard, vous dis-je, répète Marie Casimire en se raidissant. Je ne briserai pas les liens que Dieu a noués. Mon destin est de soigner mon mari tant qu'il sera malade.

Le regard de Louise se durcit.

– Vous aggravez mon embarras, dit-elle sur un ton sévère. J'espère cependant que vous ne me décevrez pas. Je n'ai que Sobieski pour prendre la place de Lubomirski. Mais le Grand-Enseigne refuse. Une seule chose lui ferait accepter le bâton de Maréchal de la Couronne : votre divorce.

Un voile se déchire. La jeune femme comprend soudain de quelle concession mystérieuse parlait le Grand-Enseigne dans sa dernière lettre. Elle agite son éventail pour cacher le rouge qui empourpre ses joues. Va-t-elle avouer le mal honteux qui détruit sa vie à jamais ? Plutôt mourir clouée sur la place. Elle se lève, arpente nerveusement la pièce, s'arrête près d'une fenêtre et revient se prosterner aux pieds de la reine.

– Vous me torturez le cœur, Madame. Mais il est des choses que je ne puis vous dire. Sachez, cependant, que je vous suis entièrement dévouée. Je ferai tout ce qui est possible pour vous aider, en compensation de ce que je vous dois.

Dans un élan affectueux, Louise relève la palatine et la serre dans ses bras.

– Alors, très chère, usez de votre influence et de votre charme pour convaincre notre Grand-Enseigne d'accepter les honneurs que nous lui offrons. Le sort de notre belle Pologne est entre ses mains. Nous n'avons pas de meilleur défenseur.

Marie Casimire se retire dans ses appartements, voisins de ceux de la reine. Un rictus amer pince ses lèvres. Le château de Glogowek lui revient en mémoire. Le château de l'exil où Louise, naguère, lui avait imposé le prince Zamoyski, quand son cœur battait pour Jean Sobieski, un simple staroste dont on se méfiait. Elle avait soutenu la cause du grand guerrier qu'elle pressentait alors : le meilleur défenseur de la Pologne ! Elle venait d'entendre ses propres mots.

– Trop tard, dit-elle encore en s'effondrant sur son lit, meurtrie par le destin.

# XIII

DANS le petit salon bleu qui prolonge sa chambre, Marie Casimire marche ici et là en se tordant les mains et s'approche d'une croisée. Derrière les vitres embuées de givre, les pelouses enneigées scintillent. Le soleil resplendit dans un ciel sans nuages et reflète ses ors dans les eaux glacées de la Vistule. La palatine frissonne et se blottit près du poêle de faïence. Deux jours ont passé depuis son arrivée au Palais du Jardin. Deux jours et deux longues nuits à réfléchir, peser le pour et le contre, décortiquer le pourquoi et le comment, accuser la fatalité, rejeter le mensonge, puis s'incliner devant l'implacable vérité qui déchire le cœur et torture la conscience. Son « Mal français » lui interdit Sobieski. Mais la Pologne a besoin de Jean Sobieski et ce dernier n'accepte de sauver son pays qu'avec l'amour de Marysienka.

On gratte à la porte. Une servante annonce le Grand-Enseigne de la Couronne. La jeune femme l'attend avec impatience et une certaine appréhension. Ils ne se sont pas revus depuis le rendez-vous de Ploskié qui précéda son équipée rocambolesque vers la France. Trois années se sont écoulées, qui ont vu tant de lettres, d'illusions, et de tentatives avortées.

Vont-ils se reconnaître ? Jean Sobieski entre et se fige dans un regard ému. Une écharpe feu est nouée sur son joupane [1] de soie noire que recouvre un kontouche de même couleur.

– Vous me donnez enfin le bonheur de vous voir, dit-il d'une voix contenue. Après tous ces mois de froideur et d'indifférence, je n'ose y croire.

Elle sourit en prenant le bras de l'officier et le guide vers une banquette tendue de velours.

– La République est en danger, dit-elle en tenant la forte main entre les siennes. Sa Majesté a besoin de vous.

– Je ne vous comprends plus, Marysienka. Vous me parlez de politique quand je vous parle de nous. Voir votre visage m'importe plus que toutes les chimères du monde. Prenez-moi en pitié, de grâce, et me déclarez les véritables intentions de votre cœur.

– Acceptez le bâton de Grand-Maréchal. Il le faut.

Sobieski se raidit. La mâchoire se crispe et les moustaches frémissent près du menton.

– Non, répond-il brutalement. On insiste, on me harcèle, mais je refuse. Je vous l'ai écrit. Ne comprenez-vous pas que c'est impossible ? Jerzy Lubomirski est un ami, un parent. Je me suis battu à ses côtés en Prusse, en Transylvanie, en Ukraine... Il a été mon meilleur maître. Croyez-vous que j'oserai prendre sa place ? La reine va trop vite. Il ne fallait pas s'attaquer ainsi à celui qui a libéré le pays de l'invasion suédoise. Le jugement de la Diète vient de l'auréoler d'une nouvelle gloire. Le bannissement fait de lui un martyr du droit et de la liberté. Que suis-je, à côté de ce « Père de la Patrie » ? Un « parvenu », comme disent certains. Des rumeurs circulent déjà, et je préfère la disgrâce au déshonneur.

– Ne pensez-vous pas qu'il se déshonore lui-même lorsqu'il entretient la sédition en écoutant les flatteries de souverains étrangers ?

1. Les Polonais traditionnels portaient une robe ornée d'une ceinture drapée sous le kontouche, sorte de manteau sans manches, fourré et brodé de pierreries.

– Aux yeux de la Pologne, il est aujourd'hui le défenseur de notre Constitution. On dit même que Dieu penche pour lui. On en a vu les signes. A Studziany, une image sainte se met à faire des miracles ; à Busk, un Christ s'est couvert de sang ; à Dzierkow, le visage de la Vierge ruisselle de pleurs. Comment lutter contre celui que le ciel revêt de sa puissance ?

– La reine est dans un labyrinthe. Seule une poigne de fer l'en sortira. Et elle ne voit que vous.

– Il suffit, Madame, n'en parlons plus. J'ai dit ce que j'avais à dire.

Marie Casimire caresse lentement la main rugueuse et ajoute dans un murmure :

– Pour l'amour de moi !

Ses grands yeux noirs cherchent les yeux de ciel qui se brouillent. Un long silence les unit.

– Seul le divorce, dit-il enfin d'une voix grave, me déciderait à ce qui me paraît absolument impossible, et à ce prix, rien ne me pèserait.

Il soupire et ajoute :

– Mais si l'on en venait là, ce serait pire que se trancher la gorge de sa propre main.

L'émotion brise sa voix. Il se lève brusquement, salue à peine et disparaît, laissant Marie Casimire plus désemparée que jamais. Une tenture se soulève. Par une porte dérobée ouvrant sur son boudoir, la reine a suivi la conversation.

– Il accepte, dit-elle avec un sourire de triomphe. Nous sommes sauvés.

– Il pourrait accepter, corrige la palatine. Si je divorce.

– Eh bien, l'affaire est conclue. Zamoyski s'inclinera lorsque je le lui demanderai. Quant à vous, très chère, oubliez vos scrupules. Vous gagnez au change. Si votre mari n'était pas si prodigue et débauché, c'est à lui que j'aurais offert le bâton, mais... N'y pensons plus. Venez avec moi. Il nous reste beaucoup à faire.

Dans l'esprit de Marie Casimire règne une confusion extrême. Son entretien avec le Grand-Enseigne n'a rien éclairci, au contraire. Aux deux problèmes qui se posaient – le sort de la Pologne et l'obstacle de sa maladie – s'en ajoute à présent un troisième : le divorce. Contrairement à ce que dit la reine, Jean Sobieski en parle avec réticence, le considérant comme une infamie. Pourquoi, dans ces conditions, s'obstiner à braver l'ordre établi devant Dieu ? Les mots tournent et les pensées s'emmêlent. Telle une somnambule, elle suit la souveraine qui trottine vers son cabinet de travail. Derrière une grande table recouverte d'un tapis de Perse, Jean des Noyers, le secrétaire, ajuste ses besicles et prépare sa plume. Le marquis de Lumbres toussote discrètement et l'émissaire du Louvre lisse sa moustache.

– Messieurs, déclare la reine, comme je vous l'ai dit, nous avons notre Grand-Maréchal.

– Qui ? demandent-ils en chœur.

– Sobieski !

– Un irrésolu teinté de républicanisme ! s'écrie l'ambassadeur. Il me paraît plus désireux de s'attirer l'amitié de la noblesse en se pliant à ses vues.

– D'après ce que j'ai pu observer, ajoute Caillé, je le juge nonchalant et plus appliqué à ses plaisirs que curieux de s'avancer.

– N'ayez crainte, affirme la reine. J'en réponds comme de moi-même. Je le tiens !

Son regard irradiant se coule vers Marie Casimire qui écoute en silence, subissant les événements qui s'accélèrent et l'emportent dans leur tourbillon. Un écuyer prend la route de Zamosc avec la demande en divorce. On écrit au Louvre et à Chantilly pour annoncer le nom du nouveau Maréchal. Quelques jours plus tard, le prince Zamoyski envoie son consentement. Libéré de son épouse française, il pourra sans vergogne rallier le camp de son oncle injustement banni. Sans perdre un instant, Louise convoque le Grand-Enseigne, mais ce dernier se cantonne dans sa réserve.

– L'affaire est grave, dit-il. Des pamphlets circulent. Que Votre Majesté prenne la peine de lire : « Nul ne voudrait se déshonorer en s'appropriant les dépouilles d'un innocent. » J'ai besoin de réfléchir encore. Avec votre permission, je vais me retirer sur mes terres de Zolkiew.

La succession de Lubomirski n'est pas une mince affaire. Les deux fonctions qu'il détenait à vie ont fait de lui un homme puissant et respecté. Grand-Maréchal, il était le premier des cinq ministres de la Couronne ; il était aussi Hetman de camp et commandait l'armée royale.

– Je suis prête à vous offrir les deux bâtons, dit encore la reine.

– Un seul est déjà trop lourd, Madame.

– Soit. Le bâton de Hetman sera pour le vieux Czarnieçki.

Il exécute un profond salut de cour et ajoute avant de prendre congé :

– Je compte sur la discrétion de Votre Majesté. Je n'ai rien décidé.

Pendant que Jean médite sous le toit de ses ancêtres, Marie Casimire consulte divers guérisseurs et se réfugie au couvent des Visitandines que la reine a fait construire tout près du Palais. Elle connaît la piété du Grand-Enseigne. Dans la crypte de ses ancêtres, il invoquera le Tout-Puissant. En communion avec lui, dans la ferveur du cloître, elle s'agenouille et implore :

*C'est toi ma lampe, Seigneur.*
*Eclaire ma ténèbre,*
*Enseigne-moi tes sentiers,*
*Dirige-moi dans ta vérité.* [1]

La reine ne tient pas ses promesses. Le nom du nouveau maréchal est propagé. Varsovie s'enflamme et vocifère sa désapprobation. Au même moment, une dépêche du front annonce la mort du vieux Czarnieçki aux prises avec les cosaques dans les forêts de Volhynie. Qui recevra son bâton ?

1. Psaumes de Jérusalem, n° 24.

– Sobieski, dit Louise, nerveuse. Il est temps de mettre fin aux tergiversations. Qu'attend-il pour revenir ?

Un dragon de la reine s'élance vers Zolkiew. A la grille du Palais, il croise un cavalier qui arrive de Zamosc avec une lettre du prince : Zamoyski ne veut plus divorcer et réclame son épouse. Il se repent de ses torts passés et promet de la chérir avec amour. La reine se lamente et Marie Casimire, enjeu disputé, ne peut que répéter :

– Nul ne séparera ceux que Dieu a unis !

– Je parlerai au Grand-Enseigne, rétorque Louise. Nous négocierons.

Ce dernier, averti mystérieusement du rebondissement, fait savoir que, dans ces conditions, il se retire et refuse tout en bloc. La reine s'effondre.

– Ces Polonais me tuent ! gémit-elle en portant une main sur son cœur.

Marie Casimire, accablée, ne peut retenir ses larmes. Mais voilà que dans le couloir résonnent des cliquetis de ferraille. Des éclats de voix, des pas précipités, la porte s'ouvre brusquement.

– Le roi ! crie le chambellan.

Jean Casimir, entouré de son cirque habituel de nains et de chiens, se dirige vers la palatine et jette sur ses genoux le papier qu'il tient entre ses doigts.

– Voici votre divorce, dit-il d'une voix grave.

Il se tourne vers Louise et ajoute :

– Jean Zamoyski est mort ! Le 7 de ce mois. Et ce jour était le Vendredi saint.

– Paix à son âme, dit la reine en se signant.

Le silence envahit la pièce. Marie Casimire, hébétée, se lève lentement et regagne la solitude de sa chambre pour y faire le point de sa vie. Le froid pénètre ses os et son sang se retire. Devant elle s'ouvre le vide.

– Dosia ! murmure-t-elle.

Le prince a rejoint les ombres de leurs trois filles et, de leur union, rien ne subsiste. Perdre, à l'âge de vingt-quatre ans, un mari qui vient d'accompagner huit années de son existence, c'est perdre un morceau de soi-même. Les images défilent dans sa mémoire. Les disputes, les humiliations, les cris, les hoquets, ainsi que les réconciliations, les étreintes, les caresses. Tant de bonheurs trop courts détruits par la médisance et l'envie d'un entourage égoïste et avide. Pourquoi ne lui a-t-il pas porté plus d'attention ? N'est-il pas le grand fautif si, pour tromper sa solitude et son insatisfaction, elle s'est amusée à conquérir Jean Sobieski, découvrant du même coup qu'elle n'était pas sans pouvoir ? Et peu à peu, négligeant celui qui la négligeait, elle avait tissé sa toile autour de celui qui l'écoutait. Le jeu lui échappe soudain. D'autres maîtres interviennent, la reine, la politique, le destin...

Que va décider Jean Sobieski, maintenant que le prince n'est plus ? Ce divorce qu'il exigeait, tout en le considérant comme impossible, n'était-il pas un moyen de refuser plus aisément une nomination qui, selon lui, entache son nom et sa réputation ? Le Grand-Enseigne est chatouilleux quant à son honneur et ses attaches familiales qui l'unissent aux Lubomirski. Tiraillé de tous côtés, il pourrait bien choisir la fuite. Que ferait-elle alors du temps qui lui reste à vivre ? Déjà les critiques abondent. Une véritable avalanche contre l'épouse infidèle, la Cléopâtre, la Clytemnestre... On l'accuse même d'avoir empoisonné son mari pour s'en aller plus aisément au bras de son amant, le « hetman de cotillon, arriviste et débauché ». De tous les coins de Pologne, on s'achemine vers Zamosc. Le clan Zamoyski se rassemble autour de la dépouille, clamant haut et fort qu'il ne restera rien pour l'étrangère cupide.

Les jours passent et Jean Sobieski, terré dans son Zolkiew, n'envoie pas de condoléances. L'inquiétude augmente. Mais avec le soleil qui apporte le dégel, il entre dans Varsovie et se présente au Palais entouré d'une cavalcade rutilante. Marie Casimire est dans le boudoir de la reine lorsqu'un chambellan vient annoncer la visite.

– Monsieur le Grand-Enseigne a demandé audience auprès de Sa Majesté le roi.

– Retenez-le dans l'antichambre, répond Louise.

Puis, se tournant vers la jeune femme, elle ajoute :

– Ajustez vos voiles, très chère, et montrez-vous. Il faudrait être de marbre pour vous résister.

Le cœur battant à grands coups, Marie Casimire se hâte le long des corridors encombrés de gardes, ouvre une porte et, sans bruit, soulève la courtine. Dans le salon carré garni de hallebardes et de trophées, Jean Sobieski attend en martelant le parquet. Il s'élance vers elle et dit d'une voix grave :

– Ma décision est prise, Marysienka. Si le roi m'en donne la permission, je demande votre main. Peu importent les rumeurs et les ragots. Je connais votre innocence et mon cœur est à vous. Quand pourrai-je vous serrer dans mes bras ?

– Bientôt, dit-elle avec un sourire que les voiles rendent plus troublant.

– Pour la noce, il nous faut attendre la fin du deuil. Nous devons cependant écrire à vos parents.

Tandis qu'un huissier approche, il se penche vers la jeune femme et ajoute discrètement :

– Pour vous, mon âme, j'accepte le bâton de Maréchal.

Au long des couloirs qui la ramènent chez la reine, Marie Casimire marche si vite qu'elle ne sent plus le sol sous ses pieds. Un bonheur immense l'envahit qui lui donne le vertige. Dans sa tête bourdonnent des mots d'amour qui ne laissent aucun doute. Bravant les médisances, ignorant les calomnies, Jean Sobieski n'écoute que son cœur et l'épouse, prêt à surmonter les mille et une difficultés que fera surgir ce mariage. La charge de Maréchal lui opposera cette moitié de Pologne qui soutient Lubomirski, mais l'amour de Marysienka, pour lui, n'a pas de prix, et sa démarche le prouve.

– Nous pouvons dès aujourd'hui fixer la date de la cérémonie, annonce-t-elle, triomphante.

– Après le délai de décence, précise la reine, ravie.

La palatine oublie-t-elle son mal ? Elle ne le juge plus un obstacle. Un médecin venu de Chine, rencontré en grand secret, lui a décrit les précautions à prendre pour ne pas le transmettre et lui a promis de l'en guérir. Elle en doutait jusqu'à présent, mais l'amour de Jean glorifie l'espoir. Le Dieu tout-puissant et miséricordieux qu'elle n'a cessé d'implorer ne peut lui accorder une partie seulement de sa prière et l'empêcher de se donner à celui qu'Il lui envoie. Il ne lui reste plus qu'à retourner à Zamosc pour enterrer Dosia et récupérer ses biens. Cette pénible formalité marquera sa renaissance aux côtés de celui que son instinct avait reconnu dix ans plus tôt.

Mais la politique, une fois de plus, vient bouleverser l'ordre des choses. Un nouvel ambassadeur arrive de France. Chargé de servir plus rondement les intérêts de Louis XIV, Pierre de Bonzi, évêque de Béziers, remplace le marquis de Lumbres.

– Le Roi s'impatiente ! déclare-t-il aussitôt.

Louise lui présente son nouveau Maréchal et ne tarit pas d'éloges sur sa vaillance et son sang-froid.

– La victoire est assurée désormais, conclut-elle. Lubomirski va plier et la voie sera libre pour Condé.

Le prélat grommelle. Il ne croit pas au dévouement de Jean Sobieski. L'homme ne lui plaît guère.

– Que Votre Majesté passe à l'action, déclare-t-il. Condé et quatre mille Suédois débarquant à Dantzig, et l'affaire est terminée !

– Vous aurez un bain de sang, s'écrie Sobieski. Je ne réponds plus de rien.

– J'ai consulté mes astrologues, ajoute la reine. Les directions et révolutions du prince rebelle lui sont présentement favorables. Nous ne pouvons rien tenter avant janvier.

On est au début de mai. On tergiverse et on suppute. Louise hésite et, oubliant la présence de son nouveau Maréchal, se met à penser tout haut :

– Pourquoi la guerre si l'on peut tendre la main... Ne pourrions-nous traiter avec le banni ?... Dieu n'a-t-il pas prêché le pardon ?...

– Traitez ce que vous voulez, s'écrie Bonzi irrité, pourvu que ce soit au bénéfice de Condé !

Sobieski se dresse, rouge de colère, et vocifère en tapant du pied :

– Vous bafouez mon honneur et ma dignité. Puisqu'il en est ainsi, je préfère me retirer.

Il sort avec fracas et va s'enfermer chez lui.

Deux heures plus tard, Marie Casimire entre chez la reine en agitant un billet qu'un page vient de lui remettre. L'angoisse torture ses traits.

– Qu'avez-vous fait, Madame ? s'écrie-t-elle bouleversée. Le Maréchal veut me voir. Il prétend que par votre faute tout est changé.

– Reprenez-vous, très chère, répond Louise d'un air embarrassé. Quelques mots malheureux ont outrepassé mes pensées. Une réflexion maladroite, je l'avoue. Mais nous finirons bien par trouver une solution.

Elle raconte l'incident. La palatine s'emporte et, dans son désespoir, méprise l'étiquette :

– Vous vous jouez de lui, Madame, et je comprends sa colère. Prenez garde qu'il ne rejoigne les confédérés. Toute la Pologne le suivra. Vous perdrez votre trône, et Condé sera balayé. Quant à moi, je n'ai plus d'avenir. Je sais déjà ce que Jean Sobieski va me dire.

La voix se brise sur des sanglots et la jeune femme s'effondre. La reine l'observe, pensive. Soudain son œil s'allume. Un sourire malicieux éclaire son visage.

– Il vous demande de le recevoir... La situation n'est pas aussi dramatique que vous l'imaginez, ma chère. Vous allez refuser. Il insistera, et vous ferez la sourde oreille. Ainsi vous le piquerez et il s'entêtera pour obtenir son entrevue. Votre silence l'intriguera et le fatiguera. Dans quelques jours, lorsque vous lui accorderez enfin ce qu'il réclame, il aura oublié les reproches qu'il voulait exprimer et vous remerciera de la grâce dont vous l'honorez.

Prête à tout pour espérer, Marie Casimire relève son visage vers la souveraine.

– Croyez-vous ? demande-t-elle en séchant ses larmes.

– J'en suis certaine ! rétorque Louise.

Quittant son fauteuil, elle s'approche de la jeune femme et soulève le visage brouillé qu'elle découvre de ses voiles.

– Ne doutez pas de vos charmes, très chère. Il tombera dans le piège, et je serai là pour le confondre. Une petite comédie à l'italienne qui nous permettra de brusquer les choses et ne lui laissera pas le temps de réfléchir.

Postée derrière les rideaux de sa fenêtre qu'elle entrouvre à peine, Marie Casimire sonde l'obscurité. Son cœur cogne. Jean viendra-t-il ? Suivant les instructions de la reine, elle s'est tue pendant plus d'une semaine avant de le convoquer sous les tilleuls du parc à la tombée du jour. L'air est plein de senteurs en cette fin de mai, des oiseaux pépient dans les ramures et les eaux de la Vistule clapotent doucement sous les ormeaux de la rive. Elle sursaute en reconnaissant la haute silhouette qui longe les terrasses et disparaît dans l'ombre des arbres.

– Il est là, Vania. Va le chercher.

Armée d'un lumignon, la servante se presse à la rencontre de l'officier tandis que la palatine revient vers son miroir. Pendant plus de quatre heures, elle s'est préparée à cette rencontre. Dans le pavillon de bains, l'esclave tatare l'a massée, huilée, parfumée, coiffée, habillée. Tous ses charmes sont en attente, prêts à séduire. Dans un souci de perfection, elle ajuste quelques boucles, ébouriffe les dentelles de son décolleté, mord ses lèvres pour les rougir, puis s'installe sur un lit de repos et ordonne avec soin les plis de son négligé en satin damassé. L'émotion serre sa gorge et palpite dans ses veines.

Les marches craquent dans l'escalier dérobé. Une porte s'ouvre doucement. L'instant d'après, le colosse est à ses pieds et l'enveloppe d'un regard plein de désir.

– Pourquoi ces dérobades, mon âme ? murmure-t-il.

Elle ne peut répondre. Les bras de Jean l'enserrent et il dévore ses lèvres. Elle n'a plus de défense et s'abandonne aux mains qui emprisonnent sa gorge et descendent le long de ses reins. Dans un éclair de conscience, pourtant, elle le repousse doucement.

– Vous ne voulez pas de moi ? demande-t-il d'une voix douloureuse.

– C'est une chose difficile à expliquer. Il s'agit de ma santé...

Le mal, Paris, le traitement, elle commence à raconter, mais aux premiers mots il l'interrompt :

– Il suffit, Madame, je vous aime.

Il l'enlève et l'emporte jusqu'à la chambre voisine. Sur le lit encombré de fourrures et de coussins, il la dépose et, lentement la dénude, découvrant un corps menu et gracile dont la perfection l'éblouit.

– Je n'imaginais pas une telle beauté, dit-il, ému. Regarde comme le « Cavalier »[1] s'embrase. Mais je prendrai mon temps. Je veux te caresser, t'embrasser. Chaque parcelle de toi vibrera de ce qui me fait vibrer. Je t'enivrerai comme tu m'enivres déjà. Viens, mon amour, laisse-toi aimer.

Marie Casimire entend ces mots pour la première fois. Le grand corps musclé de son hussard s'enroule autour du sien. Sa peau, son odeur lui font perdre la tête. Les mains courent le long de ses jambes. Les doigts se font doux, des baisers fous embrasent son ventre et, pour la première fois, son cœur s'envole dans les nuées.

Leur fougue rassasiée, ils restent enlacés. L'un contre l'autre, ils ne font qu'un et ne veulent plus se séparer.

– Mon âme et mon tout, ne cesse-t-il de répéter.

– M'aimeras-tu toujours aussi fort ? demande-t-elle.

– Le monde bouleversera son ordre avant que je ne change. Tu es mon unique et pour longtemps.

Soudain ils se figent. La reine est au pied du lit. Dans leur hâte, ils n'avaient pas pris la peine de tirer les rideaux. Elle est entrée sans faire de bruit et feint la surprise. Jouant la colère, elle explose en reproches et grands mots :

1. L'un des surnoms que Sobieski donne à son sexe qu'il appellera aussi la Sentinelle, le Factionnaire ou le Grand d'Espagne... Noms qu'il reprendra dans leur correspondance intime.

– Scandale, outrage, crime de lèse-majesté !

Marie Casimire, amusée, s'enfonce sous les dentelles pour y cacher son hilarité. Sobieski, abasourdi, ne sait plus que dire. On le chapitre, on le sermonne, on lui parle d'honneur et de réparation.

– Vous n'avez qu'un désir, je suppose, conclut Louise, épouser Madame Zamoyska.

– Assurément, Madame.

– Eh bien, Monsieur le Grand-Maréchal, nous vous attendons dans une heure en notre oratoire.

Il est minuit lorsque le confesseur de la reine entre dans la chapelle du Palais. Auprès de Jean Casimir, au premier rang, Louise jubile. L'intermède l'amuse. Il lui assure du même coup un serviteur enchaîné qui ne peut plus se rétracter. Qu'aurait-il fait si l'on avait attendu le délai de décence ? Sur les bancs tendus de velours cramoisi, on reconnaît l'évêque de Béziers, le secrétaire Jean des Noyers et le chambellan de Kiev. Ils seront les seuls témoins de cette cérémonie secrète. Emus et recueillis, Marie Casimire et Jean sont agenouillés devant l'autel que surplombe, dans son cadre d'or, la madone de Czestochowa. Les flammes des cierges vacillent. Le prêtre prononce les paroles sacrées, ils échangent des anneaux et joignent leurs mains. Jean se penche alors vers Marysienka.

– Foi et amour, murmure-t-il.

A son tour elle répète le serment prononcé quatre ans plus tôt dans la chapelle des pères carmes. Cette fois, plus de blasphème. Dieu bénit leur union.

Le lit étroit multiplie leurs étreintes, mais au petit matin, Sobieski s'esquive discrètement. Le mariage ne peut être ébruité. Le prince défunt n'est pas enterré, et Madame Sobieska reste officiellement la veuve Zamoyska. Ils sont pris au piège de cette politique qui les pousse malgré eux vers un destin qu'ils sont loin d'imaginer. Pour l'heure, l'un comme l'autre doit tenir son rôle, la comédie n'est pas terminée. On attend le second acte, et c'est à Zamosc qu'il doit se jouer.

De divers coins de Pologne, des seigneurs des plus hautes familles, accompagnés de leurs armées et de leurs milices domestiques, font route vers la forteresse. Parents et collatéraux du prince Zamoyski vont revendiquer leur héritage et l'on s'inquiète, au Palais de Varsovie, de savoir entre quelles mains tombera cette place dont on connaît l'importance stratégique. Le bruit court déjà que Lubomirski veut s'en emparer. Marie Casimire se met en route. On lui donne une compagnie d'infanterie pour l'escorter. Elle aussi a des prétentions à faire respecter : les starosties de sa dot et ses meubles. Le 5 juin, son cortège arrive devant les murs de la ville. Un gentilhomme servant la précède et se présente au château pour annoncer Pani Zamoyska. Les ponts sont rompus et la poterne est fermée. Griselda réplique aussitôt d'une voix rageuse :

– Elle ne nous a pas invités à sa noce, nous ne l'inviterons pas à l'enterrement !

Marie Casimire blêmit. Qui a éventé le secret ? Elle insiste. Ses gens de pied veulent donner l'assaut, mais un officier les retient. Une foule dense s'est rassemblée aux abords des douves, et des clameurs hostiles se font entendre. La palatine sort de son carrosse pour se faire reconnaître.

– Savez-vous à qui vous parlez ? vocifère un dragon de l'escorte.

– Oui, à Madame Sobieska ! dit un homme.

– Arrière, la femme à Sobek ! [1] crie-t-on de tous côtés. Arrière, la Sobkowa !

La veuve conspuée regagne sa voiture et tourne bride. Pleurant de honte et de dépit, elle se réfugie à Pielaskowice où Jean Sobieski, obéissant aux ordres de la reine, a rassemblé quelques troupes, prêt à intercepter l'ex-Maréchal, si d'aventure ce dernier tentait de prendre Zamosc.

– Ne dites rien, mon cœur, je sais, dit-il d'une voix émue. Des histoires pitoyables sur vous et moi courent les villages et les couvents. C'est bien ce que je craignais. La reine peut voir

1. Sobriquet désobligeant donné à Sobieski.

les effets de ses agissements importuns. Nous sommes la risée et l'objet de tous les commérages.

Il prend dans sa poche un papier et lit à haute voix une « Sérénade de minuit pour les noces extraordinaires d'un illustre couple, entonnée à Varsovie, l'affaire faite ». Un long poème en vers sur l'habile façon de devancer le sacrement et d'en lancer la mode.

– Ce libelle est le plus clément, conclut-il. D'autres, bien plus cruels, circulent à notre sujet.

– Comment se peut-il ? demande-t-elle, atterrée. Sa Majesté avait promis le secret.

– Tout le mal vient de son fâcheux empressement. Mais puisque l'intention est bonne, que Dieu lui pardonne.

Il s'approche de Marie Casimire et l'enlace.

– Viens, ma charmante petite femme. Ta beauté m'a si fort pénétré la tête que je n'ai pu fermer l'œil de la nuit. Viens, ma Clytemnestre, dans les bras de ton Caligula !

D'un geste vif, il la soulève et l'emporte dans ses appartements qui, pendant deux jours et deux nuits, abriteront leurs ébats et leurs serments. En hâte, comme des affamés, ils font provision de bonheur avant d'affronter d'autres tourments. Les roses et les tilleuls embaument sous les fenêtres ouvertes, et le rossignol chante. Sous le ciel de lit monte une autre romance. La passion dicte ses mots et guide leurs gestes. Le même désir les embrase dont ils ne peuvent se rassasier. Les heures passent trop vite, la lune de miel est trop courte. On s'embrasse encore, mais il faut se séparer. Jean Sobieski prend la route de Lvov.

– De nombreux régiments flottent encore, explique-t-il. Je vais les rallier à la cause du roi. Le Khan de Crimée nous a promis des renforts et je dois m'en assurer. Nous nous reverrons à Varsovie.

– Revenez vite, dit-elle d'une voix haletante.

– N'aie crainte, mon âme, la Poudre rejoindra son Aurore et ne la quittera plus jamais.

# XIV

La « Comédie » de Louise n'est pas terminée. Il lui manque un dernier acte, celui qui dénoue les malentendus. Le glas de Zamosc s'est tu et les cloches de Varsovie carillonnent allégrement pour célébrer les noces officielles du Grand-Maréchal et de la veuve Zamoyska.

Le 5 juillet 1665, le soleil n'est pas encore levé lorsqu'une cavalcade impressionnante emplit de ses martèlements les rues de la capitale. Précédé de heiduques hongrois et des cosaques de sa garde qui brandissent des torches, Jean Sobieski se rend au Palais. Il est suivi d'un millier de gentilshommes, domestiques et valets vêtus de livrées aux couleurs éclatantes et de riches armures. Sur un joupane lamé d'argent et boutonné de saphirs, il porte une veste de velours bleu qui souligne sa forte carrure. Une aigrette d'or et de diamants frémit sur le bonnet bordé de martre. A sa ceinture pend un sabre à fourreau d'or incrusté de saphirs, et son cheval est caparaçonné d'un tissu de perles fines rebrodé de pierreries.

Pendant ce temps, dans le boudoir de la reine, Marie Casimire, fébrile, termine sa toilette. Une splendide robe mauve lamée d'argent sur un corps de dentelles argentées souligne sa silhouette menue et rehausse l'éclat de son visage encadré de frisons. L'émotion met un peu de rose sur ses joues nacrées lorsque Louise, les yeux humides, s'approche et pose un diadème d'émeraudes sur les cheveux savamment dressés.

Selon les usages, le porte-enseigne du Maréchal est venu, la veille, présenter la demande de son maître. Ses harangues ont vanté les incomparables vertus du héros qui le mandait, la gloire éclatante de ses pères, sans oublier l'illustre aïeul, le grand hetman Zolkiewski. Jean des Noyers, au nom de la souveraine, a porté aux nues les attraits, la modestie et les dons brillants de Madame Zamoyska. Louise inclina la tête en signe d'acquiescement, tandis qu'on ouvrait un coffret contenant le diadème des Sobieski accompagné de l'indispensable couronne de romarin.

– Les gestes se répètent, dit Marie Casimire, songeuse. Et pourtant, nous ne sommes plus les mêmes.

– N'êtes-vous pas heureuse ? demande Louise.

– Comme je l'étais alors, mais d'une manière bien différente.

L'ingénue qui épousait le prince Zamoyski cachait, sous le voile brodé de lacs de perles, mille espoirs et autant d'illusions. Elle rêvait d'être aimée, anxieuse de ne pas l'être. Aujourd'hui, la veuve a rejeté le crêpe et ne craint pas de montrer son visage que les épreuves ont épuré, donnant plus de gravité à son exceptionnelle beauté. Une certitude habite son âme. L'amour d'un homme brûle son cœur, mais elle a peur parfois de ne savoir l'aimer avec le même feu qu'il lui témoigne. Le souvenir des dernières étreintes embrase tout son être. Elle se tourne vers le miroir et jette un dernier regard sur le petit grain sombre au rebord de sa gorge, imaginant les lèvres impatientes de le dévorer.

Par les fenêtres ouvertes, on entend des cris et des rires. Les pages et demoiselles d'honneur s'amusent à ralentir le cortège qui pénètre dans la cour du Palais, accueilli par des fanfares et des chants d'allégresse. La pompe et les épithalames ont effacé le scandale. Toute la noblesse se presse autour du roi, et la procession se met en place pour accompagner à l'église le couple, hier encore, honni.

– Pour apaiser l'opinion, on l'abreuve de traditions, murmure Louise.

Elle prend la main de Marie Casimire.

– Venez, très chère, le Grand-Maréchal vous attend !

Il a pris place sous la voûte du chœur, immobile et grave. Et lorsque les orgues éclatent, il se maîtrise pour ne pas se retourner. Les murmures d'admiration bercent son oreille et lui font oublier les avanies de la veille. Un frémissement agite la fossette de son menton, et les perles du gant que ses mains torturent roulent sur les dalles de pierre sans faire de bruit. Le regard de Marie Casimire, qui remonte l'allée aux côtés de la reine, brûle ses reins et transperce sa nuque. Elle s'installe près de lui et sourit avec grâce. L'émotion empourpre son visage lorsqu'il ose enfin la contempler, ébloui.

– Joie de mon âme ! murmure-t-il.

De leurs fauteuils dorés, les souverains de Pologne, vêtus d'hermine et coiffés de leurs couronnes, donnent leur consentement d'un signe de tête. Louise soupire, radieuse, et le nonce du pape, le cardinal Pignatelli, assisté de l'évêque de Béziers, prononce les paroles sacrées et bénit les anneaux. Pour la seconde fois, ils sont unis par les liens du mariage. Mais cette fois, ils n'ont plus à s'en cacher. Cependant, la mariée étant veuve depuis trois mois seulement, la noce ne durera que trois jours.

Le roi leur offre un festin avec un bal qui se prolonge toute la nuit. Le lendemain, Marie Casimire préside la traditionnelle remise des cadeaux, et l'on remarque que, pour la circonstance, Louise lui a laissé son trône. Le troisième jour enfin, Leurs Majestés Sacrées, escortées d'une nombreuse cavalcade, conduisent la Maréchale à son époux qui les régale, ainsi que toute la cour, d'un banquet extraordinaire dont on parlera longtemps. Quartiers de chevreuil, élans tout entiers, pieds d'ours, queues de castor et autres mets dispendieux et raffinés défilent inlassablement autour des tables. Sur les nappes de dentelle, fixées par des clous de peur qu'on ne les volât, une splendide vaisselle d'or et d'argent scintille dans une forêt de chandeliers et de candélabres. Quatre tonneaux de vin de Hongrie ont été mis en perce et le vin français coule à flots. Des clameurs joyeuses accompagnent les violons, mais des querelles ne tardent pas à couvrir le bruit des instruments. Des légions de valets se jettent sur les débris du festin, on s'empoigne et les cristaux sont mis en pièces. Les coups de sabre s'échangent aussi bien que les toasts dans une orgie sanglante que suit une affreuse mêlée. Une fois de plus la coutume est respectée.

Les époux s'échappent. Le roi, la reine et ses dames, ainsi qu'une foule de Grands les suivent dans leurs appartements jusqu'à la couche nuptiale, et Louise « tire les rideaux ».

– Que le Maréchal n'oublie pas son devoir, susurre-t-elle dans l'oreille de sa protégée. Le roi nous quitte à l'instant avec son armée.

Le cœur de Marie Casimire se serre, mais les mains de Jean sur son ventre l'empêchent de penser. Tandis que les pas des invités crépitent encore sur le parquet de la chambre, il la serre contre lui, prend ses lèvres et l'embrase de ses caresses.

– La nuit sera courte, mon âme. N'enlevons aucun instant à notre amour.

Une angoisse sourde étreint la jeune femme et attise ses sens. La guerre, une fois de plus, se dresse en rivale. Voudrait-elle lui prendre son homme ? Sur les champs de bataille la mort guette, mais aussi les Valaques et Tcherkesses qui raniment les courages dans la chaleur de leurs cuisses. Que fera Jean loin d'elle ? Oubliera-t-il ses habitudes passées ? De ses armes de chair elle va le marquer pour le garder plus sûrement.

– Laisse-moi t'aimer, lui dit-elle en s'agenouillant près de lui.

Ses mains expertes ne cherchent plus à dominer comme autrefois. Elles donnent pour le plaisir de donner, et la jouissance de Jean l'envahit d'un désir fou qui l'enivre à son tour. Elle se donne en donnant, comme il se donne en recevant. Leurs cœurs et leurs corps se répondent, vibrant d'une même fièvre qu'ils ne peuvent apaiser.

L'aube interrompt leurs ébats. Le Maréchal se lève, revêt une cotte de buffle et saisit son sabre. Le devoir l'appelle auprès de Jean Casimir. L'armée royale a franchi la Vistule au cours de la nuit pour protéger les abords de Varsovie. Une dépêche, reçue pendant la cérémonie de mariage, annonçait que Lubomirski était sorti de Silésie et marchait sur la capitale avec cinq mille hommes. Il faut se séparer, et l'on s'embrasse en versant force larmes.

– Je te garde dans mon cœur, lui dit-elle.

– Ce que je redoutais se produit, dit Sobieski. La guerre civile va ravager le pays.

Un écuyer entre à cet instant et lui apprend que son domaine de Zolkiew est en flammes. Lubomirski a tout saccagé.

– Basse vengeance ! rugit-il.

L'œil sombre sous le bonnet fourré, il s'en va rejoindre son escorte qui piétine dans la cour, et talonne sa monture dans un fracas de cris et de claquements de fouets. Seule dans son lit, Marie Casimire n'entend plus que les craquements du feu. Ils déchirent le silence de la chambre où le vide s'installe. Tout vacille dans la lueur hésitante des bougies. Elle frissonne et se recroqueville sous les draps tièdes. Les oreillers conservent l'odeur de leurs étreintes, et ses bras s'enroulent autour de son corps pour y retenir les ardeurs de la nuit. Jean est parti, la vie s'arrête. Ne devrait-elle pas rester ainsi jusqu'à son retour ?

Mais il n'a pas plus tôt tourné le dos que ses lettres arrivent en avalanche.

« Ma bien-aimée et belle petite femme ! J'ignore s'il vous arrive d'y penser quelquefois. Pour moi, que je dorme, que je mange ou marche, tous vos charmes ne quittent pas ma pensée. Je m'étonne moi-même à quel point vous m'avez changé, mon unique. Mes envies et mes appétits sont grands, et les occasions ne manquent pas, et pourtant je n'arrive pas à pécher contre vous, même en pensée je le jure. »[1]

La voilà rassurée. Il ne regarde plus les Valaques. Elle prend sa plume et s'enhardit à lui écrire des choses folles qui l'enflamment et le tiennent en haleine. D'autres missives arrivent sans tarder :

« La petite "Mouche"[2] me fait languir et je ne sais comment faire sans elle. Surtout maintenant que vous me l'avez rappelée et m'avez invité à la baiser. Si on pouvait voler avec le vent, j'embrasserais tous vos charmes non un million de fois mais cent millions. »[3]

Dans un court billet, il ajoute :

« Je voudrais me changer en puce, non pour incommoder votre corps si joli et si délicat, mais pour séjourner sous ce déguisement discret dans votre adorable intimité. Ne doutez pas que ma "Sentinelle" languisse, pourtant elle ne songe à servir nulle part ailleurs, tant le logis chez la petite "Mouche" lui sied.»[4]

Les serments se multiplient. Leur passion grandit au fil des mots que tracent leurs plumes fébriles. Et pour mieux l'entretenir, Marie Casimire envoie des citrons, des abricots, des marrons, du chocolat et un bracelet de ses cheveux tissés. Elle brode des coussins pour le sommeil de son aimé, ainsi que des rideaux pour sa tente. Les jours passent, la séparation se prolonge, et la jeune femme se lamente. La guerre s'éternise et la prive de son époux.

Lubomirski a pris la tête de l'armée confédérée. Les nobles de plusieurs palatinats le suivent. L'Autriche et le Brandebourg le soutiennent. En face de lui, l'armée royale sous les ordres du vieux hetman Potocki ne fait pas le poids : des soldats en guenilles qui réclament du pain et leurs soldes impayées ; des officiers qui rechignent à se battre contre l'un des leurs, d'autant que le Prince d'Empire a des quartiers de

1. Lettre authentique.
2. Surnom donné au sexe de Marie Casimire.
3 et 4. Lettres authentiques.

noblesse qui font de lui l'égal du roi. Sobieski fait de son mieux. Il n'approuve pas la conduite de Jean Casimir qui n'a ni ordre ni discipline. Chacun donne son avis. Marches et contremarches font de cette campagne une surprenante farandole. A son tour il se plaint auprès de Marysienka. La reine ne tient pas ses promesses. L'issue du conflit est compromise.

« Nous n'avons reçu que la moitié de l'argent prévu. A quoi bon m'avoir menti ? Il faudrait que tout le monde s'y mette. Pour donner l'exemple, j'offre tout ce que j'ai, car on est au pied du mur. Si on ne récolte pas les sommes nécessaires, nous périrons à coup sûr. Veuillez le raconter, Madame. » [1]

Sans attendre, Marie Casimire fait atteler son carrosse et se précipite au Palais du Jardin, bien décidée à éclaircir l'affaire et soutenir la cause de son époux qui est devenue la sienne. Elle le défendra bec et ongles et ne permettra pas qu'on se joue de lui. Louise l'écoute d'un air embarrassé et laisse tomber d'une voix lasse :

– Le royaume de Pologne est à vendre !

L'évêque de Béziers s'agite et retourne ses poches. La reine réfléchit et dicte une lettre pour Condé qu'elle prie d'intervenir auprès du roi de France.

– Le Prince est un bon plaideur, remarque Bonzi. Nous tirerons bien un million.

– Je n'en espère pas moins, rétorque Louise.

Ses yeux retrouvent leur feu et son visage s'anime d'un sourire. Elle se tourne vers Marie Casimire :

– Rassurez le Maréchal, très chère. Son aide est des plus précieuses, et Sa Majesté Très-Chrétienne saura se montrer reconnaissante à ceux qui favorisent ses vues. *Omnibus modis,* nous mettrons Condé sur le trône.

– Cette entreprise, pour le Roi [2], n'a pas de prix, ajoute l'évêque avec autorité. Il ne pense qu'à écraser l'Empereur et

1. Lettre authentique.
2. L'Europe entière appelait Louis XIV le Roi.

lui arracher sa couronne. L'argent et les récompenses ne manqueront pas.

Le prélat fait quelques pas vers la jeune femme qu'il s'amuse à courtiser.

– Il ne déplairait pas à mon souverain d'avoir une Maréchale aussi charmante à sa cour.

– Précisez, je vous prie, Monsieur l'Ambassadeur.

– Monsieur Sobieski refuserait-il le titre de Maréchal de France ?

Paris, le Louvre, et ce Versailles dont on parle, qui demain éclipsera Saint-Germain. La cour, le tabouret, les titres... De nouveau les mots tourbillonnent et Marie Casimire se grise. L'évêque pervers, prodigue de promesses, fait miroiter mille gloires. Avec lui, elle joue au reversi et bâtit des châteaux en Espagne. Partir devient son unique pensée. Partir loin de cette Pologne déchirée qui lui enlève son mari et pourrait le lui prendre pour toujours. Fuir les humiliations qui se répètent avec l'ouverture de la succession Zamoyski. Elle aurait bien besoin de Jean pour la défendre. Mais il se bat pour une Pologne ingrate qui ne lui reconnaît pas sa nouvelle charge et ne manque aucune occasion de le bafouer. Ne seraient-ils pas plus heureux tous les deux sous d'autres cieux ?

A la fin d'août, Marie Casimire se rend à Zamosc pour l'ouverture du testament. D'âpres discussions l'opposent aux notaires et hommes de loi. Ses starosties sont hypothéquées et on lui conteste ses meubles. On la vole, elle se révolte. Sobieski accourt et hausse le ton. Il connaît les comptes et défend le douaire de son épouse. Ensemble, ils regagnent Varsovie et ce voyage est leur lune de miel.

– Aime-moi toujours comme en ce moment, lui dit-il, tu es la maîtresse absolue de mon cœur et de mon repos.

Sûre de son effet, elle lui parle de Paris, de ses entretiens avec la reine et des promesses de l'évêque de Béziers. Mais il se regimbe :

– Allez-vous me sacrifier aux intérêts de la France pour des chimères ? On vous promet que Louis nous sera obligé, on vous promet la gloire, des récompenses ? Mais c'est une bouffonnade on ne peut plus grosse. Vous dites que la reine se souvient de moi, voilà bien la seule récompense, car en réalité je n'en ai eu aucune et n'en espère aucune. Ne soyez pas crédule, Madame. Oubliez tous ces beaux mots et pensez un peu mieux à moi.

Elle n'insiste pas, le berce de caresses, et lui parle d'amour.

– Ne me laisse plus seule, Iachou. J'ai besoin de toi comme l'air que je respire.

– Crois-tu que je me plaise au camp ? Si tu étais là, je ne m'en lasserais pas et trouverais notre errance délicieuse. Laisse-moi encore m'enivrer de cette petite Mouche sans laquelle le Cavalier baisse le nez.

Les heures de bonheur sont comptées pour le guerrier. Les adieux déchirent le cœur. On s'écrit encore, chaque jour presque, des mots brûlants, des chansons qui caressent l'âme, et l'on attend les prochaines étreintes.

– Combien de temps durera cette guerre ? demande-t-elle, désespérée.

– Nul ne le sait, répond-il. Au train où vont les choses nous y périrons tous.

Alors, pour écourter l'absence, on se donne des rendez-vous. Une auberge ou une grange, lorsqu'il n'y a pas de château. Accompagnée d'une seule femme de chambre, Marysienka court la campagne sur des chemins défoncés. Trente, cinquante ou soixante lieues, peu importe la distance. Dans ses pensées comme dans son cœur il n'y a que Jean, le bleu de ses yeux, ses traits burinés par les vents et ce grand corps qui l'engloutit dans sa chaleur puis s'abandonne comme un enfant. Ils s'aiment à Czersk [1] et croient expirer au moment de se séparer.

– Une heure sans vous devient un siècle ! s'écrie-t-elle. Jugez d'une semaine loin de vous.

Quelques jours plus tard ils sont à Iavorow et s'étourdissent, puis à Chmiel d'où il repart aussitôt. Que de larmes alors.

1. Se prononce Chtersk.

– Non, gémit-elle. Nous n'avons pas le temps de tout dire. Ne pourrions-nous demeurer enfermés dans un tronc d'arbre creux, loin de tous les hommes ?

Pour lui, elle oublie ses exigences, son confort et les raffinements de son palais de Varsovie. De chaumière en couvent, elle traîne une malle de hardes, une baignoire en argent et son coffre de toilette où sont rangées toutes les lotions, crèmes, poudres et eaux de senteur qui la rendront plus désirable. Au long des plaines et vallons, d'étreinte en étreinte, elle poursuit son amour et n'imagine d'autre bonheur que de se perdre dans les bras de Jean.

Un autre billet arrive, plus vibrant encore :

« Ne me trompez pas dans mon attente, mon unique. Que je vous trouve en cet heureux Mszczonow [1] qui enfermera tous mes trésors, toutes mes joies. Déjà j'en perds le sommeil et le manger. L'image de tous les plaisirs, de toutes les délices me hante sans cesse. Je vois cette grâce du premier accueil, comme jamais femme au monde n'en montra de semblable. »

Elle se précipite, impatiente, et transforme le bouge en palais. Il arrive et s'enivre dans le tourbillon de sa fougue, prend un peu de repos et la laisse désemparée, le corps brisé.

– A très bientôt, dit-il après un dernier baiser. Et que la reine se rassure. Si le traité est rompu, comme je le pressens, nous achèverons cette guerre par une grande victoire avant la fin de l'hiver.

Ces derniers mots raniment son courage. Remplie d'espoir, Marie Casimire regagne Varsovie et se présente au Palais où les commentaires vont bon train. Lubomirski accepte de parlementer, mais on refuse ses conditions.

– Ses deux bâtons contre la paix ? s'écrie la reine. Jamais !

Les pourparlers s'interrompent et la guerre recommence. Des solides renforts ont rejoint l'ex-Maréchal. Autour de Jean Casimir, on vacille. Le roi veut se retirer de la frontière de Lituanie mais se reprend et marche sur l'ennemi qu'il sur-

1. Se prononce Mchtonov.

prend près de Torun. Lubomirski, affaibli, se modère. Il ne réclame plus que ses biens et son honneur.

– Nous lui permettrons aussi de sortir du royaume, dit Louise. A ce prix nous signons une trêve.

Marie Casimire se réjouit. Le retour de Jean est proche. Mais l'inquiétude ternit son enthousiasme. Une partie de l'opinion soutient encore le prince rebelle et des pamphlets circulent contre le nouveau Maréchal. La Diète qui se réunit en ce printemps de l'an 1666 conteste la légitimité de sa fonction, et la ville gronde contre Jean Sobieski surnommé le « Caligula qui tient la main dans ses chausses ». Où est-il et quand viendra-t-il ? Un billet rassure la jeune femme. Jean est à Zolkiew et lui demande de se mettre en route pour le retrouver. Elle le voudrait. Son impatience est grande de se blottir contre lui et d'oublier tout ce qui n'est pas leur amour. Elle hésite cependant. Depuis quelques jours les vieux démons se manifestent : fièvre, nausées, vertiges. Est-elle enceinte ? Les médecins hochent la tête, soucieux, et déconseillent le voyage. Elle ne sait plus que décider lorsque la reine la fait appeler.

Les rumeurs qui agitent la ville perturbent Louise. Elle redoute un affrontement sanglant. Et pour calmer les esprits, elle ne voit qu'une solution : écarter Sobieski. Elle l'a convoqué, mais il fait la sourde oreille. Résisterait-il aux appels de Marie Casimire ? Habilement, elle manipule sa protégée.

– Vous avez l'air souffrant, lui dit-elle sur un ton doucereux. Vos périples à travers la campagne vous tuent. A vouloir contenter votre mari, vous ruinez votre santé.

– Le Maréchal me demande de le rejoindre, mais je n'ai plus la force de courir après lui comme un gendarme. Les médecins me recommandent le repos.

– Seriez-vous grosse ?

– J'en ai les symptômes, aucune certitude encore.

– Alors exigez qu'il vienne à votre chevet.

Marie Casimire écrit aussitôt, mais Jean refuse de se montrer à Varsovie lorsque la Diète est réunie :

« Leurs Majestés ont besoin de mon arrivée officielle pour mon plus grand embarras et non pour mon conseil ou mes services, car il ne s'agit pas de délibérer mais de me reprendre ce que l'on m'a accordé pour le rendre à l'autre. J'estime avoir assez fait en me prêtant à une bouffonnerie telle qu'à peine un dixième de la Pologne m'accepte comme Grand-Maréchal de la Couronne. On me fait haïr par tous pour m'attacher comme un esclave. On m'attire maintenant pour me plonger dans le désespoir. Il faut demander des choses justes aux amis qui le sont également, sans sacrifier leur honneur aux intentions politiques. » [1]

Cette réponse irrite la jeune femme. Elle connaît depuis longtemps le caractère fluctuant de la reine que, dans ses lettres, elle nomme la Girouette ou le Caméléon, ainsi que son goût immodéré pour l'intrigue. Des propos saisis au travers des courtines lui ont appris ses intentions perverses au sujet de Jean. Loin de se laisser confondre par ses amabilités, elle veut en jouer à son tour. La persistance des calomnies et le mauvais état de sa santé ont réveillé son vieux rêve : vivre en France avec celui qui est devenu son époux. Mais pourquoi se cabre-t-il ainsi alors qu'en venant s'expliquer de vive voix il ne resterait pas sans avantages ? S'il n'est plus Grand-Maréchal de la Couronne, il pourrait être Maréchal de France, comme le lui a assuré Pierre de Bonzi. Au diable la Pologne et ses ragots, si Paris leur offre des honneurs et la tranquillité. Agir dans le sens de Louise ne peut que servir ses intérêts qu'elle croit être aussi ceux de Jean. Elle revient à la charge auprès de lui, laisse entrevoir quelques promesses et réclame son retour en l'accusant de négligence et d'indifférence. Il rétorque aussitôt :

« Que ceux qui vous apprennent ces termes s'appliquent à ne pas nous perdre. J'ignore ce qui vous arrive, mon cœur. On dirait que les affaires de l'Etat vous occupent toute la tête. Méfiez-vous de ceux qui ne contentent que l'imagination, ne laissant que du vent et de la fumée, car je le vois bien : les

1. Lettre authentique.

plus grands monarques choisissent le profit avant tout et le présentent sous un beau titre, “raggione di stato”. »[1]

Il fait cependant une concession et propose une auberge près de Varsovie. Elle accepte, mais au dernier moment, obéissant aux ordres de Louise, elle annonce qu'elle doit garder le lit et réclame sa présence auprès d'elle. Le manège réussit. A la fin d'avril, le Maréchal contesté entre dans la ville et subit les opprobres qu'il redoutait. Poliment, il rabroue son épouse :

– Quel plaisir prenez-vous à m'écrire des choses qui me tuent ? L'un de vos ennemis vous a soufflé cette méthode pour vous faire perdre votre mari.

Il peste contre la cour et elle le chicane, répétant qu'elle préférerait vivre à Paris et que, par amour pour elle, il devrait tout faire pour lui plaire. Il se couche alors et pleure comme un enfant, désespéré de n'être pas aimé. Marie Casimire, bouleversée, le prend dans ses bras et le console.

– Pardonne mes maladresses, dit-elle. Je ne veux que notre bonheur, loin des avanies que ce pays nous fait endurer. Ne perds point cœur, Iachou. Je ne t'abandonne pas.

– Tu es mon premier et mon dernier amour, Marysienka ! Ne l'oublie pas.

La guerre recommence. Lubomirski a rompu la trêve. Jean Casimir rassemble une armée et remet à Sobieski le bâton de Hetman de camp. Lui seul possède assez de poigne pour rétablir la discipline dans les rangs incontrôlés. Lui seul, il est vrai, a vidé ses coffres afin de distribuer les soldes impayées, et les soldats lui jurent obéissance et fidélité. Après une poursuite épuisante, les deux partis s'affrontent près des marais de Matwy. Le roi ordonne à ses régiments de franchir le gué, et les rebelles les taillent en pièces. Sobieski, en première ligne, en réchappe de justesse, discipline la retraite et s'empresse de rassurer Marysienka.

Pendant qu'il rédige un billet tendre, elle lui écrit aussi, et leurs lettres se croisent. Elle ne connaît pas encore la nouvelle

1. « Raison d'Etat. » La lettre est authentique.

du désastre, mais, depuis quelques jours, son cœur se ronge. La fièvre la mine. Son corps s'est amaigri et son teint n'a plus d'éclat. Le plaisir a enflammé sa chair. Il lui faut tempérer ses ardeurs pour ne pas réveiller le « Mal » et le transmettre.

– Il y va de votre vie, dit le médecin venu de Chine.

Les mots lui glacent le sang. Le choc est si violent que, sans ménagement, elle annonce à Jean qu'il va être veuf. Sa santé est au plus mal, déclare-t-elle, et elle ne veut plus dorénavant avoir de « commerce secret » avec lui. Elle ne consent à le voir que le jour, et encore, car elle est devenue trop laide pour lui plaire. Sobieski s'emporte :

« Vous prétendre malade, c'est tuer ma vie qui ne dépend que de vous ; quant à vous dire laide, je me demande à quoi cela sert. Je place votre beauté au dernier rang. Seules m'ont engagé les qualités de votre âme, qui ne devraient être sujettes à aucun changement. Je vous embrasse pour la bonne nuit, bien qu'on m'en écarte par caprice, par conseil ou par manque d'amour. » [1]

Cette missive amère trouve la jeune femme de meilleure humeur. La fièvre a disparu ainsi que les nausées, et son miroir la conforte sur l'aspect de ses charmes. Dans sa peur de la mort, elle a exagéré la gravité de son état sans penser à la souffrance de Jean. La voilà bien tourmentée. Elle s'en veut de n'avoir mesuré ses propos et ne sait comment réparer.

Un écuyer lui apprend alors que Lubomirski, terrifié par sa victoire sanglante, va présenter sa reddition au roi de Pologne. La reine lui confirme la nouvelle et lui demande de la suivre, car pour rien au monde elle ne veut manquer la cérémonie. Sans hésiter, Marie Casimire s'engouffre dans le carrosse royal. L'événement vient à propos. La surprise aura son effet, et les torts seront effacés.

Au camp de Rawa, Jean Casimir attend Lubomirski sous sa tente. Sobieski est auprès de lui, tenant son bâton de Maréchal. Son visage crispé ne bouge pas d'un poil lorsque, der-

1. Lettre authentique.

rière la reine, il voit entrer Marysienka. Elle cherche son regard et ses joues s'empourprent. Il fait mine de l'ignorer. Toute son attention est pour le prince rebelle qui arrive au même moment. Ce dernier prononce une harangue et prête serment. Il passe ensuite devant chacun de ses pairs et leur donne l'accolade. Il s'arrête enfin devant Sobieski, lui prend la main et se la pose sur la tête. Les toiles sont abaissées à cet instant afin de prendre à témoin l'armée tout entière. Lubomirski s'incline devant son rival. Le nouveau Maréchal de la Couronne est légitimé.

Marie Casimire maîtrise son émotion. Les yeux de Jean se fixent sur elle. Oubliant tout ce qui l'a meurtri, il marche vers elle et se penche en murmurant :

– Le « Cavalier » veut se venger sur le petit « Raisin de Corinthe », et vous ne sauriez le lui refuser.

## XV

LES caresses chassent les malentendus et les ardeurs se réveillent. Ils s'enivrent de baisers fous et s'étourdissent pour rassasier leur fougue que la peur de ne plus se comprendre a rendue plus exigeante. Dans le calme bienfaisant d'une tendresse renouvelée, ils prennent le temps de s'expliquer et de parler de leur avenir. Jean est morose. Les calomnies entachent son honneur et l'emplissent d'amertume. Marie Casimire le rassure. Il est malléable et s'abandonne. Elle le sent, et trouve les mots qui réveillent en lui l'espérance car, pour elle, il n'y a plus de doute. Paris les attend. En soutenant la cause de Louise, ils recevront cette récompense.

– La voie est libre désormais, répète-t-elle. Condé peut arriver.

Jean ne partage pas son enthousiasme. Malgré la reddition spectaculaire de son rival, il se méfie encore. Lubomirski a signé toutes les conventions, mais rien ne lui interdit de se rétracter et de relancer la guerre civile.

– L'homme est puissant, dit-il. La reine n'hésitera pas à me destituer pour racheter son soutien.

– Raison de plus pour ne pas nous laisser humilier, rétorque-t-elle vivement.

– Je veux bien me résigner, Marysienka, mais dans ces conditions je ne resterai pas en Pologne. Et le sacrifice de mon amour-propre mérite des compensations.

Ensemble, ils en fixent la liste et s'entendent sur chaque détail. Jean est à présent le deuxième personnage du royaume et peut s'expatrier avec la bénédiction du plus grand roi de l'Europe. Marie Casimire connaît l'importance de certains enjeux. Les confidences de Louise et les promesses de Bonzi lui ont apporté quelques lumières. Il lui suffira de manœuvrer avec fermeté.

Sur le chemin du retour vers la capitale, elle reprend sa place auprès de la souveraine qui se flatte d'avoir si habilement contourné les pièges et se réjouit de la bonne tournure des événements.

– Tous les hommes s'achètent, explique-t-elle, même un magnat. Il suffit d'y mettre le prix. Avec ce que je lui ai accordé, Lubomirski soutiendra désormais la candidature de Condé ou de son fils le duc d'Enghien dès que le roi aura abdiqué. Ce qui ne saurait tarder. Hier encore Sa Majesté marmonnait : « Je n'aurai plus la tête en repos qu'elle ne soit sous un capuchon. »

Son regard incisif se fixe sur l'évêque de Béziers tandis qu'elle ajoute :

– Il est bien entendu que la France nous aidera à tenir notre engagement et m'enverra une compensation.

Le prélat acquiesce d'un sourire et se penche vers Marie Casimire en lissant sa moustache.

– Le marquis de Lionne, susurre-t-il, m'a confirmé que le Roi est prêt à conférer le titre de Maréchal de France au Maréchal de la Couronne.

– C'est un peu maigre, répond-elle.

La surprise que manifeste son interlocuteur l'amuse et l'enhardit à préciser ses vues.

– Vous semblez oublier, Monseigneur, que le Grand-Maréchal détient présentement des charges civiles et militaires qui font de lui un homme puissant dans le royaume. Il lui faut plus qu'un simple titre pour accorder son appui au candidat du roi de France que la Pologne n'accepte pas volontiers. Vous devrez désormais ajouter l'ordre du Saint-Esprit, un domaine de quatre cent mille livres et le titre de prince. En guise d'épingles, vous accorderez à mon frère, le chevalier d'Arquien, la charge de lieutenant de la Garde royale, et pour moi, ce « tabouret » que Sa Majesté la reine Louise a déjà demandé il y a plus de trois ans.

Bonzi reste sans voix et se plonge dans un recueil de psaumes pour cacher son embarras. Louise s'évente et relève son masque de cuir. Au-dehors, les cavaliers de l'escorte forcent l'allure et soulèvent la poussière du chemin que le soleil d'août dessèche. L'air est irrespirable et la chaleur incommode. Marie Casimire n'y prend garde et se penche à la portière. En tête du cortège, derrière un régiment de cosaques de la Garde, Jean caracole auprès du roi et se retourne à cet instant précis pour la saluer de son sabre.

De retour à Varsovie, la santé de la jeune femme s'altère. On parle de grossesse, mais on penche plutôt pour une autre maladie, le scorbut ou quelque chose de plus grave. Sobieski est inquiet. Il doit s'absenter pour reconduire l'armée dans ses quartiers d'hiver en Ukraine, et Marie Casimire se lamente de n'être pas aimée. A quoi lui sert ce mari qui l'abandonne à tout moment après lui avoir juré de ne plus la quitter ? Le souvenir de Zamosc vient hanter sa mémoire. Un curieux destin la poursuit avec cette solitude qui lui fait horreur et cette fièvre qui lui fait peur. Deux mois plus tard, cependant, elle est en état de voyager et prend la route de Lvov pour y rejoindre Jean.

Ils s'enfuient vers Zolkiew et la neige qui voile les forêts sans fond cache leurs amours. Emmitouflés dans des fourrures, ils courent en traîneau, traquant les renards et les loups. De grands feux les accueillent, et les nuits renouvellent leurs étreintes. Ils oublient le monde et croient au bonheur, mais un matin de décembre des hurlements sauvages retentissent aux frontières de l'Ukraine. Des hordes déferlent sur la Pologne et massacrent les régiments royaux.

– Les Tatars aujourd'hui, rugit Sobieski, demain les Moscovites, ensuite viendront les Turcs. Adieu, mon âme. Je hais tous ces jours qui vont nous séparer. Je vous aime. Croyez-le plus que jamais.

– Dieu te garde, mon Ianitchkou. Il écoutera ma prière et nous guidera vers des cieux plus cléments.

Il éperonne son cheval et les cris de ses gardes s'évanouissent dans le lointain. L'immense forêt de sapins s'anime alors. Une armée de petits hommes aux yeux bridés se jette sur les murs de Zolkiew, semant partout la terreur. Entourée de ses pages dont elle a revêtu la livrée, Marie Casimire s'enfuit vers Pielaskowice, échappant par miracle aux faciès burinés qui vocifèrent sur ses talons et finissent par tourner bride en hurlant de dépit. Dans l'antichambre du manoir, un portrait de Jean, immense, lui fait oublier sa peur et donne plus de force à une pensée qui ne la quittera plus : la Pologne la tue et c'est en France qu'elle ira s'installer.

*
* *

A la fin de janvier, le Grand-Maréchal est de retour. Aigri et soucieux. Il s'est démené comme un diable pour battre les Tatars et chasser les Moscovites. Une campagne forcenée qui s'est terminée par un pacte. Le roi de Pologne a plié devant le tsar, ce qui l'emplit d'amertume.

– Nous avons perdu la Russie Blanche et la moitié de l'Ukraine. Alexis campe sur le Dniepr. Il nous faut une armée, sacrebleu ! Si on ne me la donnes, je renonce.

Marie Casimire l'écoute avec un sourire. La colère de Jean est de bon augure et va dans le sens de son plan. Elle le suit à Varsovie où la Diète va se réunir. Il a des choses à dire. Elle aussi, mais d'un autre genre. Tandis qu'il se mêle aux sénateurs qui déambulent vers la salle du trône, elle rejoint le cabinet de Louise et découvre une reine en proie à une agitation extrême. Lubomirski, une fois de plus, la rend folle. Il a déchiré les conventions et menace de relancer la guerre civile.

– Un coup de l'Autriche, je le sens, s'écrie Louise en martelant la table de son poing. L'Empereur veut notre trône.

– Sa Majesté Très-Chrétienne ne lui en laissera point le loisir, répond l'évêque de Béziers fort animé lui aussi. Condé et ses dix mille hommes n'attendent qu'un mot pour faire voile sur Dantzig.

– Bonzi, tout cela ne me plaît pas, gémit-elle encore. A tant vouloir le bien de la Pologne nous risquons de l'anéantir à jamais. Les Polonais se soulèveront et le pays explosera.

Marie Casimire, qui se tient près de la porte de la pièce, n'a rien perdu de la conversation et toussote pour manifester sa présence. Sous la marmotte qui dissimule les cheveux blanchis, le visage fatigué de la reine s'illumine. Elle lui fait signe de s'approcher.

– J'espère, très chère, que vous m'apportez une heureuse nouvelle ! s'exclame-t-elle. Votre époux accepterait-il d'abandonner ses charges ?

La jeune femme s'installe dans un fauteuil en face de la souveraine et garde le silence. On a besoin d'elle. Le moment est venu de jouer avec finesse, mais avant de se déclarer, il lui faut d'autres explications et surtout des propositions. Louise ajoute d'une voix lasse :

– Je ne vois que cette solution à cette heure pour éviter un nouveau bain de sang.

L'évêque se manifeste à son tour et multiplie ses courbettes autour de la Maréchale. Il a reçu l'ordre de ses maîtres d'attirer Sobieski en France où l'on se méfie de ce chef d'armée jugé trop fluctuant, qui ruinerait le projet d'élection si d'aventure il ralliait le camp des factieux.

– Nous avons le diplôme royal, dit-il de sa voix suave. Le maréchalat et la pairie.

– C'est incomplet, Monseigneur, répond-elle sur un ton sec. On ne brade pas son amour-propre.

La porte s'ouvre à cet instant. Le secrétaire Pierre des Noyers se dirige vers la souveraine et lui remet une dépêche. Louise pâlit et déclare :

– Lubomirski est mort !

Elle observe un moment de silence et soudain s'anime.

– Cette fois l'élection est assurée, déclare-t-elle.

Le rose colore ses joues amollies et ses yeux flamboient. Il n'y a plus d'obstacle. Elle échafaude mille combinaisons et se lance dans des supputations diverses que l'évêque de Béziers encourage. Pensions pour les uns, privilèges pour les autres, aucune manœuvre n'est inutile pour faire élire le Prince de Condé. Marie Casimire se retire discrètement en se disant que la politique est un gigantesque bazar. Chacun y fait son prix, et toutes les audaces sont permises.

Elle regagne son palais, songeuse. Un chambellan lui apprend que le Maréchal l'attend dans la bibliothèque. Jean arpente la pièce en fulminant :

– Vous avez devant vous, Madame, un Grand-Maréchal que l'on dénigre, doublé d'un Grand-Hetman de la Couronne sans armée digne de ce nom. Le roi m'a remis solennellement le bâton et, l'instant d'après, il annonçait une réduction des effectifs. A quoi bon tous ces titres, si je n'ai pas les moyens de mes fonctions ? Je regrette souvent de ne vous avoir suivie en France naguère.

Elle le rassure en lui racontant son entrevue et lui rapporte les propos de l'ambassadeur Pierre de Bonzi.

– Rien n'est perdu, Jean. Que Condé monte sur le trône et nous aurons nos compensations.

– Quoi qu'en dise la reine, l'élection n'est pas assurée. La Diète s'est interrompue dès que le roi a parlé d'abdication, et lorsqu'il a prononcé le nom de Condé, toute la salle s'est levée en criant : « *Niema zgody !* Point d'imitation de Richelieu et de Mazarin ! »

Il marche de long en large et s'immobilise soudain au milieu de la pièce. Un rayon de soleil auréole l'opulente chevelure de Marysienka et glisse sur sa gorge. Elle sourit en le fixant de ses grands yeux sombres et porte à ses lèvres un sautoir de perles qui joue avec ses dents. Une flambée de désir embrase le Maréchal. Il s'approche de son épouse et la prend dans ses bras.

– Pour l'heure, mon âme, je t'emmène à Iavorow. Il me faut un héritier, et la campagne polonaise au printemps n'a pas son pareil.

Quelques semaines plus tard, Marie Casimire est enceinte. Il était temps. Sobieski s'impatientait et elle le chicanait en le soupçonnant de stérilité, arguant du fait qu'elle pouvait être mère puisqu'elle avait donné des enfants au défunt. Cependant, comme au temps de Zamoyski, la grossesse est difficile et la fièvre revient avec ses douleurs inexpliquées. L'inquiétude s'empare de la jeune femme et des cauchemars viennent hanter ses nuits. Elle espère cet enfant depuis deux ans. Pourquoi a-t-il tant tardé ? Va-t-elle le perdre comme les autres ? Il n'y a qu'un remède : Paris. Le médecin de Montpellier était formel. Jean rechigne, refusant d'admettre l'urgence d'un tel voyage.

– Vous m'emplissez de confusion, mon âme. Nous consulterons à Varsovie.

Une dépêche précipite le départ. La reine est morte à la mi-mai. Un catarrhe suffocant l'a terrassée au cours d'un entretien orageux avec le chancelier de Lituanie qui refusait de soutenir la candidature de Condé. Marie Casimire, bouleversée, oublie sa fièvre et se met en route aux côtés de Jean.

– Elle a voulu sauver la Pologne, dit-elle en pleurant, mais la Pologne l'a tuée.

– Je comprends votre chagrin. Convenez cependant qu'elle n'hésitait pas à se servir de vous au gré de ses intérêts.

– Que serais-je devenue sans sa protection ?

– Je me demande parfois si nous n'aurions pas été plus heureux sans cette trop lourde protection. On ne refait pas le passé. Que Dieu la reçoive en sa sainte Lumière !

Ils se rendent au Palais royal et présentent leurs condoléances au souverain éploré. Les funérailles officielles auront lieu plus tard à Cracovie où Louise rejoindra, dans la crypte du Wawel, son premier époux Ladislas. Pour l'heure, le cercueil est exposé dans une salle éclairée par une multitude de cierges et décorée des plus belles tapisseries de la Couronne. Il est recouvert d'un drap d'or garni de pierreries et rehaussé des ornements royaux posés sur un carreau de velours. Deux autels sont disposés de chaque côté et des messes sont dites en permanence devant une foule de moines et de prélats qui marmonnent des rosaires. Des hussards montent la garde et les dames d'atour en grand deuil encerclent le catafalque.

Le visage défait sous ses voiles de crêpe, Marie Casimire s'agenouille et prie. Les souvenirs affluent et se bousculent. Vingt et une années se sont écoulées depuis qu'elle est arrivée dans ce château de briques, tenant la main de celle qui la protégeait comme une mère et lui servira d'exemple : une princesse venue de France qui a su changer les mœurs d'une cour barbare. Son sens politique et son énergie inépuisable ont délivré la Pologne du joug suédois. Son autorité, cependant, manquait parfois de nuances et son goût de l'intrigue lui faisait perdre le sens des réalités.

– Pardonnez-lui, mon Dieu, murmure-t-elle.

Mais elle, pourra-t-elle pardonner l'entêtement de la souveraine à lui faire épouser un homme honteusement malade qui l'a peut-être détruite à jamais ? La richesse de Zamoyski était empoisonnée, et lorsque enfin Sobieski lui a offert son cœur, une précipitation sans mesure les a couverts d'opprobres comme de vulgaires malfaiteurs. Les humiliations accumulées ne peuvent s'oublier. Un jour, elles rejaillissent et l'on se venge pour s'en laver. Qu'éprouve-t-elle au juste devant la dépouille de celle qui l'a éduquée et prétendait faire son bonheur ? Un grand vide, mais pas de chagrin. Une tristesse profonde mêlée d'amertume, et une certaine rancœur qu'elle veut étouffer, car au-dessus de la reine il y a Dieu. N'est-ce pas Lui qui a voulu ce mal terrible qui la mine ? La vie, après tout, n'est-elle pas le purgatoire ?

On s'agite dans Varsovie. La reine est morte, mais l'intrigue survit. Le parti français se rassemble autour de l'évêque de Béziers. Qui, désormais, portera le flambeau de Louise ? On cherche une égérie habile à contrer les manœuvres des partis adverses, et l'on se tourne vers la Grande-Maréchale formée depuis l'enfance aux méthodes de sa protectrice. Pierre de Bonzi lui fait une cour assidue. Il est vrai qu'oubliant sa soutane, il laisse traîner son coussinet chez quelques dames, et la chronique raconte qu'elles sortent de chez lui le tablier rempli d'écus. Marie Casimire, pour sa part, se contente de lui confirmer la fidélité de son époux au projet d'élection et lui répète la liste de ses compensations. Les commérages emplissent la ville, mais elle ne s'en soucie guère. Une affaire de première importance est en train de se régler dans le secret de ses appartements. Jean y a convoqué les médecins de la cour pour les confronter avec le sien.

– Paris est indispensable pour sauver la mère et l'enfant, dit le vieux Courrade.

– Le mercure dès la naissance, affirme le docteur Germain, venu récemment de France pour soigner Louise.

Sobieski désespéré se tourne vers son docteur écossais. Davidson confirme le diagnostic :

– Ce que nous donnons ici n'est pas mauvais, mais ne suffit pas. Notre soupçon n'est pas futile. Le prince est mort de cette maladie. Votre femme ne peut guérir que si elle se remet entre les mains d'un habile chirurgien.

Le verdict est immuable. La vie de Marysienka et celle de l'enfant à naître sont à Paris. Assommé par une réalité qu'il ne voulait admettre, Jean s'effondre.

– Comme en un puits profond, j'ai noyé en vous ma fortune, mes plaisirs, ma vie entière. Me voici plus pauvre que les mendiants aux portes des églises, car je perds tout en vous perdant.

– Iachou, dit-elle en le câlinant, je guérirai et tu viendras me rejoindre comme nous en avons parlé maintes fois.

– Ne pourrai-je, moi aussi, goûter les joies de ce monde en un pays plus hospitalier ! murmure-t-il.

Il rêve en silence, soupire, et reprend d'une voix sourde :

– Nos frontières de l'Est sont menacées. Des milliers de Tatars s'apprêtent à nous envahir. Oui, partez, mon âme. A Paris vous serez en sécurité.

Il donne des ordres. Le train de la Maréchale sera digne d'elle : une suite de quarante personnes et son frère, le chevalier d'Arquien, pour l'accompagner.

– Bien que nous ne soyons pas des princes, dit-il, les charges que Dieu nous a données ont plus de poids chez nous en Pologne que dix princes de l'Empire. Et quand vous voudrez passer pour inconnue, mon cher cœur, prenez le nom qui vous plaira le plus : marquise de Zolkiew, de Calouche ou de Iavorow.

Le 17 juin 1667, une cavalcade rutilante escorte un somptueux carrosse vers les bords de la Vistule. Une galère attend, prête à appareiller. Sous les yeux de nombreux dignitaires venus la saluer, Marie Casimire, habillée de gris, monte à bord. Elle a fait vœu de porter cette couleur tant que durera la séparation. Jean la guide vers ses appartements et vérifie au passage les installations de l'embarcation. Ce départ le bouleverse. Il n'en a pas dormi. Il serre Marysienka dans ses bras et l'embrasse avec tendresse.

– L'amour vrai est plein de craintes, murmure-t-il, et j'aime comme aucun autre en ce monde.

– Tu es en moi, Jean, et ma pensée reste avec toi.

Elle regarde une dernière fois la haute silhouette qui regagne la berge et enfourche son cheval. Des trompettes sonnent. Sous le fouet du comite, la chiourme enlève les lourdes rames dans l'eau du fleuve, et la galère prend le large en grand pavois.

# XVI

LE voyage ne ressemble en rien à la fuite rocambolesque de la princesse Zamoyska qui, cinq ans plus tôt, s'échappait de son château à la faveur de la nuit, emportant dans son carrosse tout ce qu'elle avait pu dérober pour aller se faire soigner. Il n'est pas non plus ce que raconteront les langues fielleuses de Varsovie. Loin d'aller vers ses plaisirs, la Maréchale Sobieska souffre le martyre. Au long des routes d'Allemagne, de Hollande et de Belgique, surchauffées par la sécheresse de l'été, elle croit mourir plus d'une fois et ne tient que par sa volonté inébranlable de mettre au monde l'enfant de Jean. Une autre pensée renforce son énergie. Son père, qui n'approuvait qu'à demi son nouveau mariage, oubliera ses réserves lorsqu'il verra la cavalcade multicolore, le cortège luxueux et l'armée de domestiques. Il ne doutera plus alors des sentiments de Jean Sobieski à l'égard de sa fille.

A la mi-août, Marie Casimire entre dans Paris. Elle espérait de ses parents une réception brillante et ne trouve que déception. Une affaire de succession perturbe sa famille et le marquis d'Arquien ne lui prête que peu d'attention. Entouré d'hommes de loi, il ne cesse de grommeler :

– Le testament est nul et je le prouverai.

Sa cousine, la comtesse de Guitaut, s'est éteinte sans descendance, et c'est à lui que revient légalement la terre d'Epoisses de la noble dame disparue ; mais avant de mourir elle l'a léguée au prince de Condé. A charge pour ce dernier de la rendre ensuite au veuf qui se trouve être son gentilhomme et ami. Par ce biais, la défunte déjouait la coutume de Bourgogne qui interdit toute libéralité en faveur d'un époux.

– On nous dépouille, répète le marquis. Epoisses est à nous de par la loi.

Marie Casimire s'empresse de le rassurer. L'affaire est opportune. Elle en a saisi, dès les premiers mots, l'importance et l'usage qu'elle peut en faire.

– N'ayez crainte, dit-elle d'une voix ferme. Si le prince veut être roi de Pologne, il faudra bien qu'il vous rende ce qui vous appartient. Il ne peut se moquer de nous et compter sur notre soutien.

Le marquis reste sceptique. La revanche au cœur, il vocifère. La jeune femme s'épuise en promesses pour le calmer. Aux fatigues du voyage viennent s'ajouter les tracas de la maison que les disputes rendent invivable. Les malaises renaissent avec la fièvre, les douleurs se réveillent, une angoisse terrible s'empare de la Maréchale et son état s'aggrave. Le docteur Germain, qui l'a suivie depuis Varsovie, l'installe dans une clinique discrète près de la porte Saint-Antoine où l'on traite avec science le « Mal français ». Personne, hormis sa famille, n'en a su mot.

Chaque jour, pendant quatre semaines, elle s'allonge devant un grand feu et l'on frictionne son corps nu à l'onguent mercuriel. Une friction « à large main » qui provoque un flux de bouche. On l'enveloppe alors dans une couverture et on la laisse dans une cellule à expectorer jusqu'à huit litres de salive. Les doses de mercure augmentent de séance en séance. Le traitement est dur à supporter. Tout son être se rétrécit et se dessèche dans des odeurs atroces. Elle se demande parfois si elle n'est pas en train de pourrir. Mais dans son ventre qui a pris forme, une force s'anime et ravive son espoir. A la fin de septembre, elle entre en convalescence. On lui donne du lait d'ânesse, du vin émétique et des bouillons de chapon.

– Vos lésions sont guéries, disent les médecins, et l'enfant se présente bien.

Elle sourit faiblement. On lui permet de lire son courrier de Pologne. Une quantité de lettres qui portent le sceau de son époux. Ses doigts impatients les ouvrent une à une. Les mots tendres caressent son cœur et Varsovie entre dans sa chambre : le roi, les intrigues, les potins... Une page déchirante les chasse. Jean vient d'apprendre qu'elle est au plus mal. Il en est tombé dans une torpeur qui a duré plusieurs jours. Pour sa guérison, il a promis à Dieu de construire un couvent et fait prier pour elle dans neuf églises et pendant neuf semaines. Lui-même jeûnera durant neuf samedis. Il se plaint de son silence et s'affole.

Que sont devenus les courriers qu'elle lui a envoyés ? Où est-il et que pense-t-il tandis qu'elle prend connaissance de ses missives datant de plus d'un mois ? La distance et les caprices de la poste ne facilitent pas l'entendement. Elle prend sa plume et le rassure. Elle va mieux et l'enfant ne saurait tarder. Un garçon ou une fille... Quels prénoms choisiront-ils ? Jacques ? Thérèse ? Mais surtout qu'il vienne à son chevet. Elle a peur de ces couches, comme elle a eu peur des précédentes du temps de Zamoyski. Elle veut son mari près d'elle, sentir sa présence, tenir sa main.

D'autres nouvelles lui parviennent, et sa tête s'enflamme. Jean est au feu. Il se démène quasiment seul face à des milliers de Tatars et de cosaques qui, pour le forcer à capituler, ont brûlé l'un de ses domaines et massacré ses paysans. Varsovie ne le soutient pas, et ses pairs, trop occupés à enterrer Louise à Cracovie, l'accusent même de fabuler par flagornerie. Pendant ce temps, il engage son argenterie, hypothèque ses biens et emprunte à tous les Juifs de Zolkiew pour payer ses soldats et leur fournir de quoi se défendre. Et puis plus rien !

Mais on parle de lui à Paris, à Versailles, au Louvre et à Chantilly. De la cour à la Ville, on commente la *Gazette* et l'on ne donne que peu de chances à ce héros digne d'Homère qui s'est enfermé dans le camp retranché de Podhajce [1] avec tout juste cinq mille cavaliers et trois mille fantassins pour tenir tête aux quatre-vingt mille guerriers de Galga, le grand Khan de Crimée. Et l'on répète à l'envi le commentaire du prince de Condé :

– Une folie qui n'aura d'autre avantage pour le Grand-Maréchal que de le faire mourir quelques heures avant sa patrie.

Marie Casimire n'en dort plus et prie avec ferveur. Et soudain, contre toute attente, on apprend le triomphe. Après un siège de dix-sept jours, Sobieski et sa poignée d'hommes ont mis en déroute les multitudes sauvages. La *Gazette* raconte son exploit, et sur les rives de la Seine, comme dans toute la Pologne, on acclame le vainqueur de Podhajce, le « plus noble héros de tous les temps ». Un billet arrive enfin. Jean l'a écrit sur un coin de tambour, au soir de la bataille :

« Ni cette victoire, ni le salut de mon pays ne sauraient me réjouir, alors que je ne puis voir ce qui est toute ma vie, être là où j'ai mis tout mon cœur et toute ma pensée. » [2]

Marie Casimire frissonne. Une vague bienfaisante réchauffe sa chair et gonfle son cœur. Quelques jours plus tard, une autre missive plus longue répond à son dernier courrier :

« Comment vont les petits nichons et le petit ventre ? Vous me dites que les douleurs commencent et que la lettre me parviendra quand le travail sera accompli. Jacques ou Thérèse, qu'importe, tout va dans le même panier. Pourvu que votre santé soit bonne, ma belle Marysienka, et que vous m'aimiez, ma foi, le dixième de ce que je vous aime.

« Vous me demandez de venir pour l'hiver au moins, quitte à repartir au printemps. C'est tout simplement impossible,

1. Se prononce Podraïcé.
2. Authentique.

ma belle ! Malgré la paix que l'on vient de signer, il faut déjà songer à une guerre turque au printemps prochain. Je dois me montrer à la Diète pour la première fois en Hetman victorieux, ce qui sera coûteux. Il faudra se décider enfin : ou tout quitter ici, ou ne plus rester là-bas. » [1]

Pour Marie Casimire, il n'y a qu'une certitude : son avenir est à Paris. Au début de novembre, elle a mis au monde un garçon. Il n'est pas gros mais promet de vivre. A condition, disent les médecins, de le traiter au mercure pendant plusieurs mois, trente peut-être. Pour elle, ils prescrivent des soins plus vigilants encore. En plus du mercure, il lui faut l'antimoine, les bains, les eaux. Et surtout une abstinence rigoureuse.

– Le mal est si grave ? demande-t-elle.

– Il se réveille avec le plaisir. Supprimez le plaisir, il mourra.

– Combien de temps ?

– Aussi longtemps qu'il le faudra.

Comment faire admettre cette vérité à un mari épris qui refuse de considérer l'ampleur de son mal ? Vivre auprès de lui sans « faire la chose » est impensable. Et pourtant, il faudra bien lui annoncer qu'elle ne veut plus la faire, cette chose, car il y va de sa vie. Il s'emportera, bougonnera, revendiquera, et le temps passera, un temps qui l'aidera à se guérir. Et s'il l'aime comme il l'affirme, elle le retrouvera, et ils s'aimeront de nouveau, plus fort encore. Ainsi pensé, tout paraît simple. Mais la réalité n'est jamais ce que l'on pense.

Jean se réjouit de la naissance de son fils, « un beau fruit avec des glands », et rappelle qu'avec l'autre, elle n'avait eu que des enfants « troués ». Sans transition, il reprend ses jérémiades au sujet de ses désirs exacerbés et de cette séparation qui le ronge.

« C'est avoir à chaque minute d'heure cent bourreaux devant, mille poignards dans le sein et un million de millions d'autres tourments impossibles à exprimer... De grâce,

1. Authentique.

Madame, de grâce, que nos années ne se gaspillent pas en vain, notre vie est si courte ! Vous êtes mon tout. Quand je vous ai, je ne me soucie de rien au monde. »[1]

Marie Casimire n'avoue rien encore. Elle doit se rétablir, et le petit Jacques prendre des forces. Elle s'installe avec sa nombreuse suite dans un hôtel voisin de celui de son père. Elle le fait aménager avec faste et en donne les détails à son mari en lui demandant de lui faire parvenir au plus vite des tapis de Perse, des couvertures de Turquie et de belles zibelines. Ce qu'il fait aussitôt en y ajoutant une parure d'émeraudes et de perles. Et il précise en termes codés :

« Dès que 21 [le roi] aura cessé d'être ce qu'il est, la Poudre[2] donne sa parole d'honneur qu'il ira avec son Bouquet fût-ce au bout du monde, et qu'il fera l'établissement où les Essences[3] voudront. »

La joie est si forte qu'elle vacille et chancelle dans un fauteuil. Elle les a enfin, les mots qu'elle attendait désespérément. Jean a pris sa décision. Il viendra. Avec les honneurs, certes. Elle va s'en occuper hardiment. Elle entame aussitôt des relations avec Versailles et Saint-Germain, et pousse si bien ses affaires qu'au mois de mars 1668, Louis XIV accepte de tenir son fils sur les fonts baptismaux de la chapelle du Louvre aux côtés de la reine d'Angleterre, veuve de Charles I^er^.

L'enfant reçoit le nom de Jacques que portait son grand-père le castellan de Cracovie, auquel on ajoute Louis, celui de son royal parrain. Enhardie par ce succès non négligeable, elle poursuit ses négociations avec le cabinet du ministre de Lionne et obtient un entretien. On lui confirme pour son époux le bâton de Maréchal de France, une terre à ériger en duché-pairie et le Cordon bleu. Mais elle se rebiffe :

– Vous oubliez mon tabouret, la lieutenance des Gardes pour mon frère, la capitainerie des Cent-Suisses pour mon père et le marquisat d'Epoisses pour ma famille.

1. Authentique.
2. Nom de code de Sobieski.
3. Nom de code de Marie Casimire.

Sans mot dire, on ferme le dossier et on la reconduit poliment. Blême de rage, elle rentre chez elle et ne décolère pas. Va-t-elle abdiquer ? Diantre non. Il est vrai qu'elle a incommodé ces messieurs de la chancellerie en allongeant subitement la liste de ses « épingles ». Mais l'affaire d'Epoisses empoisonne la vie des La Grange d'Arquien. Devenue fort pointilleuse en matière de respectabilité, Marie Casimire s'est juré de faire restituer à son père injustement brimé son bien et une certaine considération. S'opposer aux Condé pour le compte des siens, lorsque son époux est supposé favoriser leur élévation sur le trône de Pologne, n'est pas une tâche aisée, pour le moins contradictoire. Peu lui importe. On ne veut pas l'écouter, elle brouillera le jeu et mettra au pied du mur les instances compassées. Prenant sa plume, elle recommande à Jean de ne plus traiter avec l'évêque de Béziers, mais avec l'Empereur :

« Je suis persuadée que pour votre gloire, votre honneur et l'amour que vous avez pour moi, vous ne vous déclarerez pas pour un prince qui usurpe le bien de votre famille et par conséquent le vôtre, que vous ne sachiez de moi que je suis contente... Je dis à Monsieur de Bonzi que, quand on choisira un roi, vous ne serez point pour ce prince, tant que vous n'aurez su de moi que l'on nous aura rendu ce qui nous appartient. » [1]

Elle vibrionne tant et si bien qu'elle se ferme peu à peu les portes qui s'ouvraient. Elle agace, irrite, et ronge son frein. Elle s'emporte cependant devant les lamentations de son époux qui s'imagine qu'elle ne l'aime plus, alors qu'elle se bat de tous côtés pour le faire venir avec les honneurs qu'il mérite. Mais elle s'y prend mal et s'entête. Coûte que coûte elle veut sa revanche pour toutes les humiliations passées, et celles de sa famille qu'elle fait siennes. En réalité, elle en veut au monde de ce mal qui la mine et lui interdit d'aimer, de ce traitement qui bouleverse son corps, perturbe ses nerfs et

1. Authentique.

ruinerait sa beauté si elle n'inventait mille artifices pour ranimer son éclat. Des soins infinis et minutieux afin que personne au grand jamais ne puisse deviner. Elle doute parfois lorsque dans le miroir elle ne retrouve plus ses grâces d'autrefois. Elle a peur alors du regard que Jean posera sur elle, peur de le voir se détourner et la délaisser. Inquiète, elle minaude pour l'éprouver et gagner du temps.

« Je vous aime à la folie, mais ne peux plus vivre en Pologne où je suis constamment malade. » [1]

Et lui de répondre :

« J'entends bien, vous m'aimez, mais vous me mettez dans un des plateaux de la balance et Paris dans l'autre, et c'est l'autre qui l'emporte. Ma santé a aussi à souffrir, car je suis un mari fidèle. Et je suis un homme dans la force de l'âge, robuste et bien portant. » [2]

Elle rétorque aussitôt :

« Si vous voyiez le fond de mon cœur, vous devriez reconnaître que votre amour est imparfait auprès du mien. » [3]

Il se révolte :

« Parlons-en de votre amour. Toujours des reproches, toujours des plaintes, toujours c'est ma faute. Jamais un moment de bonne humeur, jamais la moindre complaisance ! J'envie le sort de votre chien. Vous le traitez mieux. » [4]

Avec le décalage de la poste, chacun de ces billets arrive à contretemps et ne fait qu'exacerber davantage leurs sentiments. Ils se torturent, se déchirent, se haïssent presque pour ne pas s'avouer la réalité. Marie Casimire va d'échec en échec dans ses négociations avec les chancelleries. Et Jean, de son côté, ne voit pas l'occasion de quitter son pays sans perdre son honneur. Pour l'heure, il s'est offert un défilé triomphal dans les rues de Varsovie et s'empresse d'écrire :

« On prétend qu'aucun Hetman n'a encore fait pareille entrée. Toutes les dames regardaient de diverses maisons, ainsi qu'une foule inouïe, comme à un spectacle... Prenez

1. 2. 3. 4. Fragments de lettres authentiques.

garde, Madame, le “Pendard”, puisque ainsi vous me traitez, se vengera un jour sur la “Mouche”. Elle a bien tort de ne pas soupirer après mon “Factionnaire”, car il ne peut se passer d'elle. » [1]

Paris est loin de Varsovie. La jeune femme ne réalise pas ce que la victoire a fait de son mari. Dans cette Pologne sans chef, c'est vers lui que se tournent soudain tous les regards de ceux que le roi a déçus. Sa popularité est extrême, et sa position toute-puissante. Le cumul des deux plus hautes charges de la Couronne lui donne tous les pouvoirs. Pendant ce temps, elle envenime ses piques. Et Jean, désespéré de n'être pas compris, laisse entendre qu'il n'a plus qu'à mourir. La guerre contre les Turcs est proche et lui donnera ce loisir.

« Vivez donc là-bas, mon unique amour. Le destin voulait que le malheureux Sylvandre devînt importun à son Astrée, et qu'il mourût avec cette gloire dans les temps futurs, d'avoir été le plus passionné amant et le plus tendre époux. » [2]

Elle se reprend aussitôt et, pour l'assurer de sentiments inchangés, lui envoie un bracelet de cheveux ainsi qu'un petit portrait. Mais elle argumente encore, invoquant un nouveau médecin avec un nouveau traitement, lorsqu'une rumeur emplit Paris, confirmant l'abdication prochaine de Jean-Casimir. L'intérêt de la France pour la Pologne se réveille, et la Maréchale Sobieska reprend sa course aux « compensations ». Jean, sur sa demande, lui expédie un blanc-seing pour traiter en son nom. Elle renouvelle ses tentatives, piétine, s'embourbe. Ses démarches tournent court. Versailles l'ignore. Elle en pleure de rage puis se calme et s'enferme dans une longue réflexion qui ranime l'espoir. La partie n'est pas perdue, se dit-elle. Elle se jouera à Varsovie lorsque s'ouvriront les marchandages de l'élection. Paris ne sert plus à rien. Il faut partir. Elle annonce son retour, du bout des lèvres, en chipotant. Plier bagage en hâte serait un aveu d'échec. Elle

1. 2. Authentiques.

préfère se faire prier et pose une condition : plus d'enfants ! Jean se regimbe aussitôt :

« Vous en avez eu trois de l'autre et vous en vouliez encore. Si vous deviez changer d'avis en changeant de mari, j'aurais dû en être averti deux ans plus tôt, en cette nuit où, pour vous avoir, j'ai risqué plus que la vie, mon honneur. Allons, trêve de comédie ! Dites plutôt franchement ce qui vous a dégoûtée de moi ! » [1]

Coquette, elle minaude :

« Dégoûtée de vous, grand Dieu ! Mais tout le monde ici s'étonne de la hâte que j'ai à vous rejoindre, en dépit de ma santé à peine rétablie, de ma cure non achevée ! » [2]

Une réponse lui revient, cinglante :

« Je me moque de votre monde parisien et de ses avis ! Apparemment on y juge les choses suivant la mode du pays, un pays où toutes les femmes ont des amants et tous les maris des maîtresses. Je suis de Pologne, moi, et notre petit Jacques aussi. D'où prétendez-vous être, Madame ? » [3]

Elle se soumet, demande humblement quelles routes elle doit suivre et où elle devra le retrouver. Elle a eu le temps de se soigner et peut ramener son fils à Varsovie.

A la fin de septembre 1668, la Maréchale Sobieska franchit la frontière de Pologne et roule vers Dantzig. Un orage éclate, brutal, et transforme la campagne en un gigantesque marécage. Sur la route boueuse, le convoi ralentit sa marche. Une crinière écarlate déchire les trombes de pluie. Drapé dans une cape gonflée par le vent, un cavalier habillé de noir galope vers le carrosse et immobilise sa monture près de la portière. D'un bond, Jean est à terre et s'engouffre dans la voiture, pressant contre lui la voyageuse interloquée.

– Je n'ai pu résister, mon amour. J'ai planté la Diète et me suis envolé dès que Sa Majesté eut terminé son discours.

1. 2. 3. Authentiques.

Dans les bras l'un de l'autre, ils pleurent et se pardonnent. Leurs lèvres se joignent et leurs cœurs se répondent. Escortés de leur brillante cavalcade, ils s'en vont par les plaines et les forêts, bivouaquent ici et là dans la splendeur de l'automne et renouent les fils de leur intimité. Jean découvre son fils qui ouvre de grands yeux sombres.

– Il vous ressemble, dit-il. Nous en ferons un guerrier digne de ses ancêtres.

De halte en halte, il donne les nouvelles. Le roi de Pologne a abdiqué et le pays est en effervescence.

– On se croirait revenu au temps de Lubomirski, explique-t-il. La noblesse monte partout à cheval comme si la patrie était en danger, et les palatinats se confédèrent. Le nom de Condé est honni. Paris avance aujourd'hui le duc de Neubourg, mais il ne remportera pas plus de suffrages. Les nobles n'en veulent pas.

– Je suis de leur avis. C'est un « rat d'église » et il ne convient pas. J'ai mieux. Nous allons faire élire le duc d'Orléans.

Elle en veut au roi de France qui l'a dédaignée et ignoré ses revendications. Pour se venger, elle n'a rien trouvé de mieux que de lui opposer son frère, qui se trouve être le maître du marquis d'Arquien.

– Vous plaisantez, rétorque Sobieski. Le duc d'Orléans sur le trône de Pologne serait une sinistre bouffonnerie. Pour un pantin de cette espèce, je ne bougerai pas un poil de ma moustache. Il ne fait pas le poids en face de Charles de Lorraine que soutient l'Empereur.

Marysienka, songeuse, regarde le paysage tandis que Jean caresse sa main et la presse sur ses lèvres.

– J'aurais tout de même préféré Condé, soupire-t-il. Son passé a plus de panache. Malheureusement, feu la reine a répandu la terreur de l'*absolutum dominium*. Dans tout le pays, les seigneurs lèvent des régiments. La noblesse qui veut un Piast convoque son arrière-ban. Elle m'a demandé de prendre sa tête.

Le regard de Marie Casimire s'allume et se promène amoureusement sur les traits burinés de son époux. L'espace d'une seconde, elle voit le beau visage coiffé d'une couronne. Une pensée folle effleure son esprit, chassée aussitôt. Jean n'a pas de sang royal.

– Un Piast ! répète-t-elle.

Il élude d'un geste de la main et dit en regardant un à un tous les frisons qui encadrent le fin minois orné de quelques mouches :

– Oublions la politique et parlons de nous. Pourquoi m'avoir dit que vous étiez si changée et laide ? Mes yeux vous trouvent exquise et mon âme ne peut se rassasier de vous.

Ils arrivent sur les hauteurs de Praga et découvrent au loin les toits de la capitale. Le cri rauque d'une corneille retentit sous les frondaisons marbrées d'or et de roux. Marie Casimire frissonne. Les mots de Vania lui reviennent en mémoire :

– Les corneilles ne crient que devant les rois !

# XVII

VARSOVIE est en ébullition. Une Diète dite de « convocation » réunit les sénateurs venus de tous les coins du pays pour désigner les candidats au trône de Pologne. Dans son palais de Ujasdow, Marie Casimire ne reste pas inactive. Reprenant le flambeau de Louise, elle s'agite et vibrionne au milieu d'une petite cour et fait renaître de ses cendres un parti français qui s'éteignait lentement depuis que son chef, l'évêque de Béziers, avait dû s'enfuir pour ne pas être tué. Il est vrai que non content d'être considéré comme l'agent du despotisme, l'ambassadeur de Louis XIV mettait des cornes au front de tous les maris.

La Maréchale Sobieska n'a pas tardé à retrouver sa trace dans un village de Prusse, non loin de la frontière, et lui a offert de le représenter dans la capitale, affirmant qu'avec le soutien du Grand-Maréchal, son époux, et sa propre ardeur à défendre les couleurs de France, tous les espoirs étaient permis pour le Prince de Condé ou tout autre candidat du Roi-Soleil. Ravi de l'aubaine, Bonzi a accepté la proposition, et Marie Casimire s'est empressée d'établir une chaîne de courriers secrets pour recevoir ses instructions.

– Travailler pour la France est mon unique souci, ne cesse-t-elle de lui répéter. Le trône sera pour un Français.

Elle y met toute sa volonté, toute son énergie, et ne doute pas de son succès, viatique indispensable qui lui permettra de s'en aller avec ses « compensations ». Quitter la Pologne, en arracher Jean et regagner Paris... Le vieux rêve, si souvent caressé, devient si proche soudain et, plus que jamais, obsède son esprit.

– Un grand château près de Meudon ou de Saint-Germain, soupire-t-elle.

Mais Jean reste maussade. La masse nobiliaire, qui se méfie des magnats et de leurs pratiques, a voté le principe de l'exclusion des candidats corrupteurs en prononçant le nom de Condé.

– Oublions le Moscovite, grommelle-t-il. Il n'est pas catholique. Que reste-t-il ? Neubourg et Lorraine. A les piler ensemble dans un même mortier, on n'en retirerait pas un roi. Cette élection ne me dit rien et je préfère aller chasser.

– Ne vous découragez pas ainsi, rétorque Marie Casimire. Une dépêche de Monsieur de Bonzi dit tout autre chose : la France soutient Neubourg officiellement, mais n'abandonne pas Condé qui reste son candidat officieux. On se souvient de vous, et on compte sur vous pour le faire élire au dernier moment. Le pouvoir de votre influence semble aujourd'hui avoir son prix dans les cabinets de Versailles. Lisez vous-même. On grossit les compensations.

– Trop tard, Marysienka, je viens de prêter serment de ne pas me laisser corrompre.

– En ce cas, j'agirai seule. Ce serait folie que de ne pas écouter les offres qui viennent de ce côté. Vous aurez le maréchalat, le cordon bleu, un duché-pairie. On nous propose en outre une maison à Paris, et mon frère recevrait une abbaye. Puisque Condé redevient candidat, en insistant un peu, j'obtiendrais Epoisses.

– Lorsque vous avez une idée en tête, il est difficile de vous l'ôter. Prenez garde, mon âme, que ces promesses ne soient encore de la fumée.

– Je ne suis pas dupe, Jean. Je ne bougerai pas sans un brevet.

– Laissez cela, ma Dame, et regagnons nos terres. Ce que j'ai à vous offrir vaut bien plus que les intrigues et la politique.

Marie Casimire sourit et secoue ses nombreux domestiques pour les préparatifs du voyage. Mais avant de prendre la route aux côtés de son époux, elle convoque le chevalier d'Arquien et le charge d'un billet adressé à l'évêque de Béziers. Le message tient en une ligne :

« Point d'Epoisses, point de quartier ! »

L'automne resplendit sur les terres de Zolkiew. Erables, tilleuls et frênes perdent leurs feuilles qui couvrent les chemins d'une marqueterie de bronze et de cuivre. Les bouleaux se dépouillent et jettent à la ronde des milliers de sequins qui tourbillonnent autour des sapins. La chasse est bonne dans les forêts giboyeuses, et Jean s'amuse, forçant en une seule battue dix ours, quatre cerfs et trois sangliers. Mais il court aussi les diétines de sa province et s'approche des Marches de l'Est pour y écouter le vent de la steppe. Le sol tremble sous les galops des chevaux au-delà du Dniepr, et plus loin encore sur les rivages de la mer de Crimée.

Pendant ce temps, dans une salle attenante aux cuisines, Marie Casimire allume ses alambics et se lance dans la préparation de ses produits de beauté. Louise lui a laissé un recueil de recettes qu'elle avait collectionnées et expérimentées : crèmes pour blanchir le teint, le polir, ou enlever les grosseurs de la peau ; eau de lait pour laver le visage, eau de lys, de fraise ou d'orge pour le rafraîchir et l'embellir. Eau de myrrhe contre les rides, eau de limaçons contre la consomption, eau blanche pour maintenir la beauté de la jeunesse, pommade de pieds de mouton pour la peau sèche, crème pour les mains avec des blancs d'œufs, ou pour les cheveux à base de panne de porc, miel, girofle et citron ; magistère de perles, poudre précieuse et poudre violette qui rend le corps plus troublant ; eau de bouche et eau d'ange propre à parfumer les mouchoirs, sans oublier l'eau de la reine de Hongrie qui renouvelle les forces de l'esprit, modifie les moelles et les nerfs, et prolonge la vue. Tous ces petits secrets s'empilent dans des bouteilles et bocaux qu'elle aligne méticuleusement sur les étagères d'une armoire après en avoir empli les coupelles et flacons d'opaline ou de cristal qui décorent sa toilette.

Elle regagne sa chambre où flottent des senteurs discrètes de musc, de rose, de santal. Le soir tombe et l'on allume les flambeaux d'argent. Un feu pétille dans la cheminée. Vania brosse ses longs cheveux et masse son corps d'une huile parfumée. Elle s'enveloppe alors dans une simarre de soie fourrée et s'allonge sur un lit de repos. De la pièce voisine lui parviennent les babils du petit Jacques. Elle prend sa guitare et pince les cordes. Les notes d'une romance s'égrènent sous ses doigts, tandis que dans son esprit s'échafaudent mille combinaisons. Elle attend le retour de Jean, et s'inquiète du silence de Pierre de Bonzi.

L'hiver endort la terre, et les messages réitérés de Marie Casimire vers la frontière de Prusse restent sans réponse. Au mois de mars, elle est enceinte et la fièvre revient. Elle augmente avec les jours et la cloue dans son lit. Son état s'aggrave. Sobieski abandonne aussitôt les diétines et accourt.

– La petite vérole, disent les médecins.

Jean s'affole et supplie la science.

– Marysienka va-t-elle mourir ?

Il prie avec ferveur, promettant jeûnes et pénitences. Sans se soucier de la contagion, il veille des nuits entières au chevet de son aimée et applique sur son visage un mélange de miel, de lard et de lait caillé qu'il a lui-même préparé afin de lui épargner d'horribles cicatrices. A la fin d'avril, Marysienka est sauvée et Jean pleure de joie.

– Vous êtes hors de danger, mon âme, ainsi que le bébé.

– La maladie a-t-elle laissé des marques ? demande-t-elle, inquiète.

– Aucune, répond-il en lui tendant un miroir. Regardez vous-même.

Elle pousse un cri. Son visage est intact, certes, mais elle n'a plus de cheveux ni de sourcils. Elle se tourne vers Jean, horrifiée :

– Tu ne m'aimeras plus, Iachou. J'aurais dû mourir.

Il prend sa main et l'embrasse avec ardeur.

– N'aie crainte, mon âme. Sans toi, je perds le goût de vivre.

Sans tarder, il fait envoyer une lampe en or au monastère de Czestochowa. La Vierge de Yasna Gora a exaucé ses multiples oraisons. Le soleil de printemps fortifie la jeune femme, et Jean parle de retour à Varsovie. La Diète va se réunir. Chef militaire du royaume, il est aussi le maître de la police et son devoir sera de rétablir l'ordre dans la ville en folie.

– Restez à Zolkiew, lui dit-il. Vous me rejoindrez lorsque vous serez tout à fait rétablie.

– Nenni, mon cœur. Pour rien au monde, je ne manquerai cette élection.

Va-t-elle perdre l'occasion de gagner ses « compensations » ? Diantre non ! Mille intrigues vont se nouer autour du « Kolo » [1] et dans les palais. L'image de Louise galvanisant les magnats contre les Suédois lui revient en mémoire. A son tour elle les rassemblera autour du candidat de France, contre les Autrichiens, et recevra sa récompense dans un Paris plus clément pour sa santé. Sa volonté domine ses langueurs. Faisant appel à toute son énergie, elle s'apprête pour le voyage et cache les ravages de la maladie sous un bonnet « à la polonaise » qui émeut son mari.

De tous les coins de Pologne, on marche sur la capitale. Les hobereaux, ayant abandonné leurs charrues, ont revêtu leurs habits de noces pour se retrouver sur les bancs de la Diète aux côtés d'un maître dont la voix aura la même importance que chacune des leurs. Les magnats se mettent

1. Champ clos, hors de la ville, où vont se dérouler les élections.

en route avec leurs gentilshommes, heiduques et dragons. Ceux de Lituanie rivalisent avec ceux de Pologne, et toutes ces légions s'empoignent dans les rues de Varsovie où le sang coule de jour comme de nuit.

Les cloches carillonnent. L'air retentit de clameurs et de chants. Du Ryneck aux berges de la Vistule, on bouillonne dans une atmosphère de foire, jusqu'au faubourg de Wola où se dressent les palissades de l'enceinte qui entoure le « Szopa », le saint des saints d'où sortira le futur roi.

Le cortège du Grand-Maréchal ne passe pas inaperçu. On l'acclame jusqu'aux portes de son palais de Ujasdow, et l'on est surpris de ne pas voir la Maréchale Sobieska se pencher à la portière de son carrosse pour saluer la foule de son gracieux sourire. Allongée sur une banquette transformée en litière, Marie Casimire tient son ventre de ses deux mains et ferme les yeux pour cacher son anxiété. Depuis le matin, le bébé ne bouge plus. Tout son corps brûle de fièvre. On la transporte dans son lit et les médecins, cette fois, avouent leur consternation.

– L'enfant est perdu et la mère le suivra.

Jean s'effondre. Le chagrin le brise, ainsi que son devoir qui l'appelle au-dehors quand il ne peut se détacher de Marysienka. Il s'agenouille à son chevet, prie en silence et se retire pour rejoindre le Kolo où il n'écoute que d'une oreille les vociférations de l'assemblée.

La nuit suivante, Marie Casimire met au monde des jumelles mort-nées. Jean est auprès d'elle et lui tient la main. Il la console et la réconforte de sa tendresse.

– Courage, mon unique, je suis là et je t'aime.

Elle tourne vers lui son visage ruisselant :

– Où en est l'élection ? murmure-t-elle.

Brièvement, il lui explique la situation qui est fort confuse. La France présente Neubourg mais veut placer Condé. L'Autriche, qui a passé un accord secret avec le roi de France sur le partage de l'Espagne, soutient aussi Neubourg afin d'évincer le tsar, mais en réalité paie pour Charles de

Lorraine. Et la noblesse en furie réclame un Piast sans avoir de nom à proposer.

– La France doit gagner, souffle-t-elle. Ainsi nous aurons nos compensations.

– Pense à toi, mon âme, pense à nous. Ta santé vaut mille fois plus que tous les honneurs du monde.

Il connaît mal la volonté de Marysienka. Deux jours plus tard, fraîche et reposée sur les oreillers de dentelle, elle s'informe et s'active.

– Neubourg n'a aucune chance, lui dit son frère. L'Autriche paie plus que la France.

Elle apprend que l'évêque de Béziers est en Pologne. Il se cache dans le village de Bialoleka et se rend nuitamment dans les palais où les dames, au cours de dîners somptueux, marchandent les voix de leurs maris. Elle le convoque aussitôt. Il arrive à la faveur de l'obscurité. Sobieski le reçoit et lui dit avec un sourire de bonheur :

– Venez voir ma femme. Elle va beaucoup mieux.

– Puis-je compter sur vous ? demande Bonzi, anxieux. Les Paç se rallient. Nous ferons passer Condé.

Le Maréchal fronce les sourcils. Le Lituanien Michel Paç est son ennemi. Un vaniteux, jaloux et susceptible, qui l'avait entraîné dans une rixe stupide en le traitant de « parvenu ». Il connaît bien son empressement à soutenir l'Empereur, ce qui avait, en son temps, provoqué la mort de Louise.

– Ces gens vous trompent, déclare-t-il d'une voix sourde. Ils ont un traité avec Lorraine. Vous serez joué, et comme je ne veux pas l'être avec vous, je vous prie de ne plus compter sur moi.

Allongée sur son lit garni de nombreux coussins, Marie Casimire s'est habillée d'un négligé de damas rebrodé de perles et d'or, pour accueillir le prélat. Son visage amaigri a retrouvé un peu de son éclat et ses yeux sont pleins de feu. Dans son esprit tout est clair. C'est maintenant ou jamais qu'elle doit défendre ses intérêts. Avec charme et habileté. Sur un ton de badinage, elle raconte que le représentant de

Charles de Lorraine, un certain comte de Chavagnac, répand beaucoup d'argent et que l'ambassadeur d'Autriche a promis trois millions à ceux qui le soutiennent. Elle parle encore d'Epoisses et d'une abbaye pour son frère. Conches à défaut de Fécamp. D'une voix ferme, elle exige un brevet :

– Point d'abbaye, point de quartier ! Faites vos réflexions, Monsieur l'Ambassadeur. J'attends Chavagnac à cinq heures. Il nous offre un fort bon billet de banquier.

Pierre de Bonzi fait mine de retourner ses poches.

– Les Paç m'ont tout pris, dit-il d'un air accablé.

– Voilà ce que c'est que de courir deux lièvres à la fois, répond le Maréchal. Ni vous ni moi n'y pouvons plus rien. A la grâce de Dieu !

Tandis qu'à la Diète on tergiverse, les douleurs reviennent torturer Marie Casimire. Elle perd ses forces et sombre dans le délire. Les médecins impuissants lèvent les bras au ciel et Jean se désespère :

– L'amélioration de son état n'était-il qu'une rémission avant la fin ?

La mort dans l'âme, il rejoint l'assemblée et assiste aux débats, indifférent aux noms qui volent de bouche en bouche. Et soudain le Kolo tout entier proclame :

– Vivat ! Wisnowieski !

– Un ignorant, un imbécile, un gueux ! s'écrie Jean.

Sans perdre un instant, il se lève et se précipite auprès de son épouse. Les douleurs sont passées. Elle lui ouvre les bras. Qu'importe le sort de la Pologne, puisque Marysienka est vivante.

Quelques jours plus tard, autour du lit de la Maréchale, on commente l'événement. Michel Korybuth Wisnowieski ne fait pas l'unanimité. Loin s'en faut. Il descend des Jagellons, certes, et son père était le grand-duc Yaréma qui a soumis l'Ukraine. Mais lui n'est qu'un pauvre jeune homme de trente ans que l'on a retrouvé dans une masure avec pour toute fortune un lit, deux chaises et quarante écus. Et c'est en pleurant qu'il s'est laissé traîner à l'église pour y entendre le *Te Deum* de rigueur en ces occasions.

– Mon ex-neveu ! s'exclame Marysienka. Le fils de Griselda. Un borné, gourmand et paresseux, qui me faisait les yeux doux à Zamosc.

– Un bélître, un idiot, un singe, grommelle Jean. La Pologne ne peut être fière d'un tel roi.

A ces lamentations se joignent celles de l'évêque de Béziers qui vient faire ses adieux. Penaud et déconfit, le « représentant du despotisme français » regagne son pays aussi discrètement qu'il en est venu, mission non accomplie. Pour les Sobieski, l'affaire est grave. Cette élection leur enlève toute possibilité de s'installer en France dans des conditions honorables. Ils sont paralysés. Jean, tenu par ses charges, doit se résoudre à servir un « singe », et son épouse n'accepte pas d'être enchaînée à un pays qui la tue.

Les semaines passent. Marie Casimire se remet. Une gelée de corne de cerf et de pied d'élan additionnée de miel et de citron lui redonne son énergie. Ses cheveux poussent, ses ongles durcissent, et son regard s'anime.

« Cette mauvaise plaisanterie ne peut durer, se dit-elle. Il ne restera pas sur le trône. »

De tous côtés des voix s'élèvent contre ce roi ridicule que l'on veut chasser. Certains parlent même de l'occire. Les mécontents viennent un à un s'épancher auprès du Maréchal de la Couronne qui, terré chez lui, ronge son frein. Toutes ces doléances réveillent les espérances passées. On reparle de la France et de Condé. Un parti se reforme. Mais il n'y a plus d'ambassadeur. Louis XIV boude la Pologne, ignorant que des Polonais ont besoin de lui.

– Rien n'est perdu, dit Marie Casimire. Nous saurons l'en informer.

Le propos a l'air d'une boutade et provoque quelques rires. Deux mois plus tard, pourtant, elle a si bien manœuvré qu'elle s'est réconciliée avec la duchesse Wisnowieska et son royal fils, et obtient pour son frère, le chevalier d'Arquien, la mission très officielle d'aller notifier à la cour de France l'avènement du nouveau roi de Pologne.

– Cachez cette missive dans votre doublure, mon cher Louis. Vous la remettrez secrètement à Monsieur de Bonzi. Bonne chance. Je compte sur vous pour nous trouver de solides appuis.

Un complot s'organise et Marie Casimire en est l'âme. Autour d'elle et de son mari se met en place une conjuration qui veut chasser le « singe ». Le parti augmente de jour en jour : aux amis de longue date, comme Sapieha et Jablonowski, viennent s'ajouter des sénateurs, des magnats des plus hautes familles, des ministres qui, tout comme Sobieski, refusent de servir un si piètre personnage. Ils s'engagent et promettent le secret, à condition que le roi de France soutienne le projet. C'est ce que le chevalier d'Arquien, profitant de sa mission officielle, va expliquer à l'évêque de Béziers, documents à l'appui.

– La bienveillance du gueux à l'égard de mon beau-frère me touche, dit Jean. J'ai boudé la Diète lors du serment, mais je tiendrai ma place au couronnement.

La cérémonie a lieu à Cracovie dans le faste habituel. Le Maréchal, et Grand-Hetman, de la Couronne porte dignement le sceptre devant son maître. De la foule montent des critiques et quolibets qui arrivent aux oreilles du jeune souverain obèse. L'ambassadeur d'Autriche est près de lui et le rassure.

– Epousez l'archiduchesse Eléonore, murmure-t-il, et vous aurez les dragons de l'Empereur pour nettoyer, si besoin est, toute tentative d'opposition.

Sobieski a entendu. Ses mâchoires se crispent. La conjuration est menacée. Son regard s'assombrit et tombe sur Marysienka, au premier rang des dames de la cour, parée de tous les bijoux qu'il lui a offerts. Elle sourit et son teint resplendit. Un désir violent brûle ses entrailles. Dès la fin de la fête, il la rejoint dans son carrosse et l'enlace tendrement.

– L'air de Cracovie ne sied pas à votre santé, dit-il. Nous partons pour Iavorow. Je te veux tout à moi.

Dans le grand manoir de pierre entouré de tilleuls, ils s'aiment au coin du feu sur les peaux d'ours qui recouvrent les parquets. Ils pêchent dans les nombreux canaux ornés de petits ponts de bois et se promènent autour de l'étang que dorent les derniers rayons de l'automne. Un courrier de Dantzig vient les rejoindre, mandé par le chevalier d'Arquien. Une réponse désespérée de Pierre de Bonzi s'accompagne d'un billet de Louis XIV dont les termes sont plutôt sévères à l'égard de Madame Sobieska.

« Je ne puis ôter de ma mémoire les belles paroles de cette femme qui est née ma sujette : “Point d'abbaye, point de quartier ! Point d'Epoisses, point de quartier ! Point de telle autre chose, point de quartier !” Aussi ma dernière et ferme résolution est de les laisser, elle et son mari, dans la mortification où ils sont maintenant. » [1]

– Nous le ferons changer d'avis, dit-elle en riant.

Un rapport de son frère lui donne plus de satisfaction.

– La partie peut encore être gagnée, Jean. Louis a trouvé un soutien auprès de la famille de Longueville. Ecoutez ce qu'il nous écrit : “Le jeune prince est un neveu de Condé. Il est beau, s'ennuie et s'offre comme roi. Ci-joint une traite sur une banque de Dantzig, signée par lui, pour aider les conjurés.”

Jean hoche la tête. La nouvelle l'intéresse, et l'agitation de son épouse l'amuse. Marie Casimire s'active de plus belle, et se croit au bord du triomphe lorsqu'un abbé Paulmier demande à lui parler dans le secret d'un monastère.

– Je suis l'envoyé « plénipotentiaire » chargé de mener l'affaire à son terme, affirme-t-il sur un ton assuré.

Avec un air plein de mystère, il lui présente les deux hommes qui l'accompagnent :

– Akakia et Dubois. Mes agents.

On chuchote et l'on conspire avec animation. Des pages s'envolent vers quelques châteaux. On échange des messages

1. Fragment d'une lettre authentique de Louis XIV à son ambassadeur.

chiffrés, on se croise discrètement dans des églises et des couvents. Tout se met en place pour accueillir ce duc de Longueville qui a pris le nom de code de « comte de Saint-Paul », et Marie Casimire, au comble de l'excitation, explique à son époux :

– Il n'y a plus de doute. C'est bien le roi de France qui nous l'envoie.

– Je vous entends, mon âme, et ne peux que vous encourager à poursuivre votre entreprise. Pour l'heure, d'autres soucis retiennent mon attention aux frontières de l'Ukraine. Les cosaques enragent de voir sur le trône de Pologne le fils du tyran qu'ils ont assassiné. Doroszenko reçoit des Tatars et parlemente avec des Moscovites. Une attaque se prépare.

Et soudain la rumeur déferle comme une tornade des rives de la Baltique jusqu'aux Carpathes et se répand sur l'Europe entière :

« Un Français, le comte de Saint-Paul, va détrôner le roi Michel. »

Le Palais de Varsovie réagit sans tarder. Un communiqué royal se répand dans les villes et palatinats de la République :

« On tient les noms des factionnaires de France ; on chauffera des pieds et on coupera des têtes. »

Une cavalcade fait irruption devant le perron du château de Iavorow. Jablonowski entre en bousculant les valets et surprend les Sobieski au milieu de leur souper.

– L'affaire est grave, dit-il. Les Autrichiens tiennent le Palais. Leurs espions sont partout. La chasse commence. Ils ont fouillé chez Prazmowski, mais n'ont rien trouvé.

– Qui a divulgué notre secret ? demande Marie Casimire, très pâle.

– Là n'est pas la question, dit Sobieski. Où sont Radziwill, Sapieha, Morsztyn ?

– Chez eux. Ils attendent des instructions de votre part.

– Nous ne bougerons pas. Nous n'avons aucune certitude concernant un appui réel du roi de France. Agir maintenant serait pure folie. Je ne suis pas Lubomirski.

– Qu'allons-nous faire alors ? demande le palatin déconfit.

– Mettez vos femmes à l'abri et terrez-vous dans vos châteaux.

Il se tourne vers Marysienka.

– Faites préparer vos malles, mon âme. Vous partez cette nuit pour Dantzig.

Il la serre contre lui et baise tendrement son front.

– Vous savez ce qu'il m'en coûte de vous dire cela, mais il y va de votre vie. Et vous êtes ma vie.

# XVIII

Sous la protection de Stanislas Jablonowski, palatin de Russie Rouge, et de son frère, le chevalier d'Arquien, Marie Casimire prend la route du Nord escortée d'une suite discrète. Dans ses bras, elle serre le petit Jacques endormi. Des larmes brouillent son visage et son cœur se serre. Si près du but, tout s'évanouit. Elle n'a d'autre salut que cette fuite dans la nuit avec l'angoisse de se faire prendre et l'incertitude au bout du chemin. Que trouvera-t-elle à Dantzig ? Combien de temps sera-t-elle séparée de Jean ? Pourquoi le Ciel s'acharne-t-il ainsi à entraver son bonheur ? Ne pourra-t-elle jamais s'installer à Paris et vivre en paix auprès de son époux ? Elle est enceinte de nouveau et se sent bien vulnérable.

– Je suis née pour le malheur, Vania. J'ai peur.

– Du fond de la nuit jaillit la lumière, répond la servante d'une voix sereine. Il faut prier, Madame, et ne jamais perdre espoir.

– J'en doute. Si Dieu existe, pourquoi m'accable-t-Il ainsi ? A quoi bon dire des neuvaines ?

– Il faut parfois Lui tirer l'oreille pour se faire entendre. Mais Il finit toujours par répondre.

– Je ne peux attendre Son bon vouloir. Je vais me battre encore et quitterai ce pays avant qu'il ne me tue.

On s'agite dans la ville hanséatique. La plupart des conjurés y ont envoyé leurs épouses. Certains les ont même accompagnées. On se reçoit, on festoie et on suppute l'avenir. Marie Casimire se reprend et retrouve son énergie. Elle s'installe dans un appartement et tient salon. L'abbé Paulmier ne tarde pas à se montrer. Elle l'interroge et le harcèle, mais il s'égare dans de vagues discours.

– Un traître ou un sot ! s'écrie-t-elle en le congédiant.

Sans perdre courage, elle écrit au ministre de Lionne.

« Oui ou non, pouvons-nous compter sur l'appui du Roi ? Si Sa Majesté veut se rétracter, nous devons en être avertis au plus tôt. »

Louis d'Arquien se charge du message et galope vers Paris. Au mois d'août, il est de retour.

– Une catastrophe, ma sœur ! s'exclame-t-il. Personne ne m'a reçu. Le roi Michel et l'Empereur ont demandé des explications. Le maître de Versailles gronde, affirmant qu'il n'est pour rien dans l'affaire Longueville. Le jeune duc est bouclé chez lui. Akakia et Dubois ont été arrêtés. Ils risquent la Bastille. On recherche Paulmier.

– Je connais leur comédie, réplique-t-elle avec un rire moqueur. Plus ils nient, plus ce qu'ils nient est vrai. Souvenez-vous de la tactique adoptée pour l'élection de Condé. L'abbé Paulmier se promène en ce moment sur les quais de la Baltique et ne semble pas s'inquiéter. Puisque vous renâclez devant le premier obstacle, j'irai moi-même m'enquérir auprès du marquis de Lionne.

Une crampe la fait pâlir. Elle porte les mains à son ventre et dit d'une voix haletante :

– Une autre raison me pousse vers Paris. Je suis enceinte. Sans les soins nécessaires je perdrai le bébé.

– Supporterez-vous le voyage ?

– Il le faut. Pour l'enfant, et pour moi. Cette fois, Jean sera bien obligé de me suivre.

– En êtes-vous si sûre, ma sœur ?

– J'ai gardé son blanc-seing. Je négocierai cette affaire.

Bien décidée à faire plier les chancelleries et obtenir gain de cause, la Maréchale rassemble ses gens et se met en route. Là où les autres ont failli, elle réussira. Elle en est convaincue. Sa volonté est inflexible. Elle ne reviendra pas en Pologne et en arrachera son mari. Mais le destin ne le voyait pas ainsi. A quelques lieues de Bruxelles, elle met au monde une petite fille qui s'éteint dans ses bras. Ce coup du ciel lui fait perdre sa superbe. Son cœur est lourd et son corps meurtri lorsqu'elle entre dans Paris.

Une lettre de Jean finit de l'achever. Afin de la rejoindre au plus vite, il avait mis en place une confédération en faveur de Longueville et tout était prêt pour la proclamation. Une dépêche du ministre de Lionne vient de lui annoncer de façon absolue que Louis XIV ne fera rien contre le roi de Pologne. Jean, foudroyé, se lamente. Le projet est réduit à néant, et Marie Casimire s'effondre. Tout espoir de s'installer en France avec les honneurs est définitivement ruiné. Il ne lui reste que la honte, et cette haine terrible de tous ceux qui lavent leur conscience en l'accusant. Les salons de Paris lui ferment leurs portes. Versailles, Chantilly, et l'hôtel de Longueville, dépités de voir un trône leur échapper, manifestent leur rancune.

– C'est elle qui a tout compromis avec ses prétentions déraisonnables.

– Une aventurière, comme son père. Cupide et sans morale !

La *Gazette* s'empare de l'histoire et brode à l'infini. Accablée par l'hypocrisie et l'injustice, minée par le chagrin, Marie Casimire se réfugie dans sa maladie et s'enferme dans une maison discrète où elle se fait soigner. On y traite aussi son fils qui a tout juste trois ans. Le petit Jacques supporte mal le mercure et pleure toutes les nuits.

Pendant ce temps, à Varsovie, on cherche les coupables. On veut les juger pour infamie et atteinte à la sûreté de l'Etat.

Mais on n'ose toucher au Grand-Hetman qui défend le pays sur les terres d'Ukraine. Sa bravoure le purifie. La faute ne vient pas de lui, assurément, mais de son épouse. La *Gazette* circule dans Varsovie, et la Pologne tout entière jette l'opprobre sur Pani Sobieska.

De Paris, la jeune femme entend les clameurs et se recroqueville dans son orgueil bafoué.

« Dans ces conditions, écrit-elle aussitôt, je ne veux plus rentrer. »

Jean accuse le coup et se répand en gémissements. De part et d'autre ils s'épinglent et se déchirent. L'amertume de la défaite met un frein aux sentiments. Il n'y a plus de rêve, plus d'enthousiasme. L'avenir est sans issue. L'honneur de Jean est en Pologne, et la santé de Marysienka est en France. Que font-ils de leur amour au milieu de tout cela ? Chacun reproche à l'autre de n'avoir pas su aimer, et les lettres suivent, déroulant leur amertume et leur mélancolie. Las de la solitude, Jean se plaint des souffrances qu'il endure à lui être fidèle. Elle s'en moque et lui répond :

« Prenez des bains de siège, comme le font les saints moines. »

Il s'emporte. Elle se bute. Le traitement ne lui donne pas envie de « faire la chose » et toute allusion à ce genre d'activité provoque en elle un dégoût irraisonné. Poussée à bout, elle en vient à lui reprocher le mal qui l'afflige et tout ce qu'elle subit pour tenter de s'en guérir. Il s'indigne de ces allégations qui l'offensent, et ajoute :

« Je ne crois pas à votre prétendu " Mal". Vos médecins sont des escrocs qui méritent d'être pendus pour toutes ces cures qui vous tuent. »

Il continue d'écrire, soucieux de maintenir le lien fragile qui les unit, et raconte ses victoires : Braclaw, Winnica, Batow, Raszow et bien d'autres. Mais tout cela n'est rien puisqu'il n'est aimé que de loin :

« Mon cœur est malade d'une passion qui me ronge et me fait mourir à petit feu. »

Marysienka, excédée, lui envoie le remède :

« Carte blanche ! »

Dans un cri de douleur il répond :

« Pourquoi la carte blanche ? Dieu m'est témoin que je désire aller au-devant de vos pensées. Si je n'ai pu quitter la Pologne comme vous me le demandiez, je ne l'ai fait que pour sauvegarder l'honneur, sans lequel que vaut la vie de l'homme, ou la mienne auprès de vous si j'en étais dépourvu ? A-t-on jamais vu un Hetman quitter le champ de bataille en pleine campagne ? » [1]

Elle refuse de reconnaître ses torts et se retranche dans sa fierté. Cela fait plus d'un an qu'ils escarmouchent et se tiraillent l'un l'autre, essayant l'un et l'autre de faire basculer l'autre dans son camp. Mais ni l'un ni l'autre ne veut céder. C'est alors que le chevalier d'Arquien fait irruption.

– J'apprends, ma sœur, que le Grand-Maréchal se divertit en votre absence. Il ne manque aucune fête de la cour, et les dames sont nombreuses autour de lui. On dit même que Griselda et la reine Eléonore lui cherchent une autre épouse.

Marie Casimire blêmit. Jean se serait-il réconcilié avec le « singe » ? Elle se souvient d'une lettre dans laquelle il vantait les qualités de l'archiduchesse qui entourait le roi Michel de tendresse et ne le quittait jamais, sacrifiant pour cela ses propres caprices. Elle réfléchit un instant. Ne serait-ce pas à elle de plier ? L'honneur de son mari n'est-il pas le sien ? Elle se radoucit, parle d'amour timidement et, à son tour, reçoit des piques :

« Vous me dites que ma lettre était froide. La vôtre ne brûlait guère. Il faut croire qu'en France les gelées sont venues de bonne heure. »

Aurait-elle perdu Jean ? Et pourtant, c'est bien lui qu'elle aime, depuis ce bal où, pour la première fois, il l'avait appelée « Marysienka ». Que ferait-elle sans lui ? Que fait-elle loin de lui ? Tout est morne dans ce Paris hostile et méprisant qui

1. Tous ces extraits de lettres sont authentiques.

l'ignore, y compris sa famille qui la boude. Elle a trente ans et se sent bien seule. Elle décortique encore les contradictions qui l'aveuglent et décide enfin de regagner la Pologne. Elle l'annonce du bout des lèvres, avec de grands soupirs. La coquetterie ne prend plus. La réponse de Jean est d'une froideur cynique :

« Vous revenez me voir avec autant d'entrain que je m'en irais à l'échafaud ou aux galères à perpétuité ! »

Au début de décembre de l'an 1671, elle est au relais de Dantzig. Le cavalier noir n'est pas au rendez-vous. Un écuyer galope vers elle et lui dit en bredouillant :

– Le Maréchal est au plus mal. Un abcès dans la gorge.

– Où est-il ?

– A Sambour. Un chirurgien va l'opérer.

Elle abandonne sa suite qu'elle confie à son chambellan et fait atteler un traîneau rapide qui l'emporte à vive allure dans l'immensité immaculée. D'un village l'autre, on pleure et on prie. Partout règnent l'inquiétude et la désolation. Le Maréchal se meurt et la patrie agonise. Un grand désastre se prépare. On en voit les signes avant-coureurs et la rumeur les colporte : sur les portes des villes trois femmes blanches tracent des lettres incompréhensibles que l'on ne peut effacer. Les fontaines, rompant leur gaine de glace, font couler du sang. Les loups se rassemblent, muets, au seuil des églises, et, la nuit, une grande croix brille dans le firmament.

Marie Casimire hâte sa course. Une escorte l'attend au bord de la Vistule, au sud de Varsovie.

– On l'a transporté à Pielaskowice, dit l'officier.

– Comment est-il ? demande-t-elle, angoissée.

Il n'ose répondre et retient ses larmes.

– Vite ! s'écrie-t-elle. Qu'attendez-vous ?

– Votre Seigneurie ne veut pas se reposer ? Vous venez de faire une longue route et la nuit va tomber.

D'un geste bref, elle fait signe au cocher de partir. Quinze lieues encore, vingt peut-être, ou trente... Qu'est-ce que la fatigue quand le château est si proche ? Elle se tourne vers ses gardes :

– Allumez des torches et forcez les montures.

Son cœur bat à se rompre. Elle a peur de cette Mort qui rôde, et implore la miséricorde divine. Ce Dieu qu'elle négligeait depuis quelque temps, doutant de tout et même de Lui, elle l'appelle et le supplie, offrant son « Mal » et toutes les douleurs subies pour que Jean soit guéri. Mais quelle sera la volonté du Tout-Puissant ? Les sapins défilent inlassablement, découpant un chemin d'étoiles sur l'infini du ciel. Le froid fait crisser la neige. Emmitouflée dans ses fourrures, Marie Casimire écoute les grelots de l'attelage qui égrènent le temps, ignorant l'obscurité où s'allument les yeux des loups. Deux jours plus tard, elle est à Pielaskowice.

Jean repose dans le lit de leur chambre. La douleur a creusé son visage et lui donne un air de gisant. Les médecins veillent autour de lui.

– La fièvre est tombée, dit Davidson. Le danger est passé.

– Laissez-nous, souffle-t-elle.

Oubliant son manque de sommeil et son corps moulu par la course dans le vent glacé, elle s'installe au chevet de son époux. L'émotion serre sa gorge. Elle imagine soudain qu'elle aurait pu le perdre et réalise combien il lui est cher. Alors, pourquoi lui avoir infligé tant de déceptions et de souffrances ? Le remords étreint son cœur. Une bouffée de honte empourpre ses joues qui se mouillent de larmes. Elle prend la main inerte entre les siennes et la presse tendrement contre sa bouche.

– Iachou, mon Ianitchkou, murmure-t-elle. Je suis là et ne te quitterai plus. Pardonne-moi, mon amour. Pardonne mon inconstance. J'ai besoin de toi et ne peux vivre sans toi.

Elle reste ainsi toute la nuit, à répéter son repentir, et récite des rosaires pour appeler la grâce de Dieu. Au matin, Jean se réveille et la découvre. Un flot de tendresse emplit ses yeux pâles.

– Joie de mon âme, dit-il d'une voix faible. Tu es là.

Leurs lèvres se joignent. Ils n'ont plus besoin de mots pour expliquer ce qu'ils ont au fond du cœur. Marie Casimire oublie ses rêves de France. Son bonheur est auprès de Jean qui retrouve peu à peu sa vigueur.

– Je ne partirai plus, lui dit-elle. Je resterai auprès de toi.

Ils découvrent l'un et l'autre ce bonheur rare et bien particulier qu'apporte l'amour lorsqu'il vient de l'âme et embrase la chair. Fusion totale dans le don absolu. Un seul corps, un seul cœur, et cette plénitude bienfaisante qui passe de l'un à l'autre, se fortifiant de l'un dans l'autre.

Au début de mars, ils sont à Iavorow et roucoulent comme aux premiers jours dans la brise de printemps. Mais une cavalcade vient bouleverser leur harmonie.

– Mahomet IV nous déclare la guerre, dit un général qui arrive de Varsovie. Les cosaques lui ont demandé sa protection, et l'Ukraine, selon lui, fait partie de son empire. Il somme le roi Michel d'en retirer ses troupes. Si nous ne plions pas, les canons turcs nous y forceront.

Marie Casimire est pétrifiée et Jean tonitrue :

– J'avais prévenu le « singe », mais il ne m'a pas cru. Il a refusé de tendre la main à Doroszenko sous prétexte que le grand-duc Yaréma son père sortirait de sa tombe pour le poignarder. Les faits confirment mes soupçons.

– L'armée s'est confédérée à Sambour, dit encore le général. Le roi ne paie pas les soldes. Comment peut-on se battre quand on a le ventre creux ?

Jean s'agite et vocifère. D'autres nouvelles arrivent. Les complots se multiplient dans le pays et les diétines avortent dans le sang. Vienne a envahi le Palais du roi, investi sa garde et lâché une multitude d'espions qui sillonnent les villes et les campagnes. On arrête et on torture. Jour après jour, la cour du château s'emplit de nombreux cortèges. Les anciens conjurés se rassemblent autour du Maréchal. Et Marie Casimire s'anime lorsque l'abbé Paulmier lui fait savoir qu'il se cache dans un couvent du voisinage et souhaite la rencontrer. Elle s'y rend à l'heure des vêpres et le retrouve dans l'ombre d'une chapelle, dissimulé dans le confessionnal. Deux heures plus tard, elle regagne son château et annonce :

– Le roi de France en a fini avec la Hollande. Il prépare une offensive sur le Rhin et serait tout à fait favorable à l'installation d'un prince français à Varsovie. Le duc de Longueville est toujours disponible.

De nouveau on chuchote et on conspire.

– Qu'attendons-nous pour passer à l'action ? dit Jablonowski. Le roi bafoue notre Constitution. Allons-nous périr sous la hache ottomane ?

– Préparons-nous, dit Sobieski, mais attendons la Diète.

Le parti profrançais ressuscite et prend de l'ampleur. On rédige des messages codés, et des courriers passent clandestinement en France, risquant sans cesse de se faire « chauffer les pieds ». Au début d'avril, le Maréchal de la Couronne est complètement rétabli et prend la route de Varsovie à la tête de son armée. Marie Casimire reste à Iavorow. Elle est enceinte et rêve une fois de plus de Paris que le destin semble faire renaître avec ses « compensations ». Un billet pressant lui demande de sauter dans un carrosse :

« Il faut à tout prix faire diligence, mon âme, parce que les choses ici vont de pire en pire. »

Tout se précipite en effet. Lorsqu'elle arrive à la fin de juin, dans leur palais de Ujasdow, les conjurés sont réunis autour de son mari qui fulmine sa colère.

– Le roi m'accuse ! dit-il. Il paraîtrait que c'est moi qui ai demandé aux cosaques et aux Tatars d'envahir la Pologne.

– Vous plaisantez, dit-elle.

Jablonowski confirme :

– Le propos a été tenu en public, à l'ouverture de la Diète. L'Assemblée indignée a vivement protesté.

– Et pendant ce temps, reprend le Maréchal, le Turc se prépare et notre gouvernement ne prend aucune mesure. L'anarchie est à son comble. Trêve de plaisanterie. Nous franchissons le Rubicon. Nous signons demain l'acte de confédération. Ensuite, nous ferons appel au roi de France, et la voie sera libre pour le « comte de Saint-Paul », notre « Roi Longueville ».

Tout le monde applaudit, mais les jours suivants n'apportent que déception. On apprend que le jeune duc a trouvé la mort sur les bords du Rhin. On réclame Condé. A son grand regret, Monsieur le Prince est fort occupé. La France ne pense plus à la Pologne. Le parti profrançais, consterné, n'a pas le temps de se lamenter. Il faut se disperser au plus vite par crainte de représailles. Jean va rejoindre son armée et gagner l'Ukraine où il défendra la République.

– Et vous, mon âme, dit-il à son épouse, vous m'attendrez à Iavorow, et donnerez le jour à notre bébé. Cette fois, ce sera Thérèse ou Alexandre.

Marie Casimire s'effondre. Il n'y a plus d'espoir de quitter la Pologne, et Jean s'en va. Elle sera seule avec sa peur, et la séparation risque d'être longue.

– L'homme ne peut pas toujours prendre le chemin qu'il désire, dit-il en la serrant contre lui.

– Croyez-vous que je puisse accepter aisément de vous voir partir ? Dieu prend-Il plaisir à nous éprouver ?

Pour la consoler, il fait appareiller une galère. Ensemble ils remontent la Vistule, s'offrant une courte lune de miel avant la tourmente. A Golab, il débarque, enfourche son cheval et disparaît. Elle continue son voyage vers le sud et regarde droit devant elle, découragée, l'esprit vide de pensées. Un cavalier galope le long de la berge et interpelle les marins de l'embarcation.

– Un message de Son Excellence pour Madame la Maréchale !

Elle sourit et s'anime, imaginant un mot tendre. Mais ce qu'elle lit la fait blêmir :

« Les Turcs ont passé la frontière de Pologne. Kamieniec est assiégée. Rebroussez chemin, mon âme. Rendez-vous à Gniew. Vous y serez en sécurité. »

Elle lui avait dit qu'elle aimait la Prusse, où les maisons sont propres. Aussitôt, pour lui plaire, il avait pensé à sa starostie de Poméranie toute proche, et lui avait fait construire, à l'orée d'une forêt de hêtres, de chênes et de sapins, un charmant palais de bois noyé dans les fleurs. Elle y arrive vers la mi-août avec son fils et toute sa suite. Une lettre de Jean l'y attend :

« Joie de mon cœur et de mon âme,

« Depuis le moment de notre séparation, je ne suis plus qu'une parcelle d'homme puisque j'ai quitté la meilleure partie de moi-même. En regardant la galère, mon cœur a failli se rompre de chagrin. Je ressentais une grande félicité de notre amour retrouvé, mais aussi une peine violente et une irrésistible langueur. Puisque Dieu et notre destin le veulent ainsi, il est difficile de nous opposer à la sainte volonté. » [1]

Le regard de Marie Casimire vogue sur les parterres de roses qui déroulent leur pourpre jusqu'à la rivière. L'air est doux et le petit Jacques joue à ses côtés, tandis qu'au loin, derrière l'horizon, Jean se démène dans les clameurs et la poussière. Sera-t-il de retour pour la naissance qui approche ? Elle s'en persuade, trompant ainsi son inquiétude, mais le destin poursuit son œuvre, et les mauvaises nouvelles tombent en avalanche.

La chute de Kamieniec est le premier coup qui déclenche la tempête. Le verrou contre l'invasion a sauté, et les Polonais terrifiés s'enfuient par milliers devant les hordes turques qui se répandent, brûlent, massacrent et asservissent. A Varsovie, le roi Michel nie les faits et accuse son Grand-Hetman de propager des faux bruits. Marie Casimire s'affole lorsqu'elle entend que la tête de son époux est mise à prix. Le pays se divise. Le roi se confédère contre Jean Sobieski, et ce dernier se confédère à son tour contre le souverain qui, pour sauver son trône, préfère s'incliner devant la Porte. Un traité signé à Buczacz [2] le 17 octobre 1672 fait de la République une pro-

1. Lettre authentique.
2. Se prononce Butchatch.

vince vassale du sultan ottoman, et la Pologne consternée pleure de honte.

Pendant ce temps, au château de Gniew, les épreuves continuent de frapper Marysienka. Son frère Louis est tué sur le Rhin et sa mère s'éteint à Paris. Bouleversée par ces deuils successifs, elle met au monde une petite fille qu'elle croit trop chétive pour vivre. De nouveau la Mort rôde et l'obsède. Le chagrin la brise et l'enfonce dans le désespoir. Elle s'enferme dans sa chambre, tirant verrous et rideaux.

Prostrée dans l'obscurité, elle attend ses morts qui ne cessent de la hanter : Zamoyski et les trois enfants qu'elle a eus de lui, le vieux Stavski, les jumelles mort-nées au moment de la Diète, la petite fille morte près de Bruxelles, auxquels il lui faut ajouter désormais son frère Louis et sa mère. Elle se complaît à vivre dans l'ombre, espérant ainsi les rejoindre. Au bout de six jours, l'aumônier du château trouve les mots qui ouvrent sa porte. Drapée de noir, livide et décomposée, elle déclare d'une voix sans timbre :

– Mes pauvres morts, jour et nuit, ne m'abandonnent. Je ne puis les savoir dans les ténèbres d'une cave sans désirer passionnément les y retrouver.

– Allons, dit le saint homme en ouvrant les fenêtres sur le parc resplendissant. Laissez aux ténèbres ceux que Dieu a rappelés et ouvrez votre cœur à ceux qui vous entourent. Votre fils, votre fille que l'on peut sauver, et surtout votre mari.

– Il vaudrait mieux pour lui que je sois morte. Jusqu'à présent je n'ai fait que son malheur. La haine que l'on me voue se reporte sur lui et je suis incapable de lui rendre le bonheur qu'il me donne. Je ne produis que des mauvais fruits.

– Rien n'est perdu, Madame. Acceptez la volonté de Dieu. Ouvrez votre cœur, et brisez cet orgueil qui est le plus grand fléau de l'homme.

De nombreux entretiens avec l'abbé compréhensif apaisent son âme en déroute. Elle découvre une autre prière, plus recueillie, plus profonde, et fait provision de sérénité, tenant sur son sein une petite Thérèse qui s'épanouit. Au mois de décembre, Jean est de retour, plein de verve et de fougue. Elle se jette dans ses bras en pleurant de joie. Il la serre contre lui et tourbillonne dans l'antichambre en disant de sa voix forte :

– Mon amour emporte tous les obstacles. Mes soldats le prennent pour un sortilège. Ils se lamentent parfois, trouvant que je prends trop de risques pour ma personne. Mais je sais que les femmes aiment les braves, et j'espère être digne de vos caresses.

– Etes-vous sûr de ne pas me préférer la gloire ? demande-t-elle sur un ton mélancolique.

Il s'immobilise et plonge son regard dans les yeux sombres de Marysienka.

– Si vous me décevez, je donnerai à la gloire toutes mes pensées, mon amour et ma santé. Mais c'est de vous que je veux m'enamourer pour le reste de mes jours, puisque aucune autre créature ne peut vous succéder dans mon cœur.

Il prend sa main et la guide vers l'escalier qui conduit au « piano nobile ». Elle pose sur lui un œil possessif et demande, sur ce ton de comédie qu'ils affectionnent dans leur intimité :

– Astrée disposera-t-elle de Céladon comme elle le voudra ?

– Enivrez-moi de vos douces privautés, répond-il, et Céladon s'anéantira dans son Astrée.

Ils se perdent l'un dans l'autre, oubliant les ombres terrifiantes qui peuplaient leurs cauchemars. Plus de laideur ni de cruauté. Les doutes s'envolent, et leurs corps apaisés écoutent les battements de leurs cœurs fortifiés. Alors seulement ils peuvent commenter les nouvelles.

– Le « singe » est fini, explique-t-il. La paix honteuse le déconsidère. Ses plus fidèles partisans lui tournent le dos. Michel Paç le premier.

– Allez-vous le déposer ?

– Je ne suis pas fou. Nous n'avons pas besoin d'une guerre civile en ce moment. Il y a plus urgent. Depuis que j'ai fait saisir à Cracovie les joyaux de la Couronne et les insignes de la royauté, le roi sait que je suis le plus fort. Il tremble et propose la réconciliation.

– Vous acceptez ?

– Je n'ai rien d'autre à faire. Une bonne dizaine de « confédérations » se partagent le pays. A la moindre étincelle, on risque de se frotter ferme. J'ai mûrement réfléchi. J'attends la Diète de printemps pour imposer des mesures.

La main de Jean s'attarde sur une hanche, puis au creux de la taille si menue de Marysienka. Il joue avec les cheveux qui ondulent sur un bout de sein et dit encore :

– La patrie est en danger. Cette fois, le « singe » va m'écouter.

Une lueur s'allume dans le regard de la jeune femme qui détaille amoureusement le grand corps de son époux. Si Jean a pris du muscle dans cette campagne, le ton de sa voix a gagné une fermeté qu'elle ne lui connaissait pas. Il parle avec autorité et n'a pas hésité à braver le roi auquel il a décidé d'imposer sa volonté. Il l'impressionne soudain, et sa peau frissonne d'un plaisir tout particulier.

Avec le printemps, ils entrent dans Varsovie. La foule les salue tout au long des rues. Le Maréchal se rend au Palais royal pour l'ouverture de la Diète. Marie Casimire rentre chez elle en pestant de ne pouvoir y assister. Pour tromper son impatience, elle envoie quelques pages qui vont et viennent et lui transmettent les nouvelles. Elle écoute, fébrile, et veut tout savoir. Elle apprend ainsi qu'un agent du roi s'est levé pour accuser Jean Sobieski d'avoir vendu Kamieniec aux Turcs. Les magnats se sont indignés, la noblesse s'est agitée, et le roi Michel a été désavoué publiquement. La Diète unanime a demandé justice et remis les pleins pouvoirs entre les mains du Maréchal qui veut relancer la guerre et briser le traité honteux.

– Le meilleur défenseur de la Pologne, murmure-t-elle.

Lorsqu'un peu plus tard il regagne son palais, Jean lui annonce sur un ton de triomphe :

– Le « singe » a plié. J'ai une armée de soixante mille hommes et je chasserai les Turcs.

Elle le regarde avec une tendresse que le respect magnifie et se serre contre lui en disant :

– Il ne vous manque plus que la couronne pour être roi.

La fin de l'été les sépare. Jean rejoint ses cantonnements et Marysienka, songeuse, prend la route de Iavorow. Le 10 novembre 1673, Michel Korybuth Wisnowieski meurt d'avoir trop mangé et, le lendemain, Jean Sobieski écrase les Turcs dans la forteresse de Chocim [1].

1. Se prononce Rhotchim.

# XIX

La mort du roi est un signe. Mais où est Jean ? Va-t-il manquer la chance qui s'offre à lui de prendre en main les destinées de son pays ? Marie Casimire ne sait pas encore qu'il vient de réussir l'impossible. Mais, pour elle, il n'y a plus de doute. Depuis qu'elle l'a vu imposer ses volontés à la Diète et prendre la tête de sa grande armée, elle sait que la couronne des Jagellons est pour son front. Il aurait pu la ceindre quatre ans plus tôt si…

Elle se souvient du récit de Jean, racontant la façon rocambolesque dont Michel avait été élu. Un pur hasard. Incapables de se prononcer sur un candidat, les sénateurs s'étaient agenouillés pour implorer la divine Lumière en chantant le *Veni Creator*. Une voix, venue d'on ne sait où, avait alors crié :

– Un Piast !

– Un Piast ! Un Piast ! avait repris la foule.

L'assemblée s'était tue, croyant entendre des bourdonnements d'abeilles, signe de prospérité, et dans le silence un nom avait retenti :

– Michel Wisnowieski !

La voix inconnue aurait pu tout aussi bien lancer « Sobieski ! »... Elle était malade, en ce temps, pas assez vive pour saisir les occasions, et Paris l'obsédait avec ses « compensations ». Elle ne voyait qu'une chose : fuir la Pologne au bras de son mari. Ils se sont dévoués l'un et l'autre pour le candidat français et mal leur en a pris. En France comme à Varsovie, ils n'y ont gagné que critiques et calomnies. Cette fois, tout va changer. Elle ne se battra plus pour satisfaire ses caprices, mais pour l'honneur et la grandeur de Jean. Paris et ses « compensations » sont bien peu de chose lorsque le destin leur présente soudain un trône. Ils ne le laisseront pas échapper et se vengeront des humiliations passées.

Elle a eu le temps de méditer dans la solitude de Iavorow. L'expérience a forgé son intelligence et les revers l'ont mûrie. Elle a compris les leçons des événements et assimilé l'hypocrisie de la politique. Elle connaît sa Pologne, versatile et cupide, que le faste impressionne et que l'argent asservit. Mille et une fois elle a décortiqué le déroulement de l'élection passée, les alliances affichées et les marchandages secrets, les promesses trompeuses et les trahisons de dernière minute. Découvrant peu à peu la force du silence et de l'absence, elle a tissé sa trame et forgé ses armes. Son plan est prêt. Mais, pour l'heure, elle n'entend que le glas du trépas royal.

Soudain les cloches s'emballent et leurs carillons à toute volée jettent les foules sur les routes. On rit, on danse. La patrie est sauvée, le Grand-Maréchal a gagné. Le récit de sa victoire se colporte de ville en village, de chaumière en château. Et partout on répète son nom accompagné des épithètes les plus glorieuses, car le noble héros a surpris les fils d'Allah en les prenant à revers, par la face sud, la plus abrupte, que ces mécréants croyaient être un rempart. A l'aube, sortant de la neige, il a surgi dans leur camp, fait un carnage et planté bien haut l'aigle de Pologne. Une charge parfaite qui a précipité les Turcs par milliers au fond des gorges et des ravins.

« Ce succès nous assure la couronne », se dit Marie Casimire, exultant de joie.

Sans perdre un instant, elle fait atteler son carrosse monté sur un traîneau et se précipite vers Zolkiew. Le nouvel Alexandre, elle le pressent, viendra déposer ses lauriers dans la crypte où dorment ses ancêtres. Fidèle au serment tant de fois juré devant sa mère, il s'inclinera devant l'écu qui porte leur devise : *Vel cum hoc, vel super hoc* [1], et se recueillera sur les tombeaux de ceux qu'il vient de venger : l'aïeul Zolkiewski, le Grand-Hetman qui a brûlé Moscou et ramené le tsar à Cracovie, mort taillé en pièces à Cecora ; l'oncle Danillowicz, mort sous la torture à Sokol, comme le grand-père Sobieski, et Marc, le frère, illustre défenseur de Zbaraz, mort décapité à Batoh. Quant à Jacques Sobieski, castellan de Cracovie, il avait, en son temps, défendu Chocim contre l'envahisseur, mais il était à l'abri des remparts. Jean Sobieski, son fils, était dans la plaine et n'a pas hésité à escalader les murs imprenables pour reconquérir la forteresse. Elle explique tout cela au petit Jacques qui devra prendre part à la cérémonie, porteur d'une continuité dont il est à présent l'héritier.

Des trompettes annoncent le Hetman triomphant. Il revient dans les tourbillons de neige, brandissant les bannières de l'Islam qu'il vient de capturer. Derrière lui, des chariots innombrables transportent un butin considérable. Marie Casimire émerveillée fait le compte de tous ces trésors qu'elle va distiller ici et là, dans une mise en scène astucieusement étudiée. Après les effusions des retrouvailles, elle déclare avec ardeur :

– Mon aimé, la couronne sera pour vous.

– Je ne la cherche pas, répond-il. J'aurais préféré poursuivre sur notre lancée, et reprendre toutes les places tenues par les Turcs. La mort du roi m'a paralysé. Les plus vaillants capitaines ne pensaient qu'à rejoindre Varsovie et marchander l'élection. Pourvu, leur ai-je dit, que l'on trouve un prince de génie assez éprouvé pour conduire la guerre, d'âge assez mûr pour aimer et vouloir la paix.

1. « Vaincre avec lui ou sur lui. »

– Vous, bien sûr !

– Je pense toujours à Condé.

– C'est ce que nous afficherons, mais pour atteindre un autre but. Souvenez-vous de l'élection dernière. Louis criait Neubourg et œuvrait pour Condé. Léopold, fidèle à ses accords secrets, poussait lui aussi Neubourg, mais pour placer Lorraine. Nous ferons comme eux. A notre tour, nous jouerons la France, mais pour notre compte, et nous feindrons de soutenir Condé. L'Autriche va contre-attaquer et la Diète se divisera. Un seul nom alors ralliera tous les suffrages, le vôtre. N'êtes-vous pas celui qui rétablit l'ordre et la discipline ? Vous venez de sauver la République, elle ne peut se passer de vous.

Ebahi par ce long discours, Sobieski contemple son épouse d'un regard amusé, qui ne manque pas d'admiration :

– Par bravoure, les hommes cherchent la gloire, dit-il, mais rien au monde n'est aussi glorieux que les dames quand elles sont belles et intelligentes. Je vois, mon âme, qu'à vous aussi l'amour donne des ailes.

De ce jour la stratégie se met en place, et l'on s'active. Les amis de la conjuration se rassemblent : Stanislas Jablonowski, Michel Radziwill, beau-frère de Sobieski, le clan Sapieha, Morsztyn, des sénateurs et quelques archevêques. Nul n'ignore la valeur du Grand-Maréchal qui a désormais pour lui la reconnaissance de tout le pays, l'amour de ses soldats, l'estime de la noblesse et la vénération du clergé. On connaît sa modestie et sa droiture au-dessus de toute compromission et de tout calcul. Alors on travaille pour lui. Avec méthode et conviction. N'est-il pas le meilleur défenseur de la Pologne ?

Marie Casimire écrit tout d'abord au roi de France qui n'a pas daigné envoyer d'ambassadeur pendant tout le règne du défunt roi. Feignant de se soumettre, elle lui demande des instructions, en l'assurant du dévouement du parti profrançais et de son mari, tout à sa dévotion. Louis XIV répond évasivement :

« Dans les conjonctures présentes, je souhaiterais que les suites en soient heureuses pour la Pologne. Soyez bien persuadée, Madame, qu'elles ne sauraient m'être plus agréables que lorsqu'elles seraient avantageuses à mon cousin le Grand-Maréchal et à vous. » [1]

– Qu'entend-il par là ? s'écrie-t-elle. Toujours des formules vagues, quand nous voulons des précisions.

Elle lui écrit encore ainsi qu'à Monsieur de Pomponne qui a succédé à Monsieur de Lionne. Qui sera leur candidat et qu'attend-on pour envoyer une ambassade ? Pour la bonne marche de son plan, une présence manifeste de la France dans cette élection est capitale. Elle seule est assez puissante pour faire contrepoids aux menées de l'Autriche qui met en avant, à grand renfort de marches prussiennes et de sacs d'or, son favori Charles de Lorraine. Ce dernier vient d'annoncer qu'il épousera la reine Eléonore, ce qui permettra à la République de faire l'économie d'une pension de veuve.

– Nous touchons là au nœud gordien de l'affaire, dit Sobieski. Michel Paç affirmait dans le camp de Chocim : « Il nous faut un prince célibataire qui puisse s'unir à l'archiduchesse. Nous épargnerons une charge, et nous conserverons à notre patrie l'utile alliance de la cour impériale. » Je crois que par ces mots il cherchait à me faire comprendre que si par hasard j'avais quelque prétention, j'étais éliminé d'avance.

– Restons à Zolkiew et gardons le silence, dit Marie Casimire. Si mon existence est un obstacle, égarons nos adversaires et faisons répandre que je suis malade, très malade même, comme au printemps de 1669.

La rumeur se propage à la vitesse du vent, et les langues de Varsovie rivalisent de perfidie.

– Le Maréchal a empoisonné sa femme pour offrir sa main à la reine, disent les uns.

– Pas du tout, répliquent les autres. L'auteur du crime est Eléonore qui rêve de s'unir au héros de la Pologne.

1. Extrait authentique.

Marie Casimire s'amuse de ces commérages, mais reste soucieuse. La France ne répond pas à ses appels, et cette indifférence, dans une circonstance d'une telle importance, l'inquiète chaque jour un peu plus. Elle en perd le sommeil et se ronge les sangs lorsque enfin, poussé par la brise de printemps, Monsieur de Forbin-Janson, évêque de Marseille, se présente au château de Zolkiew. La Maréchale est auprès de son mari pour accueillir l'envoyé du plus grand roi de l'Europe.

– Que d'aventures, explique le prélat souriant et courtois. La galère qui me transportait s'est fracassée sur les Orcades, à la pointe de l'Ecosse. Nous étions perdus dans la tempête, mais grâce au Seigneur, me voici.

Il reprend sa respiration et ajoute :

– Sa Majesté vous confirme ses offres : le bâton de maréchal de France, le Cordon bleu, une terre à ériger en duché-pairie et une somme de quatre cent mille livres.

– Quel est votre candidat ? demande Sobieski impatient.

– Neubourg, répond l'évêque. Non le vieux duc, mais le fils, un prince jeune et bien fait.

– Je ne veux pas entendre parler de ce morveux ! s'écrie Sobieski, le visage immobile et l'œil froid. Le seul, à mon sens, qui puisse convenir est Condé. Avez-vous des pouvoirs pour traiter en son nom et pouvez-vous garantir l'arrivée immédiate du Prince après l'élection ?

Forbin-Janson, embarrassé, fait la moue.

– Si les Polonais se portent d'eux-mêmes pour Monsieur le Prince, je ne ferai rien pour les détourner de ce choix.

Le Grand-Maréchal se redresse dans son fauteuil, toise l'évêque d'un regard impérial et conclut :

– A la grâce de Dieu !

L'entretien est terminé, et tandis que l'on se salue avec cérémonie, Marie Casimire confie au visiteur :

– Faites vos réflexions, Monsieur l'Ambassadeur. Mon mari est très sollicité. Son avis, aujourd'hui, est d'un grand poids.

Pendant ce temps, à Varsovie, la Diète s'est ouverte dans le bruit et l'agitation. Des cortèges magnifiques sillonnent les rues de la ville. Les puissants seigneurs de la République étalent leur opulence. Ils se pressent vers le Kolo et vont siéger derrière les tentures de la Szopa, tandis qu'une foule dense envahit les champs de Wola au bord de la Vistule et se promène entre les tentes luxueuses que les divers magnats et dignitaires ont fait dresser pour la circonstance.

L'une d'elles attire tous les regards. Un château fort en étoffes de coton et de soie, piqué de pommes d'or et de clochetons, avec pont-levis et tourelles, écuries, cuisines et salles de bains. Les salles de conseil sont tendues de tapisseries d'un prix inestimable, sur lesquelles reposent des boucliers étincelants et une quantité d'armes serties de pierres précieuses. Sur les sols, couverts de tapis de Perse les plus rares, s'amoncelle un butin jamais vu. Des colosses à demi nus, coiffés de turbans ou de bonnets pointus, bras croisés ou lame au poing, en défendent les entrées. On se demande à quel prince appartient ce palais où ne manque aucun des fastes de l'Orient. La réponse, portée par le vent, emplit la ville. C'est la tente de Hussein Pacha, le sérasquier du sultan Mahomet IV, battu à Chocim. Mais elle est vide, et le nom du Grand-Hetman court de bouche en bouche.

Les jours passent et Sobieski est toujours absent. De Zolkiew, il attend son heure et fixe avec Marysienka les détails de son entrée. Pendant ce temps, la Diète nomme son président de séance et l'on commence les délibérations. Divers candidats se présentent. Des princes de sang royal en quête d'un trône. Ils viennent du Danemark, de Suède, de Transylvanie, de Savoie, d'Orange, du Brandebourg ou de Moscovie. On en compte dix-sept qui sont bien vite balayés pour leur insignifiance ou leur manque de fortune. Deux noms restent en lice : Neubourg et Lorraine. Derrière eux, les deux puissances rivales que sont les Bourbons et les Habsbourg. Devant eux, les Polonais avec la France, contre les Lituaniens avec l'Autriche. Les lames ont quitté les fourreaux, les mains frémissent au moindre mot, et l'on murmure un peu partout le proverbe populaire :

« Le monde aura pris fin avant qu'un Polonais puisse aimer un Germain. »

Michel Paç se lève alors et demande de voter l'exclusion d'un Piast. Les Polonais rugissent, outrés par le propos discriminateur du Lituanien qui vise, on le devine, son ennemi de toujours, Sobieski. Une musique, soudain, éclate dans la plaine. Tambours, timbales, trompettes et cornemuses font vibrer l'air de leurs notes étranges. Dans l'assemblée, muette de stupeur, on se regarde tandis qu'au-dehors la foule hurle son enthousiasme.

– Vive Sobieski ! Vive le vainqueur de Chocim !

On s'élance vers les remparts pour voir enfin de ses yeux celui qui a sauvé la patrie. Et l'on assiste, ébloui, au défilé le plus saisissant qui force l'admiration et la vénération. Marie Casimire n'a rien négligé pour surprendre les Polonais. Derrière le héraut d'armes qui porte la bannière de Zolkiew et le bouclier d'argent, à trois pas, seul, un cavalier magnifique, cuirassé d'or, avance lentement sur un cheval énorme qui soulève de son pas pesant des nuages de poussière blonde sur une forêt d'étendards ornés de queues de cheval et de croissants d'or. Il en impose par sa prestance, son élégance et la richesse de ses atours. La selle est ornée de plaques d'or et d'argent, les fourreaux d'or scintillent de toutes leurs pierreries. Mais ce qui impressionne le plus est le feu pénétrant de ses yeux inondés de soleil. On regarde avec terreur les soldats de sa garde personnelle, ces janissaires aux costumes bizarres qui font trembler le sol en frappant sur leurs gros tambours. Les sons aigus de leurs trompettes si longues hérissent la chair et leurs cymbales font sauter le cœur. On découvre alors l'immense cohorte des captifs aux visages barbares, traînant leurs lourdes chaînes, et le fleuve de ses guerriers aux longues moustaches et menton rasé qui brandissent fièrement leurs lances, leurs haches et leurs cimeterres. Les populations des campagnes courent à sa rencontre, dressent des arcs de triomphe et se mettent à genoux sur son passage.

Sobieski, maître de sa puissance, entre dans Varsovie avec tout le faste de sa gloire. Ce nouveau triomphe fait renaître dans les mémoires ceux du passé qui viennent le nimber de leurs auréoles. L'heure a sonné pour le Grand-Maréchal d'être enfin reconnu par tous ceux qu'il a défendus. L'Assemblée, confondue, flotte et se disperse. L'ordre équestre et de multiples sénateurs vont à sa rencontre. Conscient de sa majesté et du trouble qu'il provoque, il pénètre sur le Kolo, prend sa place dans la Szopa et promène son regard sur l'assistance, attendant que les débats reprennent. On lui expose les faits et on lui demande son avis. Il réfléchit et prend sa respiration avant de dire sur un ton plein de gravité :

– Neubourg est un enfant. Le Lorrain est un brave soldat, mais rien de plus. Il faut à la Pologne un prince chargé de victoires et d'un sang illustre. La Diète doit élire Condé.

Le nom sonne comme le coup de gong qui ouvre le combat. Un sourire furtif passe sur les lèvres du Maréchal. Marysienka ne s'est pas trompée. Il aimerait l'avoir près de lui pour lui presser la main et lui chuchoter quelques mots à l'oreille. Plus tard. Quand il la retrouvera au palais de Ujasdow où elle met au point les phases suivantes du plan. Pour l'heure, il écoute et observe ses pairs qui escarmouchent à coups d'insultes et d'invectives. Mais s'ils s'empoignent, il lâche ses hommes. Les joutes verbales s'épuisent, et l'on sent bien que les deux candidats en présence perdent des suffrages de part et d'autre.

Pendant ce temps, Marie Casimire reçoit de nombreuses personnes et brasse les intrigues. Une série d'apartés d'un salon à l'autre qui préparent le second acte de la comédie. Elle est à son affaire et n'a jamais été aussi heureuse. Elle complote avec Forbin-Janson et lui extorque une lettre du jeune Neubourg.

– Selon votre souhait, dit le prélat subjugué, le duc a signé son engagement. S'il est élu, il n'épousera la reine

Eléonore qu'avec le consentement du Maréchal. Voyez vous-même.

– Fort bien, dit-elle en lisant le document. Tout y est. Soyez assuré, Monsieur l'Ambassadeur, que nous agirons selon les intérêts de la France.

Elle soulève une courtine et disparaît dans la pièce voisine où l'abbé Paulmier, sorti des brumes au bon moment pour appuyer discrètement ses manœuvres, se confond en courbettes. Elle lui tend une bourse pleine de ducats. Le document qu'elle tient en main vaut bien cela. Dans un autre cabinet, elle rejoint les sénateurs Radziwill et Sapieha. Ils reviennent du Palais royal où ils ont été reçus, sur leur demande, par la reine. Ils lui ont proposé, afin de concilier les partis dont les querelles s'éternisent, la solution qui, selon eux, calmerait les esprits : épouser le candidat français.

– Elle refuse, dit Radziwill, la mine réjouie. Elle veut Lorraine dont elle annonce déjà la victoire. Les Paç qui l'entourent sont furieux de notre visite. Ils flairent un piège et se promettent de l'emporter, par les armes s'il le faut.

– N'en déplaise à la reine et à Michel Paç, s'écrie Marie Casimire, les Impériaux ne régneront pas sur la Pologne.

Ses yeux lancent des flammes. Tout se complique comme elle le désire. Il ne lui reste plus qu'à semer un peu plus de confusion avant de faire entendre la voix du Ciel qui imposera le Piast. L'envoyé de France se promène sous les mélèzes du parc. Elle observe un instant la silhouette avenante et la démarche élégante de celui qui parle au nom du Roi-Soleil. Les humiliations de son dernier voyage lui reviennent en mémoire. Son regard s'aiguise et se durcit.

– Nous bernerons le diable ! murmure-t-elle.

Elle traverse la pelouse et marche à la rencontre du prélat. Dissimulant son contentement, elle lui annonce le refus de la reine d'épouser Neubourg et ajoute sur un ton faussement résigné :

– Les jeux sont faits, Monsieur l'Ambassadeur. Si vous ne voulez assister à une victoire de l'Autriche, votre devoir est d'appuyer mon mari. Vous savez combien nous aimons la France.

L'évêque fait grise mine et prend un air pincé.

– Le Roi sera fort mécontent.

– J'en suis navrée, Monseigneur, mais on ne refuse pas un trône quand il se présente. Voudriez-vous le laisser à Lorraine ?

Forbin-Janson s'incline. Si le charme et la grâce de la Maréchale sont irrésistibles, son esprit est redoutable et sa logique implacable. La France désormais ne peut que soutenir Jean Sobieski. Le visage de la jeune femme s'irradie d'un sourire éclatant. Elle tient entre ses mains tous les fils de la machination. Au cours de la soirée, on répète les rôles. Il ne reste plus qu'un jour avant la clôture de la Diète. Il est temps d'inspirer les sénateurs et de faire entendre la voix du Ciel.

Au matin, tandis que les délégations s'engouffrent dans le Kolo, Marie Casimire, cachée dans son carrosse, rôde autour des palissades et poste ses pages afin de tout savoir dans la minute. Le moment décisif est arrivé. Jablonowski doit parler devant l'Assemblée et, de son éloquence, dépend le succès de l'entreprise. D'autres interventions bien orchestrées viendront étayer ses dires. Elle attend, fébrile et anxieuse, ce que le destin va décider.

Devant un parterre de sénateurs nerveux, le palatin de Russie Rouge se lève et commence son discours. D'emblée, il exclut Neubourg, puis salue la bravoure de Lorraine qui pourrait avoir des suffrages s'il n'était dévoué à l'Empereur. Le seul candidat digne de la Pologne est Condé, mais trop d'électeurs s'y opposent et il en énumère les raisons. Il parle de la Pologne, de son passé glorieux et conclut :

– Je demande qu'un Polonais règne sur la Pologne.

Des murmures d'approbation lui répondent et des cris s'élèvent ici et là :

– Un Piast ! Dieu bénisse la Pologne !

Le palatin, d'une voix plus ferme encore, continue :

– Si nos ancêtres eurent quelquefois recours à des étrangers pour les élever au rang suprême, ce fut parce qu'ils redoutaient les luttes sans fin de compétiteurs égaux. Aujourd'hui, ce péril n'est pas à craindre : la preuve, c'est que tous vos regards viennent sans hésitation de se fixer sur un seul d'entre nous.

Des acclamations l'interrompent, mais il reprend :

– Il est le plus grand, le premier des fils de Pologne. En le plaçant à notre tête, nous ne ferons que consacrer l'ouvrage de sa propre gloire. Un tel roi maintiendra notre nation au rang qu'elle occupe dans l'univers puisque lui-même l'y a déjà maintenue. Il ne fera pas de nous la proie de l'étranger. Il ne fera pas de lui-même un vassal de l'Infidèle… Polonais, si nous délibérons ici en paix sur l'élection d'un roi, si les plus illustres dynasties briguent nos suffrages, si notre puissance a grandi, si notre liberté est debout, si même nous avons une patrie, à qui le devons-nous ? Rappelez-vous les merveilles de Slobodiszcza, Podhajce, Braclaw, Chocim [1] surtout, noms immortels, et prenez Jean Sobieski !

Les représentants de cinq palatinats se lèvent alors et proclament :

– Vive Jean Sobieski ! Nous périrons tous ou nous l'aurons pour roi !

Une seule voix proteste : celle du Grand-Maréchal. Il refuse au nom de la paix intérieure et de la paix du dehors qui seraient mieux affermies avec un prince de sang royal et avance encore le nom de Condé. Le castellan de Lvov bondit et s'écrie :

– N'entendez-vous pas le bruit des armements du Turc et ses cris de vengeance ? La vie de la République n'est qu'un long et noble combat contre les ennemis du monde chrétien. Prenez pour roi celui que Dieu a marqué de son sceau dans les champs de Chocim. Je vote pour Jean Sobieski !

Et l'Assemblée n'est plus qu'un cri unanime :

– Vive le roi Jean Sobieski !

1. Prononcer Sloboditcha, Podraïce, Rhotchim.

Mais le Grand-Maréchal s'oppose encore. Il a vu la tribu des Paç quitter bruyamment la Szopa. Il devine leurs intentions et veut un vote unanime.

– Il ne serait pas digne de moi, explique-t-il, d'arriver au trône de façon furtive, à la nuit tombante, quand personne n'aurait eu le temps de se reconnaître dans une résolution si soudaine.

Le soir tombe en effet, et l'on remet le vote au lendemain. Au palais de Ujasdow, la nuit va être longue. Il y a foule dans les salons. Des délégations de toutes sortes qui viennent sceller leur appui. Marie Casimire maîtrise difficilement son humeur. Les dernières protestations de son mari n'étaient pas prévues et risquent de tout ruiner.

– Pourquoi, mon cœur ? lui demande-t-elle en aparté. Vous seriez élu à cette heure.

– On m'a laissé entendre, ma Dame, que je devrai vous répudier. Si le sceptre est à ce prix, qu'ils le gardent.

Il la prend dans ses bras et la serre contre lui, caressant tendrement les cheveux torsadés de perles.

– Seule joie de mon âme, murmure-t-il doucement. Mon unique Astrée.

– Dieu ne peut nous abandonner, dit-elle en baisant sa main.

Enlacés près d'une fenêtre ouverte, ils regardent le parc inondé de lune lorsqu'un son aigu déchire la nuit, accompagné d'un battement d'ailes.

– Voici la réponse du Ciel, dit Marie Casimire. Les corneilles ne crient que devant les rois.

Le lendemain, 20 mai 1674, Jean Sobieski remporte tous les suffrages. Les cloches carillonnent et les salves d'artillerie se mêlent aux fanfares pour saluer le roi Jean III. Une procession immense sort du Kolo. La ville entière, transportée d'allégresse, accompagne son souverain jusqu'à la cathédrale Saint-Jean pour le *Te Deum* de rigueur. Sobieski, ému, marche derrière le saint sacrement. Marie Casimire est auprès de lui, digne et grave dans ses atours somptueux. Elle tient par la main le petit Jacques qui n'a que six ans et contemple son père avec fierté. Une foule dense se masse le long des rues pour acclamer le sauveur du pays, et l'on retient son souffle lorsque les guerriers de Chocim, alignés de chaque côté du parvis de l'église, jettent soudain sur la chaussée les soixante-cinq étendards pris aux infidèles, afin que le prêtre portant le Fils du Dieu vivant dans son ostensoir les foulât aux pieds.

Le clergé en habits pontificaux reçoit les souverains sous le porche. L'évêque de Marseille est au premier rang et les complimente au nom de Sa Majesté Très-Chrétienne. Les orgues éclatent. Portés par les cantiques et les vapeurs d'encens, Jean et Marysienka remontent lentement l'allée qui mène au chœur, les yeux fixés sur la croix de l'autel. Il a quarante-cinq ans, elle en a trente-trois. Lui, d'une taille magnifique, dans le plein épanouissement de sa force et de sa prestance. Elle, fine et altière avec un port noble, des cheveux splendides, un teint inégalable et ce regard étrange chargé de secrets. Neuf ans plus tôt, sous ces mêmes voûtes, le cardinal Pignatelli les unissait des liens sacrés du mariage. Ils n'ont pas besoin de se regarder. Leurs pensées se rejoignent.

Marie Casimire a du mal à maîtriser les battements de son cœur. Elle est reine de Pologne, comme cette princesse de France qui l'avait emmenée dans son cortège. Elle voit le banc sur lequel elle s'était recroquevillée, effarée par les larmes de Louise devant le gros Ladislas. A son tour, elle s'efforcera d'être digne de ce trône hérissé de piques. L'héritage est lourd, mais à la différence de sa royale protectrice, Dieu lui a donné un époux dont l'amour est sans égal et lui fera supporter bien des chagrins.

Leur bonheur est de courte durée. Une dépêche les sépare. Les hordes ottomanes, alliées aux Tatars du Khan de Crimée, marchent en force sur la Pologne. Le sultan Mahomet IV veut sa revanche, et Jean s'arrache avec peine des bras tièdes de Marysienka.

– Je sais bien pourquoi la nation m'a mis sur le trône ! s'exclame-t-il. Ma mission est de vaincre les Turcs. C'est ma consigne de roi. Dieu vous protège, mon incomparable. Votre cœur est mon plus beau royaume.

La guerre, inlassable rivale, le happe, et Marie Casimire garde le trône en attendant le sacre à Cracovie.

## XX

SA première lettre est pour son père. C'est à lui qu'avant toute chose elle annonce son avènement et signe avec fierté : « Marie Casimire Reine. » Beau succès pour la fille du petit marquis d'Arquien ! C'est ce que lui avait dit Louise lorsqu'elle lui déclarait avec un rien de dédain que le prince Zamoyski la prenait comme le Bon Dieu l'avait faite. Beau succès, en effet, pour la demoiselle d'honneur, naguère, qui devenait princesse. Succès bien plus considérable, en ce jour, pour l'ancienne suivante qui déambule en souveraine sur les parquets royaux et prend possession des lieux qui l'ont vue grandir dans la soumission.

– Marie Casimire Reine ! murmure-t-elle en regardant son image dans le miroir tandis que dames d'atour et chambrières, dans un ballet de révérences parfaitement exécutées, l'habillent, la coiffent et la parent de bijoux.

« Marie Casimire Reine », signe-t-elle au bas des missives et parchemins.

– La Reine ! crient les chambellans sur son passage, tandis qu'elle se rend au salon d'audience où elle doit recevoir les dignitaires.

Avant de partir, Jean a prêté serment et nommé quelques ministres, et c'est elle qui, en son absence, régente le royaume. Rien ni personne ne l'y a préparée. Louise lui a livré les secrets de l'intrigue ainsi que les règles de l'étiquette qui permet d'asservir en prétendant obliger. De l'art de gouverner, elle ne parlait jamais. Lorsque, tirant les fils de ses machinations, la Maréchale Sobieska rêvait du trône, elle n'y voyait que la satisfaction d'être « considérée », être au-dessus de tous et voir s'incliner ceux qui l'avaient humiliée. Elle imaginait des fêtes au gré de ses caprices, et ne trouve à présent que charges et responsabilités, avec l'inquiétude chaque jour croissante de perdre ce qu'elle a conquis. Elle est reine, certes, mais tous ces honneurs sont fragiles et ne lui sont assurés qu'aussi longtemps que Jean sera en vie. Sans lui, elle n'a aucun pouvoir. Elle doit le ramener à Varsovie. Tandis qu'aux frontières de l'Ukraine il défend la République, elle se lance dans le jeu de cette politique qui parfois fait taire les armes. De toute son énergie, elle œuvre pour la paix sans laquelle il n'y aura pas de sacre et donc point de couronne.

Une série de victoires affermit son espoir. Les Tatars sont refoulés et les cosaques s'inclinent. De Perse et de Moscovie arrivent des ambassades. On craint le Turc qui déploie des forces considérables à travers l'Asie, et l'on recherche le roi de Pologne au courage invincible. Elle reçoit les envoyés plénipotentiaires, écoute et s'enquiert de tout, ne laissant rien au hasard. Aux cours étrangères ainsi qu'aux Polonais, elle s'impose peu à peu comme le porte-parole de son mari, son bras droit, son double, sa tête pensante, son unique et indispensable collaboratrice. Des courriers les relient chaque jour. Jamais ils n'ont été si proches. De cœur, d'âme et de pensée, malgré la distance, ils sont unis. Entre deux batailles, Jean vient terminer les entretiens qu'elle a commencés et ne signe aucun traité avant d'en avoir conféré avec elle dans l'intimité de leurs oreillers. Avec le tsar et le chef des cosaques il organise une défense commune contre les hordes ottomanes. C'est alors qu'une désertion des régiments de Lituanie le discrédite. Les délégations se retirent, annulant du même coup les projets d'alliance.

– Un coup de l'Empereur ! s'écrie Marie Casimire avec rage. Il ne veut pas d'une Pologne trop puissante.

– Un jour, il pourrait bien le regretter, marmonne Jean amer.

Elle soupire et réfléchit, puis demande sur un ton las :

– Pourquoi ne pas traiter avec le Turc ? Je ne vois que cette solution pour éviter le massacre.

Jean se raidit.

– Non, Madame. Que faites-vous de mon honneur et de celui de mes ancêtres ? Monsieur de Forbin-Janson fait habilement votre siège et vous écoutez les sirènes de France.

– Une négociation bien menée pourrait se révéler à notre avantage, rétorque-t-elle sans se laisser démonter.

Patiente et obstinée, elle poursuit son idée. L'évêque de Marseille, il est vrai, a su gagner sa confiance par des conseils avisés qui l'ont aidée à affronter l'hypocrisie de la cour. En bon diplomate, soucieux des intérêts de son maître, il la pousse à un accord avec la Porte.

– La France peut vous aider à terminer votre guerre ottomane, explique-t-il. Deux cent mille livres, et plus encore, si vous vous retournez ensuite contre l'Autriche. Il suffira d'une bonne attaque sur le Brandebourg son allié, et quelques troupes pour soutenir l'action des rebelles de Hongrie contre l'Empereur.

– Nos intérêts se rejoignent, Monseigneur, déclare-t-elle aussitôt. Nous aimons la France et la soutiendrons.

Au printemps de 1675, Jean arrive en coup de vent à Iavorow. Marie Casimire lui présente le projet de traité.

– Notre alliance se resserre. Finissons-en au plus vite avec le Turc. Louis a besoin de nous et paiera ce qu'il faudra. Ensuite nous travaillerons la main dans la main avec le plus grand roi de l'Europe.

– J'accepte, dit-il, à condition de récupérer ce que la Prusse nous a enlevé pendant l'invasion suédoise.

Forbin-Janson promet tout ce que l'on veut. Jean signe et Marysienka se réjouit, entrevoyant déjà la victoire. Une fois de plus ses illusions vont s'écrouler. Aux premiers jours de l'été, les Turcs par milliers envahissent la Pologne. Rien ne résiste. L'Ukraine reconquise est submergée par la tornade, ainsi que Chocim et d'autres forteresses. De tous côtés on fuit la mort. Jean se replie dans Lvov, bien décidé à défendre cette ville qui est la clé du royaume, et Marysienka s'installe à Iaroslaw en Russie Noire, pour être plus proche de lui.

L'atmosphère est lourde en cet après-midi d'été. Escortée de sa suite, Marie Casimire cherche un peu de fraîcheur sous les arbres du parc. Son pas nerveux fait crisser le gravier d'une allée qui longe la pièce d'eau. Monsieur de Forbin-Janson marche à ses côtés. Elle se penche vers lui en déroulant une lettre de Jean :

– Les nouvelles que je reçois du Roi-mon seigneur – c'est ainsi que désormais elle nomme son mari lorsqu'elle parle de lui – sont très alarmantes. Cent mille Tatars campent sous les murs de Lvov et le sultan approche avec une armée de cent vingt mille guerriers. Nous sommes seuls, face à un ennemi trois fois plus puissant que nous.

L'évêque toussote et garde le silence. Elle le toise de toute sa hauteur et reprend :

– Où est le soutien de la France ? Auriez-vous oublié notre accord signé à Iavorow ? Il nous faut des hommes, des armes. Où est l'argent promis ?

– En chemin, dit le prélat en s'épongeant le front. Soyez rassurée, Madame. Une ambassade s'est rendue auprès de Sa Majesté ottomane avec les souhaits de Sa Majesté Très-Chrétienne.

– Trêve d'hypocrisie, Monseigneur. Assisterez-vous sans rien faire au massacre de votre allié ?

– Nous n'en sommes point là, répond-il, cachant mal son embarras. Le roi Jean nous ménage encore quelque surprise.

– Brisons là, réplique-t-elle sèchement. J'ai entendu vos belles paroles. J'attends des actes.

Plantant là l'évêque abasourdi, elle lui tourne le dos en ajustant son ombrelle et regagne le château. Sur les pelouses, la cour, indifférente, se plaint de la chaleur, badine, joue à la balle ou au palet.

– Tout est perdu, disent les uns. Qu'y ferions-nous ?

– Sobieski est là, disent les autres. Il saura bien nous sauver.

L'on s'incline et l'on murmure sur le passage de Marie Casimire. On ne lui pardonnait pas d'être belle, on ne peut accepter qu'elle soit la souveraine. Et l'on dénigre la « reine d'Arquien ».

– Une parvenue, hissée sur le trône par sa manigance et sa tricherie.

– Une reine sans couronne qui n'a pas de Maison... Peut-on la reconnaître ?

La jeune femme prête l'oreille et se contente de sourire, saluant ici et là. N'ayant pas reçu les huiles saintes du sacre, les apparats de la royauté lui sont refusés. Elle n'a que ses dames d'atour et demoiselles d'honneur qui la suivent en tous lieux. Leurs langues s'agitent, et elle s'en méfie. Connaissant les pièges de la flatterie, elle n'a pas d'amie. Une reine ne peut qu'être seule avec ses secrets. Elle rejoint ses appartements et convoque son secrétaire. C'est l'heure du courrier.

– Aucune nouvelle de l'ambassadeur de Perse ?

Il avait promis un soutien. Elle espère encore une alliance.

– Son Excellence annonce qu'elle viendra aux fêtes du couronnement, répond le jeune homme poudré, et le vice-chancelier nous a fait parvenir les dernières mesures décidées pour les cérémonies.

– Ce n'est pas ce que j'attendais, dit-elle en pianotant sur le rebord de la table. Où sont les Turcs présentement ?

Le secrétaire feuillette une liasse de dépêches. Un chambellan ouvre la porte et annonce :

– Le Porte-Enseigne de Sa Majesté !

Un officier couvert de poussière s'incline dans un claquement de bottes et tend un pli fermé par un cachet de cire. Marie Casimire reconnaît le sceau royal et congédie l'assistance avant de le briser de ses doigts fébriles. Derrière les mots résonne la voix de Jean :

« Joie de ma vie, maîtresse de mon cœur, ma charmante et aimée Marysienka.

« Depuis quelques jours, les Turcs délibèrent. Je les attends avec le peu d'hommes dont je dispose, ayant pris Dieu pour tout renfort et me remettant à Lui pour casser leur orgueil. Je vous supplie de ne point vous inquiéter, car votre moindre peine m'est plus pénible et me vaincra plus vite que toute une armée. Humblement, je vous demande une bague tressée avec les dépouilles de l'aimable "Mouche" [1]. Ce cadeau me sera plus précieux que tous les trésors du monde. Sans railleries ni fausses excuses, il faut la confectionner et me l'envoyer aussitôt. Ne craignez point de voir le rideau se clairsemer, il sera plus aisé de baiser ma belle Comtesse... On dit ici que l'empereur ottoman ne veut pas seulement notre pays, mais toute la chrétienté. Pour que Dieu l'empêche, il faut écrire à leurs excellences les évêques afin qu'ils fassent dire des prières spéciales dans tous les diocèses. Pour Dieu ! Déjà nos ancêtres appelaient la guerre turque le Jugement dernier.

« Mais revenons à notre "Grand d'Espagne" [2] qui baise et rebaise un million de fois son aimable "Mouche" et le tout depuis le haut jusqu'au plus joli des petits pieds. » [3]

Un frisson parcourt son corps. Les mots tendres réveillent sa chair et le souvenir des caresses.

– Iachou, murmure-t-elle en pressant la lettre sur son cœur. Mon Ianitchkou !

Elle se réfugie dans sa chambre pour y cacher sa nostalgie et cette anxiété qui l'étreint jour après jour. Le danger s'épaissit autour de Lvov. Que fera Jean avec sa poignée

1. Autre surnom donné au sexe de Marie Casimire.
2. Autre surnom donné au sexe de Sobieski.
3. Authentique.

d'hommes contre des multitudes ? Que peut-elle faire encore pour le soutenir ? Elle a tout essayé pour sceller une paix et ses tentatives ont échoué. Une vérité tragique se précise. Le combat se rapproche et sera sans pitié. A cette pensée, une peur insidieuse s'empare d'elle et la paralyse. Elle va défaillir et se retient au rebord de la fenêtre. Sur la pelouse, son fils Jacques construit un fort avec la petite Thérèse. Ils se ressemblent. Les mêmes yeux, les mêmes cheveux sombres. Aussi chétifs l'un que l'autre.

– Reflets de mes angoisses et de ma douleur, murmure-t-elle en se souvenant de ses grossesses passées.

Son regard se porte vers un gros bébé plein de vie qui s'agite dans les bras de sa nourrice. Il a les yeux de Jean et son teint coloré. Conçu dans l'euphorie de l'élection, Alexandre est venu dans la joie. Sous les toits de Zolkiew, on parlait de paix, et son époux assistait à la délivrance, prenant une part de ses souffrances en lui tenant la main. Elle était heureuse, elle avait produit un beau fruit. Aurait-elle vaincu la maladie ? Un autre enfant naîtra bientôt. Le traité de Iavorow en sera la cause. Mais où seront-ils quand viendra le temps des couches ?

Vania l'aide à se rafraîchir et changer de robe. Suivant les instructions de Jean, elle dicte des lettres et dépêche des courriers dans diverses provinces afin que dans toutes les églises on prie pour le salut de la République et de son roi. Les jours suivants les nouvelles s'aggravent et l'on apprend que des magnats quittent le pays. Dans l'écrin doré de Iaroslaw, on attend cyniquement la suite des événements et l'on se gausse lorsqu'un soir, à la fin du souper, Marie Casimire annonce qu'elle va rejoindre la citadelle assiégée.

– Nos troupes se battront mieux, conclut-elle d'une voix émue, si nous partageons leur sacrifice.

La situation est désespérée. Et si Jean doit périr sous le feu de l'ennemi, elle mourra auprès de lui. Elle ne veut pas lui survivre. Forbin-Janson, impressionné, décide de l'accompagner.

– Je salue votre courage et votre noblesse, dit-il.

– Je ne fais que mon devoir, Monseigneur. Mon devoir d'épouse et de reine.

Elle prend la route au petit matin. Avec elle, ses trois enfants, deux servantes et une petite escorte. Le carrosse cahote sur la pierraille. Marie Casimire regarde la campagne d'un air grave. Tout est vide, abandonné. Au loin se profilent les hauteurs de Lvov sur un ciel embrasé. Elle se penche à la portière. L'évêque de Marseille caracole à sa hauteur.

– Faites forcer l'allure, lui dit-elle. Je ne voudrais pas, si près du but, tomber entre les mains de l'ennemi.

– N'ayez crainte, dit le prélat. Nous touchons nos avant-postes. Le feu des Turcs est à plusieurs lieues.

Ils ont atteint l'une des collines qui entourent la ville de Lvov, et dévalent la pente vers les murs de la citadelle. Du haut des remparts, Jean reconnaît le cortège. Il fait ouvrir les portes et se précipite au-devant de Marysienka.

– Etes-vous folle ? s'écrie-t-il, la serrant dans ses bras. Nous attendons d'une heure à l'autre l'avant-garde d'Ibrahim Pacha.

– Ne sommes-nous pas unis pour le meilleur et pour le pire ?

Prenant la main de son époux, elle y dépose un anneau de cheveux tressés.

– Le cadeau de la « Mouche », murmure-t-elle avec un sourire.

Il presse la bague soyeuse sur ses lèvres et se penche pour lui chuchoter à l'oreille :

– Je baiserai l'endroit où cette délicieuse faveur a poussé.

Des salves d'honneur accueillent la reine de Pologne qui déambule sur les chemins de ronde. Aux côtés du roi, son époux, elle n'a plus peur. La ville est un nid d'aigle. Les versants des montagnes sont coupés de gorges et de ravines que surplombent des monastères fortifiés. Au pied des murs, la plaine est étroite.

– Nous fondrons sur eux par des attaques surprises, dit Jean, et ils ne pourront s'échapper que par ce col. Je n'ai pas assez de troupes pour y tenir une embuscade. Voilà ma faiblesse.

Elle réfléchit un instant et se tourne vers lui :

– Ne m'avez-vous pas dit que pour être plus rapides vos hommes se battraient au sabre et au pistolet ? Il vous reste des lances. Habilement piquées dans le sol, elles feront leur effet.

L'œil de Jean pétille.

– Voilà une idée que je vais améliorer de quelques ruses.

Le soir même, dans la salle des cartes, on refait le plan de bataille.

– Ibrahim Pacha n'est plus qu'à trois lieues, dit un éclaireur.

– Nous l'attendons de pied ferme, rétorque Sobieski.

Promenant son regard sur les officiers assemblés, il ajoute, solennel :

– Entendez bien, tous : il faut que je sois tué ici, avec ma femme et ma famille, ou que nous soyons vainqueurs.

L'incendie se rapproche. Marie Casimire se réfugie dans la cathédrale avec ses enfants. Agenouillée sur les dalles, au milieu d'une foule en pleurs, elle supplie le Dieu Tout-Puissant. Avec ceux qui ne portent point d'arme, elle jeûne et veille en récitant des rosaires. Jean vient la rejoindre dès que le soir tombe et prie avec elle jusqu'au matin. Le 24 août, à la fin de la troisième messe, le tocsin les précipite sur le parvis. Les bannières de l'Islam déferlent sur les collines au sud de la ville. Sobieski les observe d'un œil froid et confiant. Marysienka est auprès de lui et s'accroche à son bras.

– Dieu ne peut nous abandonner ! s'écrie-t-elle.

– N'ayez crainte, mon âme. Continuez vos neuvaines, et je donnerai le meilleur de moi-même. La Croix triomphera de l'Islam. J'ai tendu tous les pièges, jusqu'au col bouché par votre armée de lances. Votre amour me donne plus de force que dix régiments.

Un dernier regard les unit. Il s'élance vers son devoir, elle retourne à ses oraisons. Et soudain un ouragan venu des

Carpathes déverse sur la plaine des trombes de neige et de grêlons qui paralysent les Turcs empêtrés dans leur attirail. Le roi de Pologne fait sonner la charge et se lance dans la bataille en criant haut et fort par trois fois :

– Vive Jésus !

Du porche de la cathédrale, envahi de gens pétrifiés, Marie Casimire, très pâle, observe la scène. Son fils et sa fille s'accrochent à ses jupes et le bébé est dans ses bras.

– Cette neige est un miracle ! s'écrie-t-elle les yeux pleins de larmes. Prions encore. Dieu sauvera la Pologne !

Les tambours font rage, les trompettes brament avec le vent qui souffle en rafales et vient hurler dans les ailes des hussards. La charge roule comme un torrent sur les pentes raides. Les sabres tournoient, les masses d'armes fendent l'air. La bannière du roi tangue au-dessus de la mêlée. Le vacarme est épouvantable et des cris inhumains glacent les os. L'ennemi recule. Il s'enfuit vers le col au moment où le soleil perce les nuages, embrasant les pointes des lances au-dessus de leurs banderoles rouges. Saisis de panique, les fils d'Allah se retournent pour tomber à genoux. Le carnage commence. Pas de pitié pour l'Infidèle. On lui rend, tête pour tête, ses atrocités. Un hurlement de joie monte alors de la plaine et se répand dans la ville. Marie Casimire se penche vers ses enfants.

– Dieu a sauvé la Pologne, dit-elle. Allons lui rendre grâces.

– Alléluia ! crie la foule. Dieu bénisse notre roi !

Pendant que Jean talonne l'ennemi en déroute et conforte sa victoire, Marysienka se rend à Zolkiew où sénateurs et dignitaires sont venus en foule attendre leur souverain. Elle les reçoit en reine et n'a jamais été aussi heureuse. Le triomphe de Lvov consacre son mari. De tous les coins d'Europe les délégations accourent pour le féliciter et solliciter son alliance. Des ambassadeurs, entourés de leurs cavalcades, arrivent chaque jour, et les délégations envahissent le château. Sous les tilleuls du parc elle s'entretient avec les plénipotentiaires qui parlent au nom des rois d'Angleterre et de Suède, de l'électeur de Brandebourg, du prince de Transylvanie, et du cosaque Doroszenko. L'envoyé de l'Empereur l'assaille d'amabilités et rêve d'éclipser le représentant de Louis XIV. Elle trône, papillonne et virevolte. Tous ces messieurs connaissent son rôle et son influence. Ils s'efforcent de la séduire et vantent son courage digne de celui du roi son époux. Elle se gonfle d'importance et se croit toute-puissante. Et quand arrive l'ambassadeur du sophi de Perse, avec une suite nombreuse de beys aux yeux de gazelle et bonnets volumineux, sa fierté n'a plus d'égale. De tous les coins du monde, on vient la courtiser, déesse inaccessible qui conduit au dieu du moment.

Sa beauté rayonne, son esprit pétille et son élégance éblouit. Elle joue de sa grâce et de son charme, subjugue sans trop se griser, suivant d'une oreille attentive et d'un œil aiguisé le moindre entretien. Dans les recoins de ses salons, dans les couloirs du château et sous les charmilles au bord des canaux, les honorables visiteurs se côtoient et se surveillent, échangeant des propos furtifs. Chacun veut pour son maître le grand capitaine, et prépare ses enchères.

Loin d'être dupe, Marie Casimire a saisi les enjeux. Lorsque, à la fin de novembre, Jean revient et l'entraîne dans leurs appartements, elle est en mesure de lui expliquer, entre deux étreintes, les marchandages auxquels il sera confronté :

– L'Empereur veut vous tourner contre la France. La Suède, poussée par la France, vous recherche pour attaquer le Brandebourg, et la France, bien décidée à attaquer Léopold, est prête à tout pour renforcer notre accord de Iavorow. La Perse, quant à elle, s'inquiète des visées expansionnistes du tsar, et c'est pour le contrer qu'elle est venue vous charmer.

Jean garde le silence. Ses lèvres glissent lentement sur la gorge soyeuse de Marysienka et s'attardent avec tendresse sur le ventre rebondi voilé de dentelles.

– Je hais cette politique dont tu sembles si bien t'accommoder, dit-il en l'attirant contre lui. Tu es née pour l'intrigue comme je suis né pour la guerre. Mais avant tout, ma belle, n'oublie pas notre amour que je mets au premier rang de ce qui nous touche.

Elle l'enveloppe d'un regard plein de volupté et murmure d'une voix gourmande :

– Je ne pense qu'à nous, Iachou !

D'une main possessive, elle emprisonne sa virilité et ajoute :

– Garde tout le monde en haleine, et ne traite qu'avec Forbin-Janson. L'amitié de Louis nous sera plus profitable.

Embrasé par la caresse experte, il se retourne sur elle et la prend avec fougue. Marie Casimire s'abandonne au désir de Jean et se perd dans une extase partagée.

*
* *

Un peu plus tard, en présence de son épouse, Jean reçoit les ambassadeurs qui défilent un à un dans son cabinet de travail. La dernière audience est pour l'évêque de Marseille à qui il explique :

– Je veux bien donner quelque embarras à Léopold en soutenant les mécontents de Hongrie. Mais je ne suis pas en mesure en ce moment d'attaquer le Brandebourg. Les Turcs sont toujours en Pologne. Ils tiennent Kamieniec. Laissez-moi nettoyer mon pays. Nous verrons ensuite.

Le prélat essaie de faire bonne figure et se montre conciliant.

– Nous vous aiderons à terminer votre affaire. Le Roi [1] y tient beaucoup. Il vous enverra des subsides. Et puis, un mot de lui au maître du Sérail ne sera pas inutile.

– N'oubliez pas, Monseigneur, ce dont je vous ai parlé, intervient Marie Casimire. Un simple duché-pairie pour mon père et vous m'en verrez ravie.

Ses prétentions se sont réduites, mais de nouveau elle mar-

1. Louis XIV.

chande. Son bonheur ne peut être complet si sa famille ne bénéficie pas de sa gloire.

– Je ne vois là aucune difficulté, s'empresse de répondre le diplomate. Sa Majesté se réjouit tant de votre élévation.

Jean approuve de la tête en souriant et fait appeler les dignitaires de la cour qui le supplient de fixer la date du sacre.

– Votre Majesté monte au trône au pas de la tortue, mais vole comme l'aigle pour sauver la patrie, déclare l'un d'eux.

Un rire sonore secoue le grand corps de Sobieski.

– Quelques festivités ne me déplairaient point, dit-il. Hâtons-nous, la guerre n'est pas finie.

Il se tourne vers son épouse et ajoute avec un regard plein de tendresse :

– Vous aussi, mon âme, vous méritez votre couronne.

# XXI

La mort de leur fille, emportée par les premiers froids, les plonge dans le deuil. Marie Casimire ne veut plus partir.

– Attendons le printemps, gémit-elle. Je suis trop anéantie pour supporter les souffrances du voyage, et l'enfant que je porte m'est précieux. Si je le perdais, j'en mourrais.

Mais une reine ne peut s'abandonner à sa douleur lorsque intervient la raison d'Etat. Jean craint les Turcs et insiste pour une cérémonie l'hiver. Le couronnement aura lieu le 2 février et sa date ne sera pas changée. Marysienka s'incline. Refoulant ses larmes, elle sangle son ventre gros de huit mois dans une ample ceinture en peau d'urus et fait transformer son carrosse en litière pour suivre son mari. Escortés de cavalcades nombreuses et de leurs invités, ils affrontent les neiges et glacis, marchant à petites journées sur Cracovie où elle entre seule à la fin de janvier. Jean s'est arrêté dans un monastère tout proche où les délégations se rassemblent pour accompagner son cortège.

Epuisée par le périple interminable, la jeune femme s'installe au château du Wawel et ne pense qu'à reprendre des forces. Les cérémonies seront éprouvantes, mais elle veut oublier les fatigues de la grossesse et rayonner aux côtés de Jean lorsqu'elle recevra sa couronne. Les servantes ouvrent les malles et le coffre de toilette. On remplit la baignoire en vermeil, les dames d'atour la déshabillent, et Vania s'approche pour brosser ses cheveux. On chuchote autour d'elle. Des visages se pincent. Elle surprend dans le miroir des regards effarés et en demande la raison.

– La reine Eléonore intrigue contre Votre Majesté. Elle a de nombreux partisans qui s'opposent à votre couronnement.

On refuse de lui en dire plus. Elle insiste. On finit par lui avouer qu'une cabale est en place et se manifestera pendant le sacre.

– Un scandale ? dit-elle en s'efforçant de sourire. Allons, Mesdames, c'est impossible. On ne peut outrager celui qui vient de sauver la Pologne.

Son cœur bat à se rompre, mais elle ne montre rien de son trouble et fait préparer les multiples atours des festivités. Robes, manteaux fourrés, bijoux, elle a tout prévu dans un ordre parfait. La noblesse polonaise, qui n'en finit pas de jaser, jasera encore, elle le sait. On en veut à la « fille du hobereau » d'avoir conquis le trône et l'on souhaite sa déchéance. Récemment encore, à Zolkiew, Jean s'est vu offrir l'alliance éternelle des Habsbourg s'il se séparait de son épouse pour s'unir à l'ex-reine, et il a répondu à l'ambassadeur d'Autriche :

– Si j'étais roi couronné de Pologne et époux d'Eléonore et qu'il me fallût abdiquer pour gagner Marysienka, je n'hésiterais pas une heure et divorcerais sur-le-champ.

Que fera-t-il si, comme on le dit, des protestations viennent perturber la cérémonie ? Abandonnera-t-il la mère de ses enfants ? Non. Elle ne doute pas un instant de sa fidélité ni de son amour. Mais elle, supportera-t-elle d'être humiliée en public, et devant lui ? Son corps se raidit. « L'enfant de la honte », avait dit la comtesse de Guébriant avant de l'envoyer dans la soupente immonde. Que dira-t-on cette fois ? Elle frissonne et attend l'arrivée de Jean.

Deux jours plus tard, au son du canon, il entre dans la ville. Un défilé magnifique de troupes et de dignitaires en tenue d'apparat au milieu des acclamations d'une foule en liesse agglutinée sur les remparts et tout le long des rues. Des fenêtres du château, Marie Casimire le guette. Le petit Jacques est auprès d'elle, ainsi qu'Alexandre dans les bras de sa nourrice. Son cœur tressaille lorsque résonnent les tambours et flageolets des janissaires de la Garde. Elle essuie furtivement une larme et se redresse avec fierté. Impressionnant de majesté, Jean avance au pas lent d'un cheval gris pommelé de Perse. Le plus bel homme du royaume assurément, et cet homme est son mari. Sur une veste de brocart d'or à fond rouge, il porte une houppelande bleue fourrée de martre et brodée d'or. Son bonnet d'écarlate bordé de zibeline est orné d'une aigrette de plumes noires piquée dans une rose en diamants. Des pages habillés à la française, des valets de pied vêtus à la persane, des Ethiopiens et des nains d'Asie marchent autour de son destrier que suivent douze compagnies de heiduques, de spahis et de dragons.

– Notre sauveur, notre père ! crie-t-on de tous côtés.

On se bouscule autour des arcs de triomphe. Chacun veut toucher les pans de ses vêtements. A la fin du jour, il gravit la pente qui mène à Wawel et se recueille quelques instants dans l'église avant de rejoindre Marysienka dans ses appartements.

– Iachou, lui dit-elle en se blottissant dans ses bras, jure-moi que tu m'aimes.

Il la regarde gravement, tenant entre ses mains le ravissant visage, et demande :

– Est-ce la pompe royale déployée autour de moi qui t'émeut ?

Elle lui raconte les projets d'Eléonore. Le rire de Jean résonne dans la pièce.

– Convenez, Madame, que vous révolutionnez le royaume. Aucune reine de Pologne n'a été couronnée en même temps que le roi. Vous serez la première dans l'histoire de ce pays.

– On ne m'a jamais aimée, gémit-elle. Je suis la Française, reflet de l'*absolutum dominium.* On me reproche surtout de n'avoir pas de sang royal.

– Je n'en ai pas plus que vous.

– Mais vous êtes le héros, Jean. On se glorifie de vos victoires, et l'on déplore de voir à vos côtés une femme dont la naissance manque de lustre.

– Marysienka, ce que vous avez fait à Lvov était digne d'une reine, et je connais peu de filles de roi qui ont agi de même.

Un chambellan annonce l'évêque de Marseille. Jean lui raconte l'affaire de l'archiduchesse.

– Ce que j'ai à vous annoncer chassera toutes vos craintes, déclare alors le prélat.

Il s'incline devant la reine en ajoutant :

– Le roi de France se réjouit que vous soyez couronnée « comme sa fille ». Nous le ferons savoir.

– Comme sa fille, répète-t-elle, fermant à demi ses paupières.

Le grand jour arrive enfin. Les cloches carillonnent sur toute la ville. Dans ses appartements, Marie Casimire s'apprête avec minutie. Pendant près de quatre heures, elle s'est fait masser, huiler, poudrer, parfumer. Chambrières et dames d'atour, dans un ballet bien orchestré, passent les chemises et jupons, la robe de brocart d'or, que l'on a pris soin de ne pas trop serrer à la taille, puis le manteau royal « à la polonaise », tout blanc, rehaussé de flammes d'or. Celui-là même que portait Louise lorsqu'elle avait épousé Ladislas. Marie Casimire se souvient de son émerveillement de petite fille en découvrant sa protectrice dans ses atours de reine. D'un air songeur, elle contemple ses longs cheveux de soie qui ondulent autour de son visage et tombent en cascade le long de son dos. Un collier de perles d'un orient rare rehausse la blancheur lumineuse de son teint. Elle a trente-cinq ans et n'a jamais été aussi désirable avec sa gorge épanouie et ses hanches pleines. Soignée jusqu'au bout des ongles, elle n'a rien perdu de ses grâces et son corps parfumé avec science exhale des senteurs qui évoquent la volupté.

Au bras de Jean, elle prend place dans le carrosse royal qui les conduit à la cathédrale du Wawel où se presse depuis le matin tout ce que la Pologne a de plus grand et de plus noble. Ils échangent un regard ému et gravissent les marches tandis que les orgues éclatent. Ils franchissent le porche et remontent vers le chœur, précédant une longue procession d'archevêques en habits pontificaux. Marie Casimire s'installe dans son fauteuil. Les amis l'entourent, ceux de la conjuration et de l'élection. Jablonowski, Radziwill, les Sapieha et Morsztyn. Ils s'inclinent avec déférence et la rassurent de leur présence. Jean disparaît dans la sacristie pour y revêtir l'aube et la chape que portent les rois de Pologne en cette occasion. Revenu devant l'autel, il reçoit les sept onctions, saisit l'épée que lui tend l'archevêque et dit :

– Je jure de protéger et de défendre la sainte Eglise contre les Incroyants !

Par trois fois il brandit l'épée et l'évêque de Cracovie pose sur sa tête la couronne des Jagellons.

– Vivat ! Rex ! clame l'assistance.

Un roulement ininterrompu de canon annonce l'événement aux populations. Jean se tourne vers son épouse. En grande cérémonie, le Nonce apostolique et l'évêque de Marseille la conduisent près de lui. Elle s'agenouille et l'on drape sur ses épaules une cape d'écarlate doublée d'hermine. C'est alors que des voix hostiles, brisant le silence, s'élèvent dans toute l'église. Les prélats se figent. Marie Casimire blêmit et fixe la croix de l'autel pour ne pas défaillir. Dans sa mémoire revient l'odeur de la soupente immonde, et son cœur formule une prière :

« Point de honte pour moi, Seigneur, tu es mon abri. » [1]

Un frisson parcourt son corps. Le brame lancinant des trompettes d'argent couvre les protestations, et l'évêque pose sur ses cheveux épars la couronne que portait Louise avant

1. Psaumes de Jérusalem, n° 70.

Eléonore. Son regard rejoint celui de Jean qui l'enveloppe de tendresse et réconforte son âme. Peu importent le monde et sa médisance. Elle est reine, consacrée devant Dieu. Certains ne le lui pardonnent pas. Mais nul, désormais, ne pourra lui enlever son titre. Sûre d'elle et altière, elle sort de la cathédrale au bras de « son » roi. Au-dehors la foule les acclame. Et Jean se penche pour lui confier :

– Eléonore est vaincue. Vous régnez avec moi.

Elle sourit, mais son amour-propre blessé ne pourra oublier. Pour l'heure, le peuple l'adule et la vénère :

– Vivat ! Krolewa ! [1] Vivat ! Maria Kazimiera !

Son nom scandé par des milliers de gorges monte vers les nuées, et les clameurs la portent jusqu'au palais. De la galerie de bois, elle salue encore, grisée par les parterres de mains qui s'agitent en son honneur. Le Grand Trésorier jette aux populations des médailles d'or et d'argent, et l'on donne un somptueux banquet sous les plafonds à caissons d'un vaste salon décoré des plus belles tapisseries du monde [2].

Le lendemain, elle accompagne Jean qui traverse Cracovie escorté d'une interminable cavalcade. Allongée sur les coussins cramoisis d'un char doré, elle parade comme une madone, habillée de zibeline et de pierreries. Une procession magnifique par les rues décorées de fleurs et de banderoles jusqu'à la place du marché où va se tenir la cérémonie du serment. Sur une estrade recouverte de tapis précieux, est dressé le trône, avec son dais d'écarlate et d'or. Et ce qu'éprouve Marie Casimire lorsque, tenant la main de Jean, elle en gravit les marches, ne peut se décrire. Sa poitrine lui semble bien étroite soudain pour contenir les battements de son cœur. L'ancienne favorite de Louise triomphe et salue avec fierté ses sujets qui se pressent par milliers à l'entour, aux fenêtres et jusque sur les toits. La majesté s'infiltre dans ses veines, un

1. Se prononce Kroulova. Signifie reine, en polonais.

2. Les fameuses tapisseries représentant le Déluge de la Bible, que l'on peut voir encore aujourd'hui dans ce château de Wawel.

sourire de reine illumine son visage et ses gestes trouvent d'instinct la grâce royale qui charme les foules.

Il fait froid sous le soleil pâle. Son état ne lui permet pas de s'attarder. Elle rejoint sa litière et se réfugie au palais Lubomirski. A l'abri d'une loggia, elle assiste au défilé de toutes les délégations des corps de l'Etat qui viennent s'incliner devant le roi de Pologne et lui jurer fidélité. Le petit Jacques, âgé de huit ans, est au pied de l'estrade et se tient dignement sur son cheval devant ses gentilshommes. Il fait un joli dauphin, se dit-elle, imaginant déjà de transmettre ce qu'elle vient de conquérir. L'espace d'un instant, un rêve hégémonique allume ses grands yeux sombres.

La cérémonie se termine. Aux côtés de Jean elle préside le festin qu'animent les violons, et les divertissements se succèdent jusqu'au feu d'artifice éblouissant qui enchante la nuit.

Une vie nouvelle commence pour Marie Casimire. On lui accorde enfin les privilèges de la royauté : Maison, douaire, régiments, garde cosaque... Dames d'atour et demoiselles d'honneur se multiplient dans ses appartements. Comme le faisait Louise, elle dicte, ordonne, distribue des faveurs. Les plus puissants du royaume s'inclinent, mais rien ne peut la satisfaire tant qu'elle n'aura pris sa revanche sur les protestations qui l'ont humiliée dans l'église. Une élévation de sa famille lui devient indispensable, d'autant que l'on ricane encore de son origine modeste. La couronne, avec tout son éclat, ne peut l'effacer, et les railleries n'épargnent pas son mari. Sans attendre, elle convoque l'évêque de Marseille.

– Je vous le répète, Monseigneur. Un titre de duc et pair et l'on n'en parle plus. Je ne demande pas la lune, après tout. Cela ne devrait pas tant coûter au roi de France de nous accorder satisfaction. Ne m'avez-vous pas dit que j'étais couronnée « comme sa fille » ?

Forbin-Janson dissimule son embarras. Il ne peut avouer à la reine de Pologne que son maître fait la grimace quand on lui parle de cette affaire. Un clystère de verre pilé lui paraîtrait moins douloureux que d'accorder cette faveur à un capitaine des Gardes perdu de dettes et débauché. Louis se souvient en outre de certains mots d'une Madame Sobieska, au demeurant sa sujette, qui a eu l'audace de lui tenir le pied sur la gorge avec son « Point d'abbaye, point de quartier ! ». Une pirouette habile sauve le rusé prélat :

– C'est pour vous plaire, Madame, que Sa Majesté nous envoie le marquis de Béthune qui a épousé votre sœur.

– Cela ne change rien à ma demande. Je tiens plus que tout à ce duché-pairie pour mon père.

– Votre beau-frère a l'oreille du Roi. Il fera entendre votre souhait.

Sur ces mots, Marie Casimire se rassure et pense aux avantages dont elle pourra gratifier sa famille. Depuis trois ans déjà son frère aîné, le comte de Maligny, commande un régiment dans les armées de Jean. Elle le fera nommer colonel des dragons de la Couronne. Sa sœur Louise-Marie, devenue marquise de Béthune, abandonne son poste de dame d'atour de Marie-Thérèse et la rejoint sur les rives de la Vistule. Epouse de l'ambassadeur de France, elle aura le pas sur toutes les dames de la cour. Quant à la benjamine, Marie-Catherine, elle sera du voyage. On lui arrangera sous peu un beau mariage, puis on fera venir le marquis d'Arquien dès qu'il aura reçu son duché-pairie.

Pour l'heure, dans le carrosse qui ramène les souverains à Varsovie, on parle de baptême. Marie Casimire a mis au monde une fille que l'on nomme Thérèse-Cunégonde. Elle rappelle que Jacques fut tenu par le roi de France et la veuve de Charles I$^{er}$ d'Angleterre, et décide que la petite princesse aura pour parrains la reine de France et le nouveau roi des Anglais. Jean approuve et l'on fixe les détails de la fête. Elle explique alors d'une voix lasse que les couches l'ont épuisée. Une cure s'impose. Les médecins sont formels.

– J'irai prendre les eaux à Bourbon-l'Archambault, conclut-elle.

Jean se raidit et bougonne :

– Quelles fumées allez-vous poursuivre ? Paris est-il plus important que votre couronne ?

– Je ne pense qu'à me remettre, Iachou, et je m'inquiète pour Jacques. Il grandit mal, son dos se déforme. On doit le soigner.

– Que puis-je vous répondre, mon âme, sinon que je tiens à vous plus qu'à moi-même.

Des lettres sont envoyées à Versailles. Un courrier annonce que le marquis de Béthune apportera les passeports et représentera les parrains royaux sur les fonts baptismaux. Sans perdre une minute, Marie Casimire prépare ses malles. Un train royal, digne de la réception due aux Majestés dont on ne manquera pas de l'honorer. Louis, qui s'est réjoui de son élévation, ne peut que se flatter, se dit-elle, de voir sur le trône de Pologne une Française qui défend ses intérêts. Quel plaisir, alors, de promener sa grandeur en France et faire taire tous ceux qui, soutenant les Longueville ou les Condé, la traitaient d'aventurière cupide et sans manières. La reine de Pologne, par son faste et sa hauteur, réglera son dernier compte et vengera comme il se doit les blessures de la Maréchale Sobieska.

Mais l'ambassadeur, son beau-frère, n'arrive pas. Marie Casimire s'impatiente. Le feu revient dans ses entrailles et elle a peur. Elle fait baptiser sa fille en oubliant les parrainages illustres et prend la route, accompagnée de son fils aîné et d'une suite de cent personnes. A quelques lieues de Varsovie, le carrosse des Béthune croise le sien. On s'embrasse un peu sèchement. Elle s'excuse d'avoir brusqué les choses, mettant tout cela sur le compte de sa santé, et demande ses passeports.

– Annulez tout, dit le marquis. On vous refuse les honneurs dus à la royauté.

Blême de stupéfaction, Marie Casimire suffoque.

– Je ne vous comprends pas. J'ai été couronnée « comme sa fille ».

– Sa Majesté fait une différence entre l'épouse d'un roi élu et celle d'un roi héréditaire.

– Ce qui veut dire ?

– Que je vous conseille de rester en Pologne. Vous pourriez souffrir quelques désagréments.

Marie Casimire fulmine, explose en imprécations diverses, puis se calme.

– Et pour mon père ? demande-t-elle encore d'une voix brisée.

– On s'en occupe chez Monsieur de Pomponne, assure le diplomate que la scène laisse de glace. J'ai de fortes raisons d'obtenir ce que vous espérez.

– Toujours les mêmes réponses, jamais de précision, rétorque-t-elle avec humeur.

Un ordre claque et la suite royale tourne bride. La jeune femme ulcérée prend la direction de Iavorow pour y cacher son orgueil fustigé. Elle était fière d'avoir conquis le trône et se croyait l'égale de tous les rois de la terre, avec le privilège insigne de dire « mon frère » au Roi-Soleil ! Mais Louis se moque de la reine de Pologne et la rejette avec mépris en lui infligeant l'humiliation la plus cuisante de sa vie. Le choc ébranle tout son être. Il lui est difficile d'admettre l'implacable vérité : les marchandages de l'élection ne lui ont obtenu que les artifices de la royauté. Le sang royal, lui, ne s'achète pas.

– Et pourtant, souffle-t-elle avec rage, une reine « élue » vaut bien une reine « héréditaire ».

Cette histoire la mine et la rend malade. Dès son arrivée au château, les douleurs empirent et la fièvre se déclare. Une fièvre violente qui la tient plusieurs semaines. Elle délire. On craint pour sa vie, et l'on appelle le roi Jean. Il accourt, bouleversé, et la veille avec tendresse, délaissant pour un temps les affaires compliquées de son royaume.

Au début d'août, elle va mieux. Il lui explique qu'il doit partir. La République est en danger. Les Turcs se renforcent autour de Kamieniec. La Diète lui a voté une armée de cent mille hommes.

– On m'attend pour donner l'assaut, dit-il en maîtrisant sa peine. Tout retard perdrait la Pologne.

Marie Casimire s'effondre et se jette à ses pieds en suppliant :

– Jurez-moi que vous ferez la paix. La France vous le demande.

Jean la relève et la serre dans ses bras, mais reste intransigeant.

– Les Turcs sont sur nos terres et je refuse de signer un pacte avec la Porte si ce n'est dans l'honneur, c'est-à-dire par les armes.

– Je t'en supplie, Iachou, arrête cette guerre ! Je ne peux supporter d'être loin de toi.

– N'aggrave pas ma douleur, Marysienka. Puisque nous ne pourrons être unis de corps, soyons-le au moins de pensée et de cœur, car c'est là que je désire vivre et régner.

La jeune femme, désespérée, s'abandonne aux sanglots. L'éternelle rivale se dresse à nouveau, devant laquelle elle doit plier pour le salut de la République. Lettres, portraits, scapulaire, bracelet se chargent de mille tendresses pour entretenir le souvenir. On se chicane aussi pour des babioles et les réponses arrivent à contretemps. Elle retrouve ses coquetteries d'autrefois pour ne pas avouer son inquiétude. Sa santé ne revient pas. Elle se traîne, épuisée par les grossesses répétées.

– Douze déjà [1], murmure-t-elle d'une voix lasse. Pour quatre enfants seulement qui me restent.

L'horrible « mal » se réveille, avec ses douleurs lancinantes et ses malaises. Les bains de soufre sont quotidiens et l'on augmente les doses de mercure. Elle en redoute les effets sur la peau, les dents, les cheveux, et les obsessions reviennent. Elle se voit vieille, enlaidie, répudiée... Il ne lui reste qu'une solution : ne plus être enceinte, ne plus « faire la chose ». Mais comment le dire à Jean ? Et comment maîtriser son

1. A la fin de sa vie, elle en comptera dix-sept. Quatre pendant son mariage avec le prince Zamoyski, et sur les treize enfants que lui donnera Jean Sobieski, quatre seulement ont survécu.

désir lorsqu'elle est près de lui ? Plutôt rompre. D'une main désespérée elle écrit :

« C'est fini ! Je suis arrivée où j'en voulais venir : à me détacher entièrement de vous. Mon cœur est tout changé, et il n'y a plus de retour possible. Adieu peut-être pour toujours ! » [1]

Recroquevillée sur ses souffrances, elle s'est fermée au monde et ne sait rien des difficultés qui assaillent son époux. Michel Radziwill, son beau-frère, fait irruption et la sort brutalement de sa mélancolie.

– Jean s'est retranché dans le village de Zurawno, dit-il. Cent mille Turcs le cernent et vont donner l'assaut. Il est perdu, et le pays avec lui.

– Non ! hurle-t-elle. Il ne se laissera pas écraser. Comme à Lvov, il gagnera.

– Il est seul, Marysienka, avec tout au plus quinze mille hommes, et le terrain ne l'aide pas.

Les nouvelles se succèdent, et la secouent avec d'autant plus de violence qu'elle était à cent lieues de les imaginer. La situation est désespérée, en effet. L'Autriche a eu vent du traité de Iavorow et redoute une Pologne victorieuse. Des espions à la solde de l'empereur ont propagé la rumeur que cette guerre est un coup monté par le roi de Pologne avec les Français et les Turcs, afin d'extorquer plus d'impôts aux Polonais. Les troupes désertent, préférant revenir au traité honteux de Buzcazc, et dans toutes les églises du royaume on chante les prières des morts. Marie Casimire blêmit lorsqu'on lui annonce un écuyer royal porteur d'un message urgent. Elle craint le pire et lit une réponse à sa lettre de rupture qui la laisse pantelante et désemparée.

« J'ai failli tomber de cheval, en lisant vos derniers mots : "Adieu pour jamais". Rien ne m'afflige davantage que les méchantes gens qui vous racontent des balivernes. Ils devraient se soucier de votre santé au lieu de l'altérer avec des

1. Lettre authentique.

histoires incertaines. Moi-même je vais bien, Dieu merci, mais à quoi me sert ma santé si je ne puis entendre de bonnes nouvelles de la vôtre, qui m'est mille fois plus chère et sans laquelle je ne veux point survivre. Je baise donc tous vos charmes, et vous serre de toute mon âme. »[1]

Tant d'amour la bouleverse et l'emplit de confusion. Elle se sent bien petite et peu digne de lui avec son cœur rétréci. Va-t-elle abandonner Jean comme les autres et le perdre à jamais ? Aussitôt, elle oublie ses langueurs et ses malaises, rassemble son énergie et se précipite à Varsovie où elle réunit le Sénat et, s'adjugeant les prérogatives du souverain, convoque la pospolite[2].

– Comment pouvez-vous douter un instant de votre roi ! s'écrie-t-elle du haut de son trône. N'auriez-vous pas honte de le laisser mourir entre les mains des Infidèles quand le pape lui-même lui envoie de l'argent pour les combattre ?

Elle montre le document qu'elle vient de recevoir : Innocent XI offre une forte somme pour lever des troupes et construire des fortifications. Les nobles crient aux armes et prennent la route du Sud. Ils y arriveront après la bataille.

Quelques jours plus tard, dans son château de Zolkiew où elle récite jour et nuit des rosaires, Marie Casimire apprend la victoire. Répétant l'expérience de Podhajce, Jean s'est démené comme un diable. Par sa science de la défense et ses ruses proches du génie, il a triomphé de l'ennemi. Dans la crypte des ancêtres, elle rend grâces et attend le héros. Des tirs de mousquet, sur fond de tambours et trompettes, annoncent la cavalcade royale. Impatiente, elle fait atteler sa calèche et court à sa rencontre. D'un bond il est auprès d'elle et dévore les lèvres qui se tendent vers lui, tandis que ses mains affamées emprisonnent la gorge tiède et courent sous les jupons.

– Etes-vous contente, ma Demoiselle ? dit-il haletant. Vous commenciez à vous fâcher contre moi parce qu'on me soup-

1. Lettre authentique.
2. La noblesse en armes.

çonnait de ne pas vouloir la paix. Je l'ai signée, et j'ai libéré le tombeau de Jésus souillé par les Infidèles. Il sera désormais sous la garde de prêtres chrétiens [1].

Elle caresse avec vénération le cher visage taillé par les vents et la poussière, et frissonne soudain dans son intimité possédée.

– Iachou, murmure-t-elle avec émotion, je suis si fière de toi.

– Oserais-tu me répéter ce que tu m'as écrit : « Adieu pour jamais » ?

– Pardonne-moi. J'ai peur parfois de ne plus être celle que tu as aimée.

Il la serre contre lui et dit d'une voix contenue :

– Je ne vois pas en vous poindre la saison d'automne, Madame. Vous êtes le plus gracieux des étés, et j'aime aujourd'hui comme au premier jour.

– Tu ne partiras plus ?

– J'ai gardé mon honneur et le mets à tes pieds.

Un vent humide souffle par rafales. La cour se regroupe autour des cheminées. Marysienka rayonne de son amour retrouvé. Elle s'est habillée « à la polonaise » et l'on remarque les nombreux sautoirs d'or et de pierres précieuses qui tombent en cascade sur toute la hauteur de sa robe. Elle célèbre à sa manière le retour de son vainqueur : un dîner préparé par un chef français et servi au son des violons, puis une représentation d'*Andromaque*, traduit en polonais par l'ami Morsztyn. Après le spectacle, que l'on applaudit fortement, le marquis de Béthune remet au roi de Pologne, au nom du Roi Très-Chrétien, le Cordon bleu de l'ordre du Saint-Esprit.

– Au libérateur du Saint Tombeau ! dit-il gravement.

Jean se lève et prononce des paroles solennelles. On le congratule. Forbin-Janson annonce qu'il va regagner Paris et fait ses adieux, puis s'approche de Marie Casimire pour lui confier en aparté :

1. Ce fut une des clauses du traité de paix que Jean Sobieski a imposée sur le champ de bataille.

– Le Roi va se réjouir. Il n'y a plus de frein, désormais, à l'application du traité. Je compte sur Votre Majesté pour favoriser l'affaire de Hongrie ainsi qu'une attaque rapide du Brandebourg.

Elle acquiesce d'un sourire et dit d'une voix suave :

– J'attends toujours un duché-pairie pour mon père. Dites bien à Sa Majesté qu'elle ne pourrait m'accorder de plus grand plaisir.

# XXII

Pour la première fois depuis son mariage, Marie Casimire n'aura plus à craindre la guerre et Jean ne partira plus. Le bonheur lui sourit, mais elle ne peut s'y abandonner. Tant que son père n'aura reçu son duché-pairie, elle restera, malgré sa couronne, la « fille d'un hobereau ». Effacer la « tache originelle », comme elle ne cesse de le dire, devient sa priorité.

Les yeux tournés vers la France, elle attend. Mais les mois passent et Versailles ne répond pas. Elle s'en inquiète et convoque le marquis de Béthune. Ce dernier, fort embarrassé, lui explique en quelques mots l'incroyable machination qui bouleverse le cabinet de Versailles. Un certain Brisacier, secrétaire des commandements particuliers de la reine de France, prétend être un fils oublié de Jean Sobieski, conçu au cours d'un voyage de jeunesse. Il se fait appeler Brisacierski et a cru devenir duc, comme le marquis d'Arquien, en exhibant une recommandation du roi de Pologne, elle-même présentée par un père carme aussi suspect que le document.

– Depuis cet incident, conclut-il, Sa Majesté ne veut plus entendre parler de votre père. Louis se demande si vous n'avez pas inventé ce subterfuge pour lui forcer la main.

– L'imposture du petit Brisacier ne nous concerne en rien, réplique-t-elle sèchement. Que dit le Roi-mon seigneur de tout cela ?

– Il fulmine et jure par saint Stanislas qu'il n'a rien signé.

– En doutiez-vous ? Nous le ferons savoir à Monsieur mon frère, et tout s'éclaircira.

Quelques semaines plus tard, une réponse laconique arrive de Versailles. Le Roi-Soleil a reconnu l'escroquerie et puni les coupables, mais de duché il ne parle pas. Marie Casimire, ulcérée, se révolte, et crie à l'injustice.

– Ce que je demande pour mon père n'est pas une extravagance. Une compensation bien minime en regard des services que nous rendons en Hongrie.

Le marquis de Béthune tente de la raisonner.

– Oubliez, dit-il. Sa Majesté ne cédera pas. Convenez une bonne fois que l'auteur de vos jours est une canaille qui ne pense qu'à vociférer, boire et ferrailler. Jamais il ne sera duc.

D'une voix brisée, elle implore encore :

– Alors qu'on en fasse un Maréchal de France. Je le ramènerai à Varsovie et nous tirerons le rideau du silence sur sa vieillesse orageuse.

D'autres mois passent, et la conduite du marquis d'Arquien ne cesse d'alimenter la chronique. Une potion amère pour la souveraine qui doit se plier à l'évidence. Elle abandonne tout espoir de faveur et décide son père à vendre sa capitainerie des Gardes afin de la rejoindre en Pologne. La chose se fait discrètement. Pour ne point éveiller ses multiples créanciers, le marquis d'Arquien fait verser la somme entre les mains du duc d'Orléans, son maître. Peine perdue. A la sortie du Louvre, il est emmené à la Bastille, frappé d'une saisie-arrêt.

– Que l'on paie, grand Dieu ! s'écrie Marie Casimire dès qu'elle apprend la nouvelle. Mon père ne peut rester en prison. J'en mourrais de honte.

La rage au cœur, elle s'enquiert et découvre que l'auteur du drame n'est autre que Louise-Marie. L'ambassadrice n'a pas reçu sa dot et, craignant d'en être frustrée, a demandé une lettre de cachet. Louis XIV, pour le coup, ne s'est pas fait prier. Marie Casimire convoque aussitôt les Béthune et ne retient plus sa colère. Les deux sœurs se fustigent d'insultes, tandis que l'ambassadeur, impavide, affirme n'y être pour rien. On se calme peu à peu et l'on s'explique. Des lettres sont envoyées au duc d'Orléans et à Versailles. La saisie est levée, et le marquis d'Arquien, libéré, quitte définitivement Paris.

A la fin de 1678, il est à Varsovie, reçu par une reine qui l'honore de tous les fastes réservés aux plus puissants de la terre, l'installe au Palais royal et lui donne une Maison. Le père et la fille unissent leurs rancœurs. Ils ressassent les avanies subies de part et d'autre, et la haine grandit contre Louis qui les tyrannise de son mépris.

– Je me vengerai ! affirme la souveraine.

Sans tarder, elle torpille l'affaire de Hongrie. Mettant de l'huile sur le feu et Jean au pied du mur, elle éveille les soupçons des sénateurs sur les dix mille hommes réunis clandestinement près de la frontière, puis convoque Jablonowski, son fidèle complice de l'élection, qui a reçu la charge de Hetman de campagne.

– Allez à Stryij, lui dit-elle. Licenciez les troupes enrôlées par Béthune et chassez les officiers français qui supervisent l'entreprise. S'ils résistent, coupez des têtes !

Dans son palais de Versailles, Louis peste et se cabre. La belle diversion imaginée par lui pour affaiblir Léopold est morte. Il rappelle son ambassadeur et contre-attaque en faisant mouche : il déclare que la marquise de Béthune est directement responsable de cet échec et sera exilée en Touraine. Marie Casimire, qui s'est réconciliée entre-temps avec sa sœur, tempête de plus belle. Une fois de plus, c'est elle que l'on afflige en frappant sa famille. Les humiliations ne cessent de s'accumuler et son orgueil se révolte. De ce jour, elle tourne le dos au Roi-Soleil et sourit au représentant de l'empereur qui obtient ses entrées au Palais royal et devient son partenaire attitré au jeu de l'hombre [1].

1. Jeu de cartes d'origine espagnole, très à la mode au XVIIe siècle.

– Calmez-vous, mon âme, lui dit Jean. Ne rendez pas ma tâche plus difficile. Elle ne l'est que trop en ce moment. L'Autriche, par ses campagnes savantes, gagne chaque jour de nouveaux partisans, et la moitié de la République s'élève contre notre alliance avec la France.

– Qu'attendez-vous pour la dénoncer ? Louis vous refuse le titre de « Majesté », et ne tient pas ses promesses. Il vous lance dans des opérations hasardeuses comme les maquis de Hongrie ou l'attaque du Brandebourg, en vous faisant miroiter Koenigsberg et la Prusse ducale. Avez-vous reçu les pensions et les sommes prévues par le traité de Iavorow ?

– J'ai toujours soutenu Condé, et c'est avec l'appui de la France que nous avons gagné mon élection. Croyez-vous que je puisse renoncer à des convictions pour lesquelles je me suis battu depuis tant d'années ? Le parti français reste le parti de la Couronne.

– Ne vous en déplaise, Iachou, j'ai cessé de croire aux sirènes de Versailles. L'envoyé de l'Empereur, en revanche, tient des propos qui ont l'heur de me charmer, et ses offres sont alléchantes : une archiduchesse pour notre petit Jacques, lorsque le temps viendra, et un titre de Prince d'Empire pour mon père.

– Je n'ai aucune foi en Léopold.

– Laisserez-vous Louis me déshonorer ?

Un silence les sépare. Leurs regards s'affrontent, mais un sourire de Marysienka fait renaître leur complicité, comme au temps de la conjuration, puis de l'élection.

– Jouons habilement, dit-elle. Feignez d'être français, et je soutiens l'Autriche. D'un côté comme de l'autre, les enchères monteront et Louis se repentira de m'avoir refusé un duché-pairie.

– Nous verrons ce que dira le prochain ambassadeur. On m'annonce le marquis de Vitry.

Dès qu'il entre dans le salon d'audience, Marie Casimire se méfie. L'homme veut séduire, certes. Silhouette élégante, esprit vif, un charme plein de finesse, mais dans l'œil au regard aigu, elle décèle l'aventurier sans scrupule. D'instinct, elle flaire un ennemi. En silence, elle écoute le discours qu'il adresse à Jean. Des serments et des promesses pour resserrer une alliance que Versailles juge indispensable. Il se tourne ensuite vers elle, exécute un salut de cour théâtral, et annonce :

– Sa Majesté a le plaisir d'accorder un duché-pairie... au prince Jacques !

A ces mots, elle se raidit et le toise de toute sa hauteur. Chercherait-il à l'humilier une fois de plus ? Ce qui représentait un honneur pour le marquis d'Arquien, capitaine des Gardes, ne peut convenir pour son fils qui est fils de roi. D'une voix tranchante, elle répond :

– Vous faites erreur sur la personne. Son Altesse Royale le prince Jacques n'a que faire d'un duché. Avec l'aide de Dieu, il aura un trône.

L'audience se termine et le diplomate se retire, bien décidé à relever l'offense de cette rebuffade qui le mortifie d'autant plus qu'elle outrage son maître. Le flot de ses critiques à l'égard de la souveraine se répand dans toute la ville et atteint Paris.

– Exigences déplacées... Orgueil indescriptible, déclare-t-il à tout venant. Tout lui est dû et tout doit plier...

Marie Casimire n'en a cure et attise la fureur de celui qui parle au nom de Louis. Elle affiche ses sympathies pour l'Autriche et vitupère contre la France. Vitry enrage et se plaint auprès de son ministre. Il est venu à Varsovie pour s'assurer de l'obéissance du roi de Pologne et trouve sur son chemin une reine qui s'ingénie à brouiller les cartes. Versailles s'émeut et envoie en renfort l'évêque de Beauvais qui n'est autre que l'ancien évêque de Marseille. Fort de sa longue expérience du couple royal, Monsieur de Forbin-Janson redressera sans nul doute la situation.

Entre-temps, tout se complique. A Constantinople, les Turcs malmènent la délégation polonaise chargée de ratifier la paix décidée à Zurawno. Un nouveau vizir est au pouvoir,

Kara Mustapha, qui déteste les chrétiens et parle de « Guerre sainte ». Des caravanes se multiplient dans les déserts, et les ports de la mer Noire fourmillent de monde. Une attaque de grande envergure se prépare. Certains parlent de l'Autriche, d'autres craignent pour la Pologne. Jean est inquiet. Il veut attaquer Kamieniec, une offensive rapide afin de chasser le barbare du pays, mais la Diète le lui refuse. Dans les bras de Marysienka, il se lamente :

– D'un côté, on me pousse à la guerre, de l'autre, on me retient.

– Prenez garde, Jean. Ne comptez plus sur le parti français. Vitry déverse son venin.

– Je sais désormais qu'il est mon ennemi. Cependant, je continuerai de feindre l'amitié. Une autre attitude déclencherait une guerre civile.

Varsovie bouillonne en effet. Les espions foisonnent et le vent colporte leurs calomnies. Les agents de Vienne racontent que le roi de Pologne pactise avec la France et l'Ottoman afin d'écraser d'autres chrétiens. Pendant ce temps, Vitry se déchaîne contre la reine et détache sournoisement le parti français de la cause de son roi. La division est partout, mais contrairement à ce que l'on dit, le couple royal est loin d'être désuni. Laissant la capitale aux ragots des crapauds et des loups, Jean et Marysienka, entourés de leur suite et de leurs enfants, s'installent à Wilanow, un palais qu'ils viennent de faire construire à trois lieues de là, au bord d'une rivière perdue dans la forêt.

Le destin suit son cours et les événements se précipitent. L'archevêque Pallavicini, un nonce du pape venu tout spécialement de Rome, demande à être reçu :

– Vienne est en péril, déclare-t-il. Nos informateurs sont formels. L'Orient tout entier prend les armes et se dirige vers le Danube. Il faut sauver l'Autriche ! Sa Sainteté vous le demande, car le sort de la Chrétienté en dépend.

– Les Polonais ne se battront pas pour l'Empereur, dit Jean, amer. Ils ont refusé de libérer leur propre pays.

– Les Turcs ne s'arrêteront pas à Vienne, poursuit le nonce. Ils prendront Cracovie et déferleront sur l'Europe. Le sultan a juré de faire boire ses chevaux sous la coupole de Saint-Pierre.

– La France n'est pas aussi pessimiste, Eminence, rétorque Jean.

– Louis se conduit en hérétique. C'est lui qui pousse les Turcs contre les Habsbourg. Un plan diabolique pour détruire le Saint Empire romain germanique et prendre une position hégémonique dans la Chrétienté. Prenez garde, Sire. Sa Sainteté songe à excommunier ce roi que l'on dit Très-Chrétien.

A ces mots, Marie Casimire s'anime. En changeant de camp, elle ne s'est pas trompée.

– Je suis de votre avis, Eminence, dit-elle. En aidant l'Autriche nous sauverons la Chrétienté.

Jean soupire.

– J'ai alerté les cours d'Europe. Attendons leur réponse.

Deux jours plus tard, on annonce l'arrivée de Forbin-Janson. Les retrouvailles sont chaleureuses et l'entretien cordial. On rappelle les vieux souvenirs, l'élection, le siège de Lvov. On parle aussi des mouvements de l'armée turque. Le prélat minimise le danger, expliquant qu'il ne s'agit que de Vienne. Le Sultan veut régler un compte avec l'Empereur, et la Pologne ne doit pas s'en mêler. Jean grommelle, sceptique, et se retire dans sa bibliothèque. Resté seul avec la reine, Forbin-Janson demande à poursuivre l'entretien.

– Une affaire de la plus haute importance, dit-il d'un air préoccupé.

Marie Casimire sourit intérieurement. Elle sait où il veut en venir et s'en amuse. Junon majestueuse, elle s'installe à son clavecin et joue une cantate en l'observant du coin de l'œil. Devant son embarras, elle attaque avec désinvolture.

– Le son de cet instrument est une pure merveille. Un cadeau de l'Empereur.

L'évêque se raidit.

– Ainsi, vous soutenez l'Autriche. Comment osez-vous ?

– Louis ne veut pas que mon père soit duc. Léopold en fera un prince d'Empire.

Forbin-Janson sort de ses gonds :

– Vous êtes française, Madame, et le marquis d'Arquien est un sujet du roi de France. Accepter un titre allemand serait un scandale et provoquerait la rupture entre nos deux pays. Que faites-vous de notre amitié, de nos accords ?

– Qu'y puis-je, Monseigneur ? La France m'a trahie la première. Elle ne tient pas ses promesses, et l'Europe entière, aujourd'hui, se gausse du roi de Pologne dont le beau-père est un hobereau. Le marquis d'Arquien aura son élévation. Je n'en démordrai pas.

L'évêque se radoucit et prononce des paroles conciliantes.

– De grâce, Madame, n'allez pas plus loin. Nous arrangerons les choses.

Marie Casimire le congédie et va rejoindre son époux.

– Notre ami mord à l'hameçon, dit-elle. Les enchères monteront sous peu.

Jean se lève avec lenteur. Depuis qu'il ne fait plus la guerre, son corps s'est alourdi. Le souffle est court et la démarche pesante, mais dans le visage arrondi, les yeux d'un bleu céleste restent vifs.

– M'accompagnerez-vous dans le parc ? dit-il en offrant son bras. Oubliez vos intrigues et parlons de nous. Etes-vous heureuse, mon âme ?

– Comment ne pas l'être, Iachou ? Depuis cinq ans, nous n'avons pas été séparés un seul jour. Je ne me lasse pas de vous et ne déplore qu'une chose : le tort que vous cause la situation de mon père.

– Peu importe le monde, Marysienka. Seul compte pour moi le fond de ton cœur. Le mien n'a pas changé. Je ne peux vivre sans toi.

Au début de l'année 1682, la menace turque se précise, et les cavalcades se succèdent dans la cour de Wilanow. Forbin-

Janson et Vitry font assaut d'amabilités. Au nom de Louis, ils plaident pour la neutralité et l'enrobent de compensations alléchantes : la Silésie, la couronne de Hongrie, des pensions, de l'argent, beaucoup d'argent. Le représentant de l'Empereur se contente de répéter ce qu'il a maintes fois avancé, et le nonce du pape revient prêcher la Croisade en assurant d'importants subsides du Saint-Siège. Les souverains écoutent, mais ne disent rien.

Un matin, Marie Casimire fait atteler son carrosse. Entourée de ses dames et demoiselles d'honneur, aumônier, confesseur, écuyers et pages, elle part en grand cortège au monastère de Czestochowa. Elle est pieuse, certes, et veut prier la Vierge de Yasna Gora qui protège la Pologne. En réalité, elle doit rencontrer en secret un émissaire de Léopold. Laissant tout le monde devant l'effigie de la madone, elle s'esquive par la sacristie et le retrouve dans la pénombre d'une chapelle que garde un peloton de moines. L'homme se présente. Il s'appelle Zierowski. Il arrive de Vienne avec un appel désespéré de l'Empereur.

– Les canons turcs seront bientôt sous nos murs. Sans le soutien du roi Jean, il n'y aura plus de Saint Empire.

Devant le silence de la reine, il ajoute :

– Un traité lie la Pologne à la France. Nous le savons. Mais nous connaissons aussi votre ressentiment à l'égard du roi de France, vos sympathies pour notre pays et le poids de votre influence sur le roi Jean. Nous comptons sur Votre Majesté pour le persuader de nous prêter main-forte. Malheureusement, dans notre situation, ce que nous avons à offrir est bien modeste : l'alliance de la Cour impériale.

– Qui n'est pas négligeable, s'empresse-t-elle de répondre. Votre ambassadeur l'explique fort bien.

Un hochement de tête, un sourire engageant, et elle ajoute :

– Dites à Sa Majesté l'Empereur que je ferai de mon mieux.

Zierowski s'incline avec respect, puis sort de ses chausses un rouleau de parchemin.

– Je crois, Madame, que ces documents pourront vous être utiles.

Marie Casimire découvre avec stupeur qu'elle tient entre ses mains le chiffre du marquis de Vitry. Un cadeau qui ne laissera pas son époux indifférent. Ses espions pourront désormais saisir les dépêches envoyées au cabinet de Versailles. Elles n'auront plus de secret.

Sur le chemin du retour, la reine feint de somnoler. Mille pensées agitent son esprit. La situation est grave. Il n'y a plus de doute, la guerre est imminente et Jean devra partir. Elle n'aura pas de mal à l'y pousser, elle sait déjà où le porte sa conscience. C'est elle, en revanche, qui devra être forte, ne pas imaginer les dangers qu'il court, mais plutôt l'encourager. Non pour plaire à l'Empereur, ni se venger du roi de France et voir son père devenir Prince d'Empire. Tout cela est secondaire. En sauvant l'Autriche, Jean sauvera son pays. Il sera surtout le Sauveur de la Chrétienté, au-dessus de tous les rois de l'Europe, au-dessus du Roi-Soleil qui méprise les souverains élus et ne daigne pas lui accorder son titre de « Majesté ». Il accomplira son destin de guerrier comme elle acceptera le sien qui est de l'aider.

Un coup de gong au cours de l'été sème le trouble. Les rebelles hongrois chassent les Impériaux et se rallient au pacha de Bude, entraînant dans leur sillage quatre pays voisins avec lesquels ils s'étaient ligués : la Transylvanie, la Moldavie, la Valachie et l'Ukraine. Un magnifique boulevard s'ouvre désormais devant les hordes colossales de la Porte qui pourront atteindre Vienne sans obstacle. Jean garde son calme. Le sultan lui a écrit qu'il ne toucherait pas à la Pologne. Marie Casimire tremble. Elle craignait une tempête et pressent le cataclysme.

– Depuis quand faites-vous confiance à un Turc ? demande-t-elle, perfide.

– Versailles s'en porte garant, dit Jean.

– Louis vous aveugle. Ecoutez le pape et sauvez la Chrétienté. Ainsi, vous resterez fidèle à vous-même.

Autour d'eux, on s'agite. Le nonce Pallavicini ne quitte plus Wilanow, et l'ambassadeur d'Autriche augmente les offres de son maître : en plus des titres et d'une archiduchesse, il avance le soutien de la Cour impériale pour assurer le trône de Pologne au prince Jacques. Les souverains, cette fois, ne sont pas insensibles. Forbin-Janson et Vitry s'inquiètent. Leur chasse gardée leur échappe. Ils se démènent auprès de Versailles et obtiennent enfin de quoi contenter la reine. Sûrs de leur triomphe, ils accourent.

– Victoire, Madame, proclame l'évêque. Nous avons le duché-pairie pour Monsieur le marquis d'Arquien. Sa Majesté a signé.

Le visage immobile, Marie Casimire lit le brevet et découvre que le titre ne sera ni homologué ni héréditaire, et que son père ne devra plus se montrer en France.

– C'est incomplet, dit-elle sur un ton sec. L'honneur ne me permet point d'accepter.

Vitry se rengorge avec morgue et, se tournant vers le roi, s'étonne qu'on lui refuse une telle faveur. Forbin-Janson, plus diplomate, ajoute qu'avec le temps Louis accordera les petits détails oubliés.

– Il suffira de lui donner satisfaction, dit-il en appuyant sur chaque mot.

– Sa Majesté peut épargner ses peines, répond Marie Casimire hautaine. Nous attendrons qu'elle soit en mesure de tout mener à bien du même coup.

Jean a écouté en silence, le visage tendu.

– Nous ne voulons pas être la risée de l'Europe, déclare-t-il soudain.

Il se lève et met fin à l'entretien.

Le lendemain, l'agent de l'Empereur, Zierowski, est à Wilanow. Il arrive à la faveur de la nuit avec des documents de la plus haute importance. Des liasses de dépêches saisies sur les courriers de France dans les défilés des Carpathes, qui prouvent la connivence de Versailles avec les Magyars et les Turcs. L'une d'elles annonce l'arrivée prochaine du Sultan en

Hongrie. Une autre fait état d'une lettre de Louis XIV à Mahomet IV l'assurant de sa neutralité bienveillante à l'égard d'une invasion de l'Autriche. Jean explose :

– Il ne parle pas de la Pologne. Qu'en fait-il ? Nous serons bel et bien encerclés par les forces de l'Islam.

Il arpente la pièce un moment puis se tourne vers son épouse pour lui dire :

– N'ayez crainte, Marysienka, ma décision est prise. Entre le Pape et Monsieur "mon frère", je n'hésite pas. Ma conscience de chrétien éclaire le chemin. Le pays me suivra-t-il ? Voilà toute mon inquiétude. Nous devrons attendre la Diète pour en avoir le cœur net. Les esprits s'échauffent, les factions s'agitent. Ne donnons aucune prise.

Le visage de la reine s'illumine :

– Comme au temps de l'élection, répond-elle. Nous duperons les traîtres et bernerons le diable.

Un sourire complice les unit. Ils se comprennent et se devinent, et si parfois ils se cherchent querelle, ce n'est que pour mieux se réconcilier.

Au matin, Jean convoque l'évêque de Beauvais et lui dit en le regardant droit dans les yeux :

– Après avoir pris Vienne, les Turcs descendront sur Cracovie. Je n'en doute pas une seconde. Pouvez-vous m'assurer que votre roi est prêt à m'envoyer toutes ses forces pour nous venir en aide ? Si vous voulez ma neutralité, il me faut un serment.

Forbin-Janson se décompose et dit d'une voix blanche :

– Sa Majesté ne m'a pas autorisé à prendre un tel engagement.

L'alliance avec la France est rompue. Le soir même l'évêque prend la route pour Paris. Le marquis de Vitry fulmine sa hargne et reste à Varsovie, bien décidé à faire échec au roi de Pologne qui ne peut prendre aucune décision sans l'accord de la Diète. Il attend ce moment pour agir. Mais, de son côté, Marysienka le surveille et possède la clé de son « Secret ».

# XXIII

Des nuages lourds assombrissent le ciel. Un vent glacé, venu de la Sitch, souffle par rafales et soulève la neige accumulée sur les toits. Des fanfares retentissent en ce matin de janvier 1683, et les cavalcades martèlent les pavés de Varsovie. Sénateurs, nobles et prêtres se hâtent vers le Palais royal où va se tenir la Diète. Ils prennent place dans la salle du trône, et Marie Casimire se glisse derrière les rideaux de la loggia construite par Louise. Comme le faisait sa protectrice, elle assiste sans être vue à cette manifestation politique interdite aux femmes. De son perchoir drapé de tissus légers, elle observe les dignitaires et cherche avec anxiété les complices du marquis de Vitry. Le représentant de la France s'est démené comme un diable au cours des dernières semaines. Ses calomnies ont frisé l'indécence et son or a coulé à flots pour grossir les rangs d'un parti français qui ne soutient plus, désormais, le roi de Pologne, et promet de faire entendre son veto. L'heure est grave, pourtant. De cette assemblée dépend le salut de la Chrétienté. Que feront les amis de l'élection, Morsztyn, Radziwill, Jablonowski, les Sapieha, et tant d'autres, qu'une haine farouche de l'Empire pousse du côté de la France ?

Jean arrive, superbe de prestance, et commence par distribuer des charges honorifiques afin de s'attacher les soutiens fluctuants. Il se lève et l'on fait silence pour l'entendre. Marie Casimire l'écoute avec attention et murmure en même temps que lui chacun des mots qu'ensemble ils ont écrits. Rompre avec la France... Non pour s'allier à l'Empire, mais pour défendre la Chrétienté contre le Croissant... Un discours éloquent, concis et brutal qu'il conclut en déclarant :

– Le bélier qui frappe aux portes de Vienne bat également celles de Cracovie. Il nous faut rendre au barbare conquête pour conquête, le poursuivre de victoire en victoire, au-delà même de cette frontière qui le vomit sur l'Europe. Nous devons le repousser dans les déserts et l'exterminer. Cette entreprise seule est chrétienne, noble et décisive !

Le nonce prend alors la parole et confirme la menace ottomane sur Vienne d'abord, Cracovie ensuite, et Rome sans doute. Il fait un signe au représentant de l'Autriche qui vient lire une dépêche reçue d'un diplomate en poste à Constantinople. Il y est écrit que le vizir Kara Mustapha a décidé de lancer contre la Chrétienté les forces innombrables de l'Islam, menaçant Rome autant que Vienne, sans compter Varsovie. La « Guerre sainte » est proclamée dans toutes les mosquées de l'Orient.

Un long frémissement parcourt l'assemblée. De sa loge, la reine voit les visages qui se crispent de frayeur. Un péril redoutable est en marche et l'on écoute avec intérêt les offres de l'Empereur : l'alliance du Saint Empire, du Brandebourg et de la Saxe. Soixante mille hommes se joindront à l'armée polonaise sous les ordres absolus du roi de Pologne. Le pape a envoyé le dixième des revenus du Saint-Siège. Les sommes sont là, on va payer. Les acclamations crépitent. Marie Casimire exulte de joie. La cause semble gagnée. Mais la nuit tombe et l'on se sépare. La Diète ne délibère jamais aux chandelles.

Jean et Marysienka ne dorment pas. Leurs agents vont et viennent dans l'ombre des rues et se glissent dans les couloirs du Palais royal. On sait que le marquis de Vitry vide ses coffres. L'heure est au marchandage. Son carrosse court la ville et s'est arrêté longuement devant l'imposante maison du Grand Trésorier de la Couronne.

– Morsztyn joue le double jeu, dit-elle.

Jean se raidit et donne des ordres :

– Saisissez tous les courriers. Aucune correspondance diplomatique ne doit sortir du pays. Je veux savoir ce qui se trame.

Le lendemain, le vent a tourné. La tribune aux harangues est prise d'assaut par tous ceux qui viennent déverser leur fiel contre l'Empereur. L'un d'eux se lance dans une longue tirade qu'il conclut en ces termes :

– A Chocim ou à Lvov, où étaient les soldats de Léopold ? Soutenir le Habsbourg ne rendra que plus douloureux l'esclavage des Bohémiens, des Croates et des Magyars. La Porte n'a qu'un but, abattre Vienne. Les ennemis de la Pologne sont l'Autriche et le Brandebourg. Sa seule amie est la France qui a toujours mis sa politique, ses finances et ses alliés au service de la République.

Un Sapieha vient alors ajouter perfidement que les menées absolutistes du roi Jean et son rêve de monarchie héréditaire ne doivent pas être tolérés un instant. Des sénateurs se lèvent et crient :

– Abdication ! Abdication !

Et l'on entend soudain :

– Déposition !

L'assemblée se fige de stupeur et les cris des factieux se prolongent. La colère empêche Marie Casimire de défaillir. De sa main, elle écarte discrètement le rideau qui la dissimule et se penche pour mieux voir les traîtres qui attisent la révolte. Que font ses amis, les partisans de l'Autriche ? Ils se réveillent et donnent de la voix. La riposte s'organise. De son poste, la reine domine la salle et remarque bien vite un mouvement de houle autour de Morsztyn. Les opposants viennent à lui pour prendre les ordres. Le Grand-Trésorier travaille pour le marquis de Vitry.

La fin du jour interrompt la séance et l'on soupire d'aise dans l'entourage du roi. Rien n'est perdu tant que l'on n'a pas voté. Et l'on s'agite encore pour tenter de barrer un veto du parti français.

– Pour les abattre, il nous faut les preuves, soupire Marysienka. Les trouverons-nous à temps ?

– Je lèverai l'arrière-ban et châtierai les perturbateurs ! dit Jean en frappant la table de son poing.

– Prions ! dit le nonce du pape. Dieu fait parfois des miracles.

Pendant ce temps, les espions au service de Marie Casimire courent et ramènent des documents. Ils ont saisi la correspondance de Morsztyn avec le cabinet de Versailles, mais on ne peut la déchiffrer sans la clé. C'est alors que l'agent de l'Empereur, Zierowski, bouscule les chambellans et fait irruption dans les appartements royaux en jetant sur le tapis une sacoche pleine de dépêches.

– Le courrier de Vitry, dit-il. Mes hommes l'ont intercepté à Dantzig.

On décode bien vite les rapports envoyés à Monsieur de Pomponne, et l'on découvre le complot encouragé par Louis XIV : déposer le roi de Pologne, et s'il résiste, le poignard ou le poison ! Un homme acheté le remplacera, dont le nom est Jablonowski. Jean pousse un cri. Le meilleur ami, dont le discours lui a valu son élection et qu'il vient de nommer Grand-Hetman de la Couronne, est devenu un Judas. Il s'effondre, douloureusement meurtri, tenant entre ses mains la longue liste des conjurés, tous des familiers de la cour, avec les sommes que chacun a reçues.

– Que puis-je désormais, gémit-il, quand les plus fidèles m'abandonnent ?

Marysienka l'enlace et le réconforte.

– Je suis là et Dieu est avec nous. Il a besoin de vous. Qui mieux que vous a sauvé la Pologne du joug de l'Islam ? Vous êtes aujourd'hui le seul espoir de la Chrétienté tout entière. Le pape vous soutient et l'Empereur vous supplie de l'aider.

Ensemble, ils préparent la contre-attaque qui leur donnera l'avantage.

– Ne livrez qu'un nom, lui dit-elle, celui de Morsztyn. Les autres croiront que vous ignorez leur rôle, ou bien devineront votre indulgence et auront à cœur de la mériter.

Au matin, chacun reprend sa place. Après les prières habituelles, Jean se dresse, imposant et digne. Son œil étincelle et sa voix résonne comme un rugissement de lion. Il parle du complot destiné à le déposer et de la trahison de son Grand-Trésorier. Il brandit les papiers saisis et ajoute :

– Ces rapports dévoilent autre chose : celui qui doit me frapper si je n'accepte ma défaite, un bras magnifique que j'ai sauvé de la hache ottomane ; et l'ami cher à mon cœur qui s'apprête à me remplacer sur le trône.

Dans un silence de mort, des soldats en armes occupent subitement les issues, et les regards se portent sur Sapieha et Jablonowski dont les visages virent à l'écarlate. Une immense satisfaction emplit le cœur de Marysienka. Sur son trône, Jean est d'une majesté royale. Il maîtrise l'assemblée. D'une voix plus pénétrante, il poursuit son discours :

– Je crois que Monsieur de Vitry s'est sinistrement vanté pour se rendre agréable à son roi. Il a certainement enflé le nombre des conspirateurs qui ont accepté les trente deniers. Il nous outrage tous en nous dépeignant comme une nation vénale, sans foi et sans honnêteté. Je vous demande donc d'attester l'imposture en déclarant la guerre à l'Infidèle qui demain sera aux portes de la République. Guerre à l'ennemi de la Croix ! Guerre à l'Islam !

Un tonnerre d'acclamations lui répond. Les conjurés, comprenant sa générosité, crient plus fort que les autres leur fidélité au souverain et leur haine pour les Turcs. Vitry réussit à s'enfuir tandis que les gardes entourent Morsztyn. Marie Casimire en pleure de joie et ne craint pas de soulever le rideau de sa loge pour mieux voir le triomphe de son mari. Toute la Diète se lève dans l'enthousiasme et vote à l'unanimité.

Un peu plus tard ils se retrouvent dans les bras l'un de l'autre, vibrant de la même émotion.

– Un coup de maître, lui dit-elle avec fougue. Rien ne t'arrêtera désormais. Tu seras le Sauveur de la Chrétienté.

– Ainsi tu es contente de moi, répond-il en plongeant son regard dans les beaux yeux sombres.

– Je t'aime, Iachou, et je suis fière de toi.

A la fin de mars, on signe le traité d'alliance avec l'Autriche, et le marquis de Vitry prend la route pour Versailles. Furieux d'avoir perdu la partie, il crie partout sur son chemin que le roi de Pologne est malade, et bien trop gros pour faire la guerre, alors que ce dernier, ouvrant son trésor personnel, recrute sans tarder, mobilise le pays et se met lui-même à l'exercice pour retrouver sa vigueur à la tête de ses armées.

Un vent d'euphorie souffle sur Wilanow. Jean et Marysienka rayonnent de bonheur. Sur la terrasse ornée de statues antiques, ils se promènent main dans la main au milieu des parterres aux couleurs exquises. Ils se perdent dans les bosquets et les charmilles jusqu'au bord de la rivière et n'en finissent pas de parler. Ils défendent la même cause et n'ont plus à feindre. Leurs cœurs et leurs ambitions se rejoignent. Une nouvelle jeunesse fouette leur sang et illumine leurs regards. Le succès de cette campagne sera leur œuvre à tous deux.

Tant d'épreuves les ont soudés depuis cet après-midi de septembre où, dans la chapelle des pères Carmes, ils se sont juré fidélité en échangeant des anneaux d'émail. La chair éprouve parfois moins de désirs, mais le sentiment n'a pas changé. Ils brûlent tous deux d'une même flamme. Il a cinquante-quatre ans, elle en a quarante-deux. Malgré sa corpulence, il a gardé toute sa prestance que son autorité magnifie. Majestueuse et altière, elle n'a rien perdu de sa grâce et de son élégance. Si d'autres maternités ont arrondi les courbes de sa silhouette, le teint a conservé sa blancheur incomparable, et ses cheveux, lourds et soyeux, ondulent doucement sur ses épaules.

– L'opération doit être préparée avec minutie, lui dit-elle. Souvenez-vous de l'élection. Une mise en scène parfaite, basée sur deux mots clés : le silence et l'absence. Nous ferons de même.

– Expliquez-vous, mon âme. Vous m'amusez et vous m'étonnez.

– Vitry croit vous nuire en racontant que vous êtes impotent et mourant.

– Il n'a pas tort. Ces longues années de paix m'ont rouillé comme un vieux métal. Je respire mal, il faut me hisser sur mon cheval et l'apoplexie me guette.

– La ruse compensera tous ces maux. Encourageons ces fausses rumeurs. Elles feront votre fortune. Les Turcs doivent être persuadés que vous ne bougerez pas. Sûrs de leur victoire, ils ne se méfieront point et se garderont mal. Vous les surprendrez et les écraserez plus aisément.

De Paris à Constantinople, on raconte bien vite que Jean Sobieski se meurt. Louis XIV jubile de voir bientôt la fin des Habsbourg. Le sultan prend le temps de chasser dans les Carpathes et pousse son vizir sous les murs de Vienne. L'Empereur multiplie les appels à la Pologne et s'enfuit bientôt de sa capitale.

Jean piétine. Marysienka le retient. Elle veut être sûre qu'il ne lui manque rien. Elle le couve encore un peu, ainsi que Jacques qui a voulu suivre son père. Avec le temps qui passe, l'enthousiasme fait place à la crainte. Le départ, auréolé de gloire tant qu'il restait éloigné, devient soudain inéluctable et la rend malade. Son courage faiblit. Le désarroi emplit son âme. Jean sauvera la Chrétienté sans nul doute, se dit-elle, mais elle, ne va-t-elle pas le perdre ?

Le 15 juillet, la cavalerie turque emporte les faubourgs de Vienne.

– On ne peut plus attendre, dit Jean.

Il prend la tête de ses armées. Marysienka, décontenancée, le suit, ainsi que toute la cour. Un cortège inouï, rutilant d'or et de pierreries, flottant sur des nuages de poussière blonde au long des routes desséchées par l'été. A la mi-août, ils sont à Cracovie, suivent tous les « chemins de croix » de la ville et assistent à une messe solennelle dans la cathédrale. Pendant ce temps, les combats font rage sous les murs de Vienne qui menacent de s'effondrer. D'une étape l'autre, les courriers apportent les nouvelles : la garnison s'épuise, les princes d'Europe, émus, affluent dans le camp des Impériaux et se désespèrent de ne point y trouver le roi de Pologne. Le nonce vient s'agenouiller devant lui et le supplie de se hâter en assurant l'épée d'honneur de Sa Sainteté ainsi que la Rose d'Or pour la reine. L'ambassadeur d'Autriche le harcèle et le presse, ajoutant mille promesses aux compensations consenties par le traité.

– Dieu fasse que je les trouve là-bas, répond le souverain, et il ne manquera pas de chevaux turcs dans toute la Pologne.

On s'arrête ensuite à Czestochowa où Jean, vêtu d'une casaque bleue, qu'il fait vœu de porter pendant la bataille, met son armée sous la protection de la Vierge de Yasna Gora. La marche s'accélère et le temps s'envole jusqu'à la frontière de Silésie. C'est la dernière étape. Dans le village de Tarnowskie, un messager de Charles de Lorraine, le comte Caraffa, s'effondre en pleurant de joie lorsqu'il reconnaît le roi de Pologne à la tête de ses « pancernes » et de ses hussards redoutables.

– Je n'en crois pas mes yeux, dit-il. Dieu soit loué !

La description qu'il donne de la situation est dramatique. Trois cent mille Turcs sont sous les murs de Vienne. Les alliés n'ont que cent mille hommes à leur opposer.

– Mais vous êtes là, Sire, dit-il en baisant le bord du manteau royal. Votre bras invincible nous sauvera de l'Islam.

Jean écoute avec attention le rapport détaillé des forces ottomanes, l'étendue de leurs lignes, leurs moyens, et déclare de sa voix tonitruante :

– J'en fais mon affaire, ils seront écrasés !

– Le Sauveur de la Chrétienté, murmure Marie Casimire avec une admiration accrue.

Son souhait va se réaliser puisque l'Europe entière s'incline déjà aux pieds de Jean. La grandeur de l'instant lui fait oublier le danger. L'heure est venue, pourtant, de se séparer et l'émotion serre sa gorge. Il est difficile de retenir ses larmes, mais on garde sa dignité. Elle embrasse son fils Jacques qui a tout juste quinze ans et brûle de montrer sa bravoure.

– Soyez digne de votre père, lui dit-elle. Je suis fière de vous et vous garde toute ma tendresse. Dieu vous protège.

Elle se tourne vers Jean qui la prend dans ses bras.

– Marysienka, mon unique, pourquoi pleurez-vous ?

– Vous reviendrez, je le sais. Je déplore seulement que notre Alexandre soit trop jeune pour combattre à vos côtés.

– Il y sera puisque l'un de mes escadrons porte son nom.

Un dernier baiser, une dernière étreinte.

– Ne me laisse pas sans nouvelles, murmure-t-elle, j'en mourrais.

– Une chaîne de courriers nous maintiendra en communication constante. Aie confiance, mon âme.

Un dernier regard avant que le cœur ne se déchire. Au son des fifres et des tambours, les régiments s'engouffrent dans les défilés, brandissant leurs bannières et leurs lances derrière l'étendard du roi entouré de ses officiers. De la citadelle, Marie Casimire les suit des yeux un long moment et ne peut retenir un cri lorsque, dans le vide de l'horizon, disparaissent son mari, son fils, et son frère, le comte de Maligny. Une peur terrifiante l'envahit et la glace. N'a-t-elle pas ouvert les portes de l'enfer en les poussant dans cette guerre ? A trop rêver de gloire, n'a-t-elle pas condamné Jean au sacrifice et mis un terme à leur amour ? Le remords torture son âme. Jean n'est plus aussi vigoureux qu'à Chocim et à Lvov. A Zurawno déjà il a donné des inquiétudes. Son corps fatigué par tant d'années de bivouac et de batailles pourra-t-il résister aux efforts qui lui seront demandés ?

Dans le carrosse qui la ramène à Cracovie, ses nerfs lâchent. Sans pouvoir refréner les tremblements de son corps, les yeux hagards, fixés sur la campagne, elle tient des propos incohérents et l'on craint que sa raison ne s'envole. Tout le monde pleure autour d'elle. Ses enfants, impressionnés, et ses dames qui ont vu partir, elles aussi, un époux, un frère ou un père. Mais une lettre arrive qui lui rend sa maîtrise. Un cavalier poussiéreux lancé au galop s'arrête brusquement devant sa portière. Elle reconnaît l'officier Dupont, un ingénieur français attaché au service de Jean, et s'empresse de lire ce qu'a écrit la main aimée :

« Seule joie de mon âme, charmante et aimée Marysienka,

« On me dit qu'une agitation extrême pourrait vous rendre malade. Je vous demande en grâce, ma chère âme, de vous calmer et de vous soumettre à la volonté de Dieu. Il daignera m'accorder ses anges conducteurs, et me permettra de revenir sain et sauf parmi les miens. » [1]

D'autres messages viennent jalonner sa route. Chaque jour presque, de longs récits détaillés de tout ce qui se passe et qu'un mot tendre ici et là rend si présent. Jean ne lui cache rien des princes qu'il rencontre, des honneurs qui lui sont faits, des obstacles qu'il devra surmonter, et de ses moments de détente lorsque parfois il lui arrive de jouer aux cartes ou même de danser. Il décrit avec poésie les pays qu'il traverse, agrémentant son texte de petits croquis, et donne des nouvelles de Jacques qui se comporte bien. Marie Casimire lui répond et pose mille questions : sont-ils bien équipés, leurs habits sont-ils assez riches, comparés aux autres ? Ont-ils assez de nourriture ? Leurs tentes sont-elles assez confortables ? Elle énumère aussi les recommandations : Jacques ne doit pas oublier de changer de vêtements dès qu'il a transpiré, et Jean doit s'enrouler de couvertures pour se protéger de l'humidité de la nuit. Qu'ils n'oublient surtout pas, l'un et l'autre, de porter les reliques qu'elle leur a données.

Au début de septembre, elle est à Cracovie et s'installe au Wawel avec son père, ses enfants et ce qui reste de la cour.

1. Letre authentique. Elle fait partie de la fameuse série de trente lettres que Sobieski a envoyées à son épouse pendant la bataille de Vienne.

De nouveau elle s'inquiète. Quatre jours sans courrier. Le dernier message disait :

« J'espère entendre demain les canons de Vienne, et après-demain boire l'eau du Danube. »

L'anxiété revient. Elle écrit. Lettre sur lettre, elle se plaint. Jean la néglige et l'oublie. La jalousie s'insinue dans son cœur. Elle n'en dort plus. Elle se méfie de toutes les dames qui accompagnent les princes. La prestance et le prestige du roi de Pologne ne manqueront pas de les séduire. Qu'on ne s'avise pas de lui prendre son mari. De quelques piques elle le réveille aussitôt et l'accuse de négligence. Le procédé lui a toujours réussi. Et de fait, elle obtient ce qu'elle désirait : Dupont fait irruption et tend une lettre de Jean répondant à ses reproches et gémissements.

« Il faut que je me plaigne de vous à vous-même, ma chère et incomparable Marysienka. Comment est-il possible que vous n'ayez pas meilleure opinion de moi, après toutes les preuves de tendresse que je vous ai données ? Si parfois je manque à vous écrire longuement, il est facile de l'expliquer. Les combattants des deux parties du monde ne sont plus qu'à quelques milles les uns des autres. Il faut penser à tout, pourvoir au moindre détail. Peut-il y avoir là du temps de reste ? Je vous en conjure, mon cœur, pour l'amour de moi, de ne pas négliger votre santé qui m'est si précieuse. C'est bien que vous ayez fait dire les prières de quarante heures. Il faut continuer. Elles s'adressent à celui qui s'est nommé lui-même le Dieu des armées et par conséquent de la victoire. » [1]

D'autres lettres suivent, jour après jour. La marche sur Vienne a commencé. Dans une salle du château, on déroule des cartes et Marie Casimire, entourée de quelques dignitaires et généraux, suit la progression des armées de Jean. L'heure de vérité approche. Autour d'elle on se lamente et l'on prédit le désastre. Il lui est difficile d'être calme. Elle attend et prie en pensant à son aimé qui ne mange plus, ne

1. Authentique.

dort plus, s'est enrhumé et souffre de maux de tête. Une missive, datée du 12 septembre, avive son angoisse. Jean l'a écrite des hauteurs du Calemberg, près d'un couvent incendié, à trois heures du matin.

« Nous voici vis-à-vis du camp turc... Il s'est élevé depuis dix heures un vent violent qui nous donne tout droit dans les yeux. On dirait les puissances aériennes déchaînées contre nous, car le vizir a la réputation d'être un grand magicien... Nous avons trouvé les choses tout autrement qu'on ne nous les avait présentées. Pour atteindre Vienne, ce ne sont que forêts, précipices, et une grandissime montagne qui se dresse devant nous. Il nous faut changer notre ordre de bataille et faire la guerre à la manière des Maurice Spinola qui s'avançaient “a la secura”, gagnant peu à peu le terrain... Notre armée occupe l'espace d'un bon demi-mille de monts et de bois, dans un terrain si coupé que ce n'est que par des petits sentiers que l'on arrive d'une aile à l'autre... J'ai passé la nuit à l'extrême-droite, auprès de l'infanterie. On y voyait tout le camp turc et le canon ne laissait pas fermer l'œil. Voici le lever du jour. Il faut finir en embrassant un million de fois mon aimable et incomparable Marysienka. » [1]

Ce matin-là, il a engagé la bataille. Depuis, c'est le silence. Elle ne sort plus de l'église. Comme à Lvov, elle égrène des rosaires, et les clochers de la ville implorent le Dieu Tout-Puissant. Au matin du 20 septembre, un rayon de soleil transperce le vitrail et vient éclairer ses mains jointes. Serait-ce un présage ? Elle prie encore et regagne le palais. Les enfants se réveillent et viennent la saluer. Thérèse, Alexandre, et Constantin, le seul qui ait survécu de tous ceux qu'elle a mis au monde depuis la paix de Zurawno. Ils ont tous les trois les yeux de Jean et son visage épanoui. Ils devisent tendrement lorsqu'un bruit de course dans les couloirs les fait sursauter. Des pages annoncent un messager. Dupont entre, crotté jusqu'au ventre, les vêtements en lambeaux. Exténué

1. Texte authentique.

par la course, il parle avec difficulté. Il présente un étrier d'or en disant :

– Le roi Jean l'a détaché lui-même de la selle de Kara Mustapha.

Marie Casimire chancelle. L'émotion l'étourdit, mais elle se reprend. Dupont sort un rouleau de ses chausses.

– Après la bataille, dit-il, le roi Jean a demandé un tambour et s'est agenouillé sur la terre pour vous écrire.

Fébrile, elle brise le sceau et commence à lire :

« Des tentes du vizir, le 13 septembre, la nuit.

« Seule joie de mon âme, charmante et bien-aimée Marysienka,

« Dieu soit béni à jamais ! Il a donné la victoire à notre nation. Un triomphe tel que les siècles passés n'en ont jamais vu de semblable. Toute l'artillerie, tout le camp des Musulmans, des richesses infinies sont tombés dans nos mains... » [1]

La description est inouïe. Des tentes par milliers avec des bains d'un raffinement suprême et des ménageries, des équipages superbes, des carquois et ceintures sertis de diamants, des monceaux d'or, de saphirs, de rubis, mille hochets « fort beaux et fort riches », des tapis, des zibelines et tous les parfums de l'Orient. Comme un enfant il s'émerveille et se complaît à la fasciner.

« Vous ne me direz donc pas, mon cœur, comme les femmes Tatares à leurs maris, lorsqu'ils reviennent sans butin : “Tu n'es pas un guerrier puisque tu ne m'as rien rapporté ; car il n'y a que l'homme qui se met en avant qui peut attraper quelque chose”... »

Il parle aussi de la bataille, de Jacques qui a été « brave au dernier point », et de l'escadron d'Alexandre qui a fait des

1. Cette lettre est la plus célèbre de la série de Vienne. Nous n'en donnons que des fragments.

prouesses. La lettre est longue. Marie Casimire s'arrête un moment. L'émotion est forte et les larmes brouillent ses yeux. Dupont raconte alors l'incroyable journée : l'attaque acharnée de Charles de Lorraine, la résistance des Turcs, puis la charge héroïque du roi de Pologne et de ses sept mille hussards aux ailes vrombissantes sur les trois cent mille guerriers de l'Islam.

– Rendons grâce, dit-elle en joignant les mains. Il a sauvé la Chrétienté !

# XXIV

Le cœur plein de fierté, Marie Casimire n'en finit pas de rêver. A-t-elle connu de plus grand bonheur ? Sa fortune est faite désormais, et nul ne pourra plus se moquer. Elle renvoie Dupont auprès de Jean en le chargeant de mille tendresses et de présents ravissants. Portrait, livres, écharpe, et ces mots pressants :

« Je ne sors point d'inquiétude et n'en sortirai que lorsque je pourrai vous embrasser, mon cher amour. Je vous conjure que ce soit bientôt car je ne puis plus vivre sans vous. »[1]

Impatiente, elle attend le retour. Mais un drôle de sort, une fois de plus, vient ternir sa joie. D'autres nouvelles lui parviennent, qui la figent de stupeur. Au lendemain de la victoire, Léopold n'a pas daigné recevoir Jean dans son Palais. Il s'est contenté de le saluer poliment sur le champ de bataille. Et lorsque à son tour Jacques s'est avancé tête nue, l'Empereur n'a pas même porté la main à son chapeau. Sans un regard, sans un geste, il est passé devant les troupes polonaises, et s'en est allé aussi raide qu'un piquet. Les portes de

1. Fragment authentique.

Vienne se sont fermées, rejetant le roi de Pologne et ses vaillants guerriers.

– Un goujat ! s'exclame-t-elle, outrée. Il ne mérite que dédain.

Quant à Louis XIV, il a fait publier dans le *Mercure* :

« Au moment où l'on se préparait à combattre, le bruit se répandit que le roi de Pologne était à la tête de l'armée chrétienne. A ce nom, la frayeur saisit les Turcs qui levèrent le siège avant que d'être attaqués. Il n'y eut point de combat. »

– Ignominie ! s'écrie-t-elle encore en froissant la dépêche.

La colère est vive et les mots s'étranglent dans sa gorge. La gloire de Jean est-elle si dérangeante que l'on ne trouve qu'ingratitude pour le remercier ? Pourquoi toutes ces humiliations ? Elle se raidit et murmure :

– Devant la bravoure du roi élu, ils n'ont que leur morgue de rois héréditaires !

Les vieilles blessures se réveillent, mais elle ronge son frein et se console en livrant aux gazettes les récits minutieux et colorés que lui apportent les missives amères de son époux. Suivant ses conseils, elle en a expurgé les sujets de plainte car, selon le vieil adage qu'il lui rappelle, « qui ne sait cacher son dégoût, fait rire ses ennemis ». De façon habile, elle présente les faits et rehausse, sans blâmer quiconque, la grandeur du roi de Pologne ainsi que la bravoure de ses armées.

Les semaines passent et Jean continue sa croisade. Ses lettres se succèdent et les victoires s'égrènent : Parkany, Esztergom, Szecin... Fidèle à son serment, il poursuit les Turcs en déroute à travers la Hongrie, bien décidé à libérer le pays du joug musulman. Pendant ce temps, Marie Casimire régente le royaume et s'inquiète. Doléances et critiques affluent de tous côtés. Ceux qui soutenaient la France brandissent l'outrecuidance de l'Autriche et ricanent. On s'insurge contre l'acharnement du roi à poursuivre une guerre que l'on juge inutile. Les pertes s'accumulent de bataille en bataille. Pour qui ? Pour quoi ? Pour assurer un trône au prince Jacques ? On trouve à redire sur le butin et l'on s'en prend à la reine. N'aurait-elle pas sacrifié la Pologne dans l'unique but d'emplir ses coffres de richesses ? Jalousie, envie, cupidité se donnent la réplique dans un torrent de médisances et de calomnies. Les magnats se déchaînent. La cour se divise et le pays s'enflamme. Marie Casimire s'affole et supplie Jean de revenir. Mais il s'entête à terminer ce qu'il a commencé. Il ne veut laisser aucune chance aux Turcs de se regrouper pour une contre-attaque. Elle s'emporte et se fait l'écho de tous les mécontents. Il répond vivement :

« J'ai voué ma vie à la gloire de Dieu et à Sa sainte cause, et j'y persiste. Toutefois, ma chère âme, n'ayez crainte, je tiens à l'existence. Pour le service de la Chrétienté et de ma patrie, pour vous, ainsi que mes enfants, ma famille et mes amis. L'honneur aussi m'est cher, pour lequel j'ai travaillé tout au long de ma carrière. »

Elle insiste encore et menace d'aller le chercher à la tête de son propre régiment. Jean s'en amuse et poursuit sa mission. Pour la calmer, cependant, il lui envoie des cadeaux : une couverture en satin de Chine rehaussé de broderies, des boîtes en or et des parfums. Elle n'en a cure. Toutes ces babioles l'indiffèrent. Ce qu'elle veut, assurément, c'est lui. Furieuse, elle n'écrit plus. Il se lamente alors d'être sans nouvelles, énumère les mosquées changées en églises et parle enfin de retour en indiquant la route qu'il va suivre.

« J'approche des lieux qui renferment tout mon bonheur et ma vie. L'espérance de vous revoir bientôt me soutient jour et nuit. Je baise mon aimable “Mouche” qui aura le nom de “Sultane”, puisqu'elle ne se fait voir à personne sans masque, excepté à son fidèle Sylvandre. » [1]

Le guerrier victorieux ne voit plus que son repos. Les retrouvailles se précisent et ses lettres débordent de sensualité, abandonnant le chiffre royal pour le cryptogramme complice des premières années de leur mariage. Marysienka ferme les yeux. Les rancœurs fondent sous le désir de Jean

1. Lettres authentiques de la fameuse série.

qui l'envahit. Sa voix, son odeur, ses lèvres, ses mains... Elle soupire, elle est déjà dans ses bras. Son cœur cogne. Elle s'agite et demande son carrosse.

– Vite, s'écrie-t-elle. Faites atteler, sortez les traîneaux et préparez les enfants.

Penchée sur les cartes, elle étudie tous les chemins qui mènent à la passe de Lubowla sur la frontière, et choisit le plus direct. Elle veut y arriver la première. Avec Thérèse, Alexandre et Constantin, elle accueillera dignement ses guerriers : son fils, son frère, et surtout son époux bien-aimé. Pour lui, elle brave le vent glacé de l'hiver. Le voyage est difficile. Le ciel se déchaîne et s'ingénie à brouiller ses plans. Les tourbillons de neige dressent leurs obstacles et ralentissent sa marche. Les chevaux piétinent et s'embourbent. Les cochers crient, les fouets cinglent. Mais lorsqu'elle atteint le col, elle ne voit qu'un flot de troupes harassées qui traînent leurs pieds derrière le Grand-Hetman Jablonowski.

– Où est le Roi-mon seigneur ? demande-t-elle, inquiète. Comment est-il ? Comment va Jacques ?

– Ils ont pris la route de Nowytarg, explique le palatin. Hâtez-vous, Madame. Sa Majesté se désespère de ne pas vous voir.

Quelques heures encore dans la tourmente et dans le froid avant de rejoindre Jean dans un manoir qu'il a fait aménager. Il attend sans trop y croire en regardant d'un œil désabusé les contorsions du feu dans la cheminée.

– Iachou ! dit-elle en courant vers lui.

Il sursaute et se lève.

– Où étais-tu, mon âme ?

Il la serre contre lui et soupire :

– Je pensais que tu me boudais et ne voulais plus de moi.

– Mon beau vainqueur, répond-elle en baisant sa main.

Levant vers lui un visage contrit, elle ajoute :

– Je croyais avoir trouvé un meilleur chemin que le vôtre, et Dieu m'a punie d'avoir négligé vos instructions.

Il l'entraîne vers l'alcôve en disant :

– Viens ! J'ai faim de toi.

Le 24 décembre, ils entrent dans Cracovie sous une pluie de neige. Un cortège magnifique au son des trompettes, fifres et tambours. Le canon tonne et les cloches carillonnent. Une foule vibrante emplit les rues de ses acclamations. Les fanfares éclatent. On salue le roi vainqueur qui avance dignement derrière les fabuleux trophées arrachés à l'ennemi. Marysienka est à ses côtés, sur un cheval immaculé, rayonnante d'une fierté qui transcende sa beauté. La victoire de Jean est aussi la sienne. Après tant d'épreuves, elle mérite bien de partager sa gloire. Derrière eux viennent leurs fils, Jacques, qui s'est battu avec autant d'ardeur que son père, et Alexandre, âgé de huit ans, dont l'escadron s'est illustré par de brillantes prouesses. Et lorsque, tous ensemble, ils regagnent le château du Wawel, elle se met au clavecin pour honorer son époux d'une marche triomphale.

Trois mois plus tard, ils sont à Iavorow et reçoivent les nombreuses délégations qui viennent féliciter le roi de Pologne. Des lettres arrivent de tous les coins de la terre et la plus surprenante est celle d'un astronome de Dantzig qui, la nuit de la victoire, a vu naître dans le firmament une constellation nouvelle qu'il a baptisée « Ecu de Sobieski » [1]. Les ambassadeurs se pressent sous les mélèzes du parc. Venise, l'Espagne, le Brandebourg, la Courlande envoient leurs compliments au Grand-Capitaine qui a vaincu l'Islam. Quelques princes, bravant l'interdit de Louis XIV, sont venus de France afin de servir sous ses ordres. On annonce aussi l'émissaire du pape, et Marie Casimire tressaille de joie lorsque l'archevêque Pallavicini présente à Jean l'épée bénite du Saint-Siège, puis se tourne vers elle et lui remet la Rose d'Or. Le destin l'a récompensée. Elle a fait de son mari un roi et, plus qu'un roi, le Sauveur de la Chrétienté.

Tout cela, pourtant, ne lui suffit pas. L'attitude de l'Empereur sous les murs de Vienne l'a rendue susceptible. Son

1. Tous les astronomes connaissent aujourd'hui cette constellation en forme de blason qu'ils peuvent observer dans le firmament.

orgueil est à vif et ne supporte aucun écart au respect qui lui est dû, ainsi qu'à sa famille. Au sommet des honneurs, l'incorrigible reine n'est pas satisfaite. Il lui faut des alliances brillantes pour ses enfants, et son père n'a toujours pas de titre. Léopold semble ignorer les promesses maintes fois prononcées en son nom par son agent Zierowski. Avec sa morgue insolente, il fait la sourde oreille. Passe encore que le marquis d'Arquien ne devienne pas un Prince d'Empire. Elle est en mesure désormais d'intercéder auprès du Vatican et ne doute pas d'obtenir un chapeau de cardinal pour le beau-père de celui qui a sauvé la Chrétienté. Mais Jacques, lui, a besoin d'une épouse de haut rang. Va-t-elle attendre comme une mendiante le bon vouloir d'une cour redevable ?

C'est alors que le marquis de Béthune arrive de Paris à grand fracas. Il explique que le Roi boude encore, et l'a chargé néanmoins de renouer avec la Pologne. La France et l'Autriche, une fois de plus, rivalisent d'influence sur les bords de la Vistule.

– Faites votre paix avec la Porte, dit l'ambassadeur. Vous pourriez ensuite, avec notre aide, vous retourner contre la Prusse et la Moscovie.

– Je suis lié à l'Empereur, dit Jean, et je n'en ai pas fini avec le Turc.

Marie Casimire voit soudain une possibilité de manœuvre et, selon son habitude, demande une « compensation ».

– Monsieur « mon frère » nous accorderait-il une princesse de sang pour Jacques ?

De nouveau elle marchande et brasse les intrigues. Pour inquiéter l'Autriche, elle se penche aimablement vers la France, et le parti français ressuscite sous son influence. Léopold, alarmé, envoie son émissaire, un prêtre jésuite nommé Vota qui ressort le traité d'alliance, rappelle les serments de la Ligue chrétienne aux abords de Vienne, et parle de Croisade.

– L'Empereur vous appuie pour conquérir la Moldavie et la Valachie, annonce-t-il d'une voix onctueuse.

L'œil de Jean s'allume. Ce discours rejoint la pensée qui l'obsède : chasser l'Ottoman une fois pour toutes des pays chrétiens afin qu'il ne vienne plus jamais troubler l'Europe.

– Et nous pourrions offrir un trône à chacun de nos aînés, dit alors Marie Casimire, rêveuse.

Vota s'empresse de répondre :

– Sa Majesté Impériale s'en réjouit déjà et cherche une archiduchesse digne du prince Jacques.

Les souverains se regardent en silence. Dans leurs yeux, un éclair de lumière traduit leur entente. Elle ne voulait plus de guerre, mais s'incline devant les brillantes perspectives. Aussitôt on s'apprête. Une coalition s'est formée contre l'Islam. Venise attaque sur mer et Charles de Lorraine envahit les dernières places de Hongrie. Jean prend la tête de ses armées et pointe vers la mer Noire. Jacques et Alexandre le suivent, à la conquête de leurs couronnes respectives, ainsi que Marie Casimire qui veut partager la gloire de son époux. Elle se fatigue bien vite de cette campagne poursuite dans les plaines torrides. L'armée se divise, la discorde règne et les disputes éclatent entre factions rivales. Elle rentre à Zolkiew pour apprendre la défaite près de Jassy et la retraite désespérée à travers la steppe incendiée.

Cette fois le retour est triste. Jean est amer, épuisé. Ses jambes ont enflé et son corps lui fait mal. Marysienka le soigne et le console.

– Repose-toi, Iachou. Cesse de faire la guerre. Tu as sauvé la Chrétienté à Vienne. Que veux-tu de plus ?

– Nous avons échoué, mais nous avons servi d'appât. Les Turcs se sont concentrés sur nous. Pendant ce temps Venise reprenait du terrain et Lorraine entrait dans Bude. Maintenant la Hongrie est libre.

– Grâce à toi. Nul ne pourra l'oublier.

– Ma mission n'est pas terminée. Je dois reprendre Kamieniec.

Il se remet et part à l'assaut de la forteresse. Trop tard pour en faire le siège. L'hiver est là, et l'armée se disloque. En quelques jours, il fait construire un fort qui tiendra le Turc en respect et qu'il appelle la Trinité. Sous les rafales de neige, il revient à Zolkiew, et prend la route de Varsovie aux côtés de Marysienka.

– Oubliez la guerre, lui dit-elle. Le pays a besoin d'ordre et de discipline.

Il soupire, désabusé :

– La noblesse polonaise est incorrigible. Il m'est plus aisé d'écraser les hordes barbares que de la dompter.

Mille complots, en effet, déchirent la capitale. Dans son palais de Wilanow, Marie Casimire a bien du souci. Le désastre de Jassy a balayé ses espoirs de couronnes pour ses fils. A défaut de la Moldavie pour Jacques, elle se bat pour lui assurer un brillant mariage, et louvoie encore entre la France et l'Autriche. Deux archiduchesses présentées par Léopold se sont fiancées ailleurs avant qu'elle n'ait eu le temps de lire le contrat. Ces affronts répétés ont mis ses nerfs à rude épreuve, d'autant que le marquis de Béthune devient sourd lorsqu'elle parle de « princesse du sang ». Et pendant ce temps, la santé de Jean décline. Sa succession le préoccupe et les rêves dynastiques le hantent.

– Une monarchie héréditaire consoliderait le pays, dit-il. La feue reine n'avait pas tort avec son projet d'élection *vivente rege*. Je vais proposer Jacques. Les soldats le respectent.

– Il ne peut faire un roi de Pologne, rétorque Marysienka.

Elle aime son fils mais reste lucide. Le filleul de Louis XIV est doué pour la guerre, ainsi que pour la danse et le chant. Mais le traitement au mercure dès la naissance en a fait un jeune homme de courte taille, maigre, laid et bossu.

– Il est né avec le « Mal », précise-t-elle. Malgré les soins, son corps s'est déformé. Il est de santé fragile, et son humeur, versatile au dernier degré, me laisse à penser sur sa raison. Alexandre serait un meilleur choix. Il est beau, il vous ressemble. De plus il est le fils du roi, tandis que Jacques reste le fils du Grand-Maréchal.

Ces derniers mots laissent Jean interloqué. Ses yeux, fixés sur son épouse, s'emplissent d'une tristesse mêlée d'effroi.

Quelle sorte de mère est-elle pour établir ce genre de distinction entre leurs enfants ? Elle saisit sa pensée et ajoute :

– Je vous répète ce que dit la République.

– Ils sont mes fils au même titre, répond-il ulcéré. Jacques, étant l'aîné, sera mon dauphin. Je lui enseigne le métier de roi et lui laisserai assez d'argent pour acheter son élection.

– Voir l'un de nos fils vous succéder est mon plus cher désir, dit-elle en soupirant. Un roi élu peut-il rendre son trône héréditaire ? La Pologne se saignera plutôt que d'y consentir.

Jean prend un air grave et se retire en s'écriant :

– Que le feu brûle la terre, que les bœufs dévorent les prés, quand je serai mort, que m'importera ? [1]

Tandis qu'il boude dans son coin, elle essaie de faire face. D'autres difficultés l'assaillent. Jacques et Alexandre se jalousent, et leurs disputes font jaser de Wilanow à Varsovie. Chacun a ses partisans. La famille se divise et la cour clabaude. Jean souffre. Ces discordes le tuent et la gravelle encloue ses reins. La politique se traite désormais dans sa chambre, et Marie Casimire doit veiller à tout : problèmes d'étiquette, commerce des charges, rivalités, intrigues… et par-dessus tout cela, ses enfants qui s'entre-déchirent, et son mari qui hurle sa douleur devant des médecins impuissants.

Plus que jamais elle est seule. On l'espionne et les ragots prolifèrent. Elle se méfie de tous jusque dans son entourage le plus proche. Dames d'atour, demoiselles d'honneur et chambrières sont autant d'ennemies. Mais elle reste forte. Hautaine et altière, elle tient tête et offre des fêtes. Bals et mascarades succèdent aux concerts, comédies et opéras. Elle a son théâtre, une chapelle de musique, et ouvre ses portes aux artistes qui accourent de Paris, de Vienne et d'Italie. Quand vient l'hiver, on se grise de « kuligi », ces folles cohortes de traîneaux qui déferlent de château en château, au son des mousquetades et des violons. Dans ses salons, elle

1. Proverbe russe.

anime la conversation et s'impose avec autorité. Wilanow est sous sa loi. Elle tranche, dicte, ordonne. Elle tient sa cour en la comblant de plaisirs et donne ainsi plus de lustre à son trône. Jean lui pardonne ses humeurs. Elle le divertit des tracas de la politique, des sénateurs mécontents et des Diètes harassantes. Leurs goûts diffèrent et les séparent souvent, mais dans l'intimité de leurs appartements, la tendresse est toujours là qui les réunit.

Le 25 mars 1690, les efforts de Marie Casimire sont récompensés. Aux côtés de son époux, dans la cathédrale Saint-Jean, elle assiste aux noces de Jacques avec la princesse palatine Hedwige de Neubourg, sœur de l'impératrice. Une cérémonie en grande pompe dans un faste éblouissant. Elle n'a rien négligé : pierreries et cadeaux galants, vêtements somptueux, calèches, escortes chatoyantes, festins, divertissements et feux d'artifice... Par ce mariage, son fils aîné devient le beau-frère de l'empereur d'Autriche, du roi Pierre de Portugal et de Charles II d'Espagne. Qui aurait pu lui prédire une telle fortune lorsqu'elle entrait dans cette même église, quarante-quatre ans plus tôt, en tenant la traîne de la duchesse de Nevers devenue reine de Pologne ?

Son bonheur est de courte durée. L'arrivée de l'archiduchesse sous le toit de Wilanow relance les hostilités entre les deux frères. Jacques veut courir à Vienne pour s'assurer le soutien de l'Autriche au moment de l'élection. Alexandre vocifère. Par ses nouvelles alliances, son frère aîné l'éclipse dans la course au trône de Pologne. La jalousie dévore le jeune colosse qui vient de fêter ses quinze ans. Il provoque des drames et se plaint auprès de sa mère. Devant ce fils si beau, qu'elle a toujours favorisé, Marie Casimire est faible et ne trouve pas de mots assez fermes pour le rabrouer. Elle le berce de promesses et retient Jacques en lui expliquant :

– Ce n'est pas à vous de vous précipiter chez l'Empereur. Vous y perdriez toute considération. Sachez attendre. Prenez possession de la principauté que nous venons de vous offrir en Silésie et faites aménager votre palais. La France, je vous l'ai dit maintes fois, n'a d'autre intérêt que de voir notre famille sur le trône de Pologne. Après un long règne, s'il plaît à Dieu, du Roi-votre père, elle y portera de tout son pouvoir celui d'entre vous qui sera le plus apte.

Ce qu'elle affirme est vrai. Elle ne trompe pas son fils. L'arrivée d'un représentant officiel de Louis XIV lui a donné quelque espoir. Avec Béthune à Paris et l'abbé de Polignac à Varsovie, elle fera pencher la France, quand le moment se présentera, en faveur d'un Sobieski. Elle ne cite aucun nom, laissant à chacun son illusion, mais les disputes s'enveniment. Les cris de Jacques l'exaspèrent, ainsi que les pleurs de l'impériale bru qui se lamente des duretés de son prince. La cour critique la reine et, dans sa propre famille, on l'accuse des pires vilenies. Excédée, elle se précipite chez Jean. Dans son cabinet hollandais, son époux s'est entouré de prélats et philosophe sur le siège de l'âme. Comme il est loin de ses problèmes, tandis qu'elle affronte les tempêtes ! La colère l'emporte. Sans mesure, elle vitupère, énumérant les malheurs qui l'accablent quand elle ne cherche qu'à faire le bien de chacun. Soudain, sans plus se contrôler, dans un geste désespéré, elle saisit le buste de Jacques sur une console et l'envoie se briser sur les dalles. A son tour, elle s'effondre, secouée de sanglots, incapable de dire un mot. Jean la regarde d'un air hébété, congédie son entourage et convoque les médecins.

– Le « Mal » revient, dit O'Connor en hochant la tête. Cette fois il est dans les nerfs.

– Que peut-on faire ? demande le souverain.

– Des soins et de la patience. Nous éviterons peut-être la déraison.

Jean la prend dans ses bras, et Marysienka s'abandonne.

– Si vous perdez votre santé, ma chère âme, j'en mourrai.

– Pour vous, dit-elle en cherchant son souffle, je résisterai. Me pardonnerez-vous tant de tourments ?

– Préservons notre amour et acceptons la volonté de Dieu.

Une cure en Silésie lui rend son énergie. Thérèse, Alexandre et Constantin l'accompagnent, ainsi que son père, et toute sa petite cour de dames d'atour, chambrières, écuyers, pages et chambellans. Au village de Varmbroum, deux fois par jour, elle prend des bains dans une eau sulfurée de couleur bleuâtre. L'odeur est si nauséabonde que deux femmes de chambre se baignent avec elle et maintiennent près de son nez des corbeilles de roses ou des coupes d'essences parfumées. Pendant ce temps, des musiciens cachés derrière une toile lui donnent des concerts de voix ou d'instruments. Le décor de montagne est magnifique autour des sources de l'Elbe. Elle se repose et se divertit. Les dignitaires de l'Empire lui font visite. On festoie, on danse, on joue aussi. Aux dés, au pharaon, à l'hombre. Elle retrouve peu à peu son entrain et sa vitalité, lorsqu'un cavalier lui apporte un message de Jean qui la fait blêmir.

– Le Roi-mon seigneur est malade ! s'écrie-t-elle.

Ses ordres retentissent. Elle part aussitôt sans avoir pris le temps de se purger, emmenant dans sa course ses trois enfants. De jour comme de nuit, elle roule sans s'arrêter jusqu'à Zolkiew, épuisant plus de vingt chevaux sur le parcours. Elle y trouve son époux sur le pied de guerre. Il a levé une armée et l'empereur lui envoie cinq mille hommes pour conquérir la Moldavie.

– Repousser l'ennemi dans ses déserts et l'exterminer, dit-il avec fougue. Ma mission n'est pas terminée.

– Pourquoi m'avez-vous alarmée au sujet de votre santé ?

Il se penche et murmure à son oreille :

– Je m'ennuyais de toi. Je voulais te voir avant de monter en selle.

La perspective de l'action l'a rajeuni. Il s'agite et son œil pétille. Marie Casimire frissonne et le regarde en silence. N'est-il pas trop gros et trop vieux pour s'en aller ainsi tailla-der les Turcs ?

– Est-ce pour l'Empereur que vous risquez de perdre la vie ? demande-t-elle d'une voix amère. Faites la paix, Jean.

Le pays n'en peut plus. Vos meilleurs soutiens vous désapprouvent.

– Je sais. On m'accuse de despotisme. On m'accuse de ruiner mon pays pour mon caprice personnel. Que celui qui doute de moi vienne sur les tombeaux de mes ancêtres et voie ma devise ! Je continuerai à sacrifier ma vie aux intérêts de la Religion et de la République en espérant que Dieu ne refusera pas Sa miséricorde à celui qui n'a jamais cessé de donner ses jours pour son peuple.

Marie Casimire croit défaillir. La peur lui tord le cœur. Elle se jette dans les bras de Jean et le serre avec une force inouïe, tremblant de sentir pour la dernière fois la chaleur de ce grand corps.

– Priez, mon âme, dit-il en l'embrassant. Je reviendrai.

Elle attend, et l'anxiété fait place à la joie. Jean triomphe encore. Une série de victoires qui donnent à la Pologne de nombreux territoires. Et soudain, c'est la détresse et l'errance d'une armée affamée qui se traîne, exténuée, à travers les plaines surchauffées de Transylvanie. Léopold, selon sa coutume, n'a pas respecté sa parole. Il n'a envoyé ni hommes ni approvisionnements. Usant de son autorité de reine, elle se précipite à Sambour, vide les greniers du domaine royal de leur blé et fait atteler une quantité de berlines qui vont secourir les rescapés.

Cette campagne est la dernière. Elle le comprend dès le premier instant lorsqu'elle voit les écuyers aider le roi à descendre de son cheval. Le héros est brisé, vieilli, épuisé de douleurs et de fatigues. Leurs regard se rencontrent. Détresse chez lui, compassion chez elle. La tendresse les enlace. Dans les bras l'un de l'autre, ils restent un long moment sans rien dire, écoutant les battements de leurs cœurs qui n'ont jamais cessé d'être unis.

Les années passent. La Pologne critique son vieux roi qui se fatigue, et Jean se détache de la politique. On ne veut plus reconnaître le grand homme. On l'invective dans les Diètes.

Alors il s'enferme chez lui et Marysienka le distrait. Ils vont de château en château. Zolkiew, Olesko, Iaroslaw, Iavorow, Pielaskowice... Il leur arrive aussi de bivouaquer au milieu de la campagne. La cour les suit, et leur longue caravane de carrosses et de chariots, entourée de cavalcades et de violons, s'étire par monts et vallées, au gré des saisons. Mais un jour, ils rentrent à Wilanow. L'archiduchesse leur a donné une petite-fille qui est le portrait de sa royale grand-mère et en reçoit le prénom. Après le baptême, d'autres fêtes non moins grandioses révolutionnent la capitale. Au mois de janvier 1695, on célèbre les noces de Thérèse Sobieska avec l'Electeur Maximilien de Bavière. Jean n'est pas le moins ému. Il a connu son gendre sous les murs de Vienne et l'honore de son estime. Marie Casimire exulte de fierté. Sans compter, elle dépense. Trousseau somptueux, dot plus que royale, cortège éblouissant. Son unique fille est souveraine, et la noce est son succès. Après la cérémonie, elle s'empresse d'écrire au Roi-Soleil :

« Monsieur mon frère,

« Je n'aurai pas cru ma fille bien mariée si son établissement n'eût eu l'approbation de Votre Majesté. Je considère cette union avec tous ses avantages, mais celui qui m'est le plus sensible, c'est qu'il approche ma fille du sang de Votre Majesté... » [1]

Ce même jour, elle reçoit une lettre de Rome. Le nonce Pignatelli, qui a béni son mariage avec Jean, est devenu pape à son tour sous le nom d'Innocent XII et lui annonce que le marquis d'Arquien est honoré du chapeau de cardinal. Comblée enfin ? Certes. La reine de Pologne n'est plus la fille d'un hobereau. Mais le destin ne lui permet pas de s'en réjouir. Jean est au plus mal.

1. L'Electeur de Bavière était veuf d'une fille de l'Empereur d'Autriche. Ce premier mariage avait fait de lui le gendre de Léopold et, par le jeu des liens de sang, un parent de Louis XIV qui était lui-même lié aux Habsbourg par sa mère Anne d'Autriche et son épouse l'infante Marie-Thérèse.

# XXV

On se bouscule au chevet du souverain. Tous prétendent le guérir, mais ne trouvent rien. Les remèdes proposés restent sans effet. L'un d'eux, envoyé de Vienne à grands frais, l'aurait tué si Marie Casimire, mue par son instinct, n'avait ordonné de l'essayer sur un malade de l'hôpital présentant les mêmes symptômes. Le malheureux est mort sur-le-champ dans des convulsions affreuses. Les pilules ne contenaient pas la poudre miracle annoncée, mais un mélange corrosif destiné à supprimer le roi de Pologne. De ce jour, elle ne quitte plus la chambre de Jean et ne s'épargne aucune peine pour tenter de le guérir. Les souffrances de son époux sont atroces. Ses jambes sont enflées à se rompre. D'horribles abcès dévorent sa chair. Elle le soulage avec des linges mouillés et des onguents, et lui fait installer un fauteuil aménagé en couche dans lequel il peut dormir sans étouffer. En plus de la goutte et de la gravelle qui provoquent d'horribles douleurs, il respire mal et l'on craint l'apoplexie. Par deux fois déjà, des attaques l'ont menacé.

Les médecins hochent la tête. La mort est proche. Marie Casimire refuse d'en voir les signes et s'accroche désespérément au moindre sourire, au moindre geste tendre, pour se persuader que Dieu le lui gardera.

Un matin de juin, elle se croit exaucée. Jean se sent mieux et demande à se lever. Sa voix résonne, vibrante, et l'on s'agite autour de lui. Il se fait habiller d'un justaucorps de brocart d'or et d'un manteau fourré richement orné, puis se tourne vers elle et dit avec une moue de séducteur :

– M'accompagnerez-vous pour une promenade ?

– Aurais-je le cœur à refuser ? répond-elle aussitôt. J'attends ce moment depuis si longtemps.

Main dans la main, ils déambulent entre les parterres de roses et goûtent chaque instant de ce bonheur inattendu. Le pas de Jean est lent. Il souffle un peu, mais son œil pétille et ses joues se colorent. Il parle avec animation et donne des instructions aux jardiniers. Il veut embellir le parc, compléter les galeries du palais, augmenter la ménagerie, agrandir l'école de peinture près de l'orangerie... Marysienka écoute, émerveillée. Le vent d'été fait naître mille projets et le bras de Jean s'enroule autour de ses épaules. Ils s'arrêtent sous une charmille, observent les jeux du soleil sur la rivière, puis se dirigent vers la grille et saluent de loin la foule qui se presse derrière les barreaux pour essayer de voir le roi, car ce jour est le 17 juin 1696, date anniversaire de son élection. A Varsovie, des festivités célèbrent l'événement, présidées par Jacques, Alexandre et Constantin qui représentent leur père en présence de tous les dignitaires de la cour. Dans Wilanow déserté, ils goûtent une paix inhabituelle.

– Vingt-deux ans déjà, dit-elle. Une journée magnifique ! Je ne pourrai l'oublier.

– Vous étiez contente de moi.

– J'étais fière de toi, dit-elle avec ardeur. Et je le suis encore.

Il la contemple d'un air ému et caresse une boucle qui frissonne sous les dentelles de la marmotte.

– Mon unique Astrée, sans qui je ne peux vivre !

– Mon Ianitchkou, soupire-t-elle. J'ai cru bien souvent que tu me préférais la guerre.

Il la serre contre lui.

– Rien désormais ne pourra nous séparer.

Ils vont à la chapelle et assistent à la messe. Ils sont presque seuls devant l'autel. Leurs mains se joignent ainsi que leurs regards.

– Foi et amour, murmurent-ils, comme ils l'ont fait trente-cinq ans plus tôt en échangeant leurs anneaux d'émail.

Jean rayonne. Il ne souffre pas et se voit guéri. Il se met à table, mange de bon appétit et regagne sa chambre pour se reposer. Marysienka l'accompagne en le distrayant de quelques mots d'esprit. Soudain, en entrant dans la pièce, il s'écroule, foudroyé par une attaque. Elle appelle, on accourt. Gentilshommes, médecins, prélats. On le porte sur son lit et l'on fait silence. Il respire encore. Le cœur en haleine, elle s'agenouille et presse sur ses lèvres la main aimée. Son visage est tout près de celui de Jean. Il ouvre les yeux et la regarde.

– C'était bien, souffle-t-il avec peine.

Il esquisse un faible sourire et s'éteint.

Seule, près du lit où il repose, Marie Casimire veille. Son cœur dérive vers les flammes vacillantes des bougies. Le temps chavire et le monde s'immobilise sur les traits endormis à jamais. Pour quelques heures encore il est à elle, habillé de grandeur et de sérénité. Tant qu'il est là, le passé reste présent, avec tous les souvenirs qui le multiplient. Elle le contemple en priant, les yeux fixés sur les lèvres à peine entrouvertes. Dans le silence de la chambre, il lui parle encore. Serments et mots d'amour par-delà l'éternité. Que sera demain ? Elle ne veut pas y penser, puisque chaque instant de la nuit les unit.

Au matin, comme autrefois, il faut se séparer. Jean s'en va. Il ne part plus pour la guerre. Epouse jusqu'au bout, elle le conduit à Varsovie où les cérémonies vont se dérouler. Leur dernier voyage vers le grand palais de briques où, quarante et un ans plus tôt, il la faisait danser pour la première fois et l'appelait « Marysienka ». Comprenant la force de son prestige, elle en a fait un roi. Elle doit le rendre à son peuple pour l'ultime hommage. Sous le crêpe elle retient ses larmes. Elle est reine et sera digne comme elle a toujours su l'être. Digne de celui qui, pour elle, a surpassé tous les rois de la terre en sauvant la Chrétienté.

Le canon tonne, lugubre. Les églises sonnent le glas. Le cortège traverse la ville en deuil et s'immobilise devant le Palais royal. Marie Casimire sursaute. Les portes sont fermées, gardées par une armée de lances, et la voix de Jacques déchire le silence. Il déclare qu'en sa qualité de « dauphin », il a pris possession des lieux, acheté la Garde, et s'octroie *de facto* l'autorité du souverain défunt, bien décidé à se faire élire avant que son frère ne se lance à son tour dans la course au trône. Devant l'assemblée interloquée, il interdit l'entrée, bafouant du même coup la dépouille de son père.

– Sacrilège ! crie le peuple.

– Blasphème ! grondent les dignitaires.

Dans son carrosse, la reine blêmit. Une lame s'enfonce dans sa poitrine et fouille son cœur. Son propre fils entache leur nom glorieux et la couvre de honte. Devant toute la République, elle est trahie par le fruit de sa chair et voudrait mourir, mais trouve assez de forces pour descendre de voiture et crier :

– Place au Roi !

Alexandre tire l'épée contre son frère. Elle le retient. Le regard de Jacques la transperce. Un regard plein de rancœur qui l'accuse de l'avoir contrefait. Son geste est l'acte désespéré du mal-aimé qui veut être « considéré », et s'impose par la violence afin de n'être pas rejeté. Pourra-t-elle pardonner ? Il s'effondre à ses pieds. En termes poignants il se repent. La mère comprend le désarroi, mais la reine ne voit que le crime de lèse-majesté. L'œil froid, la tête haute, elle traverse la cour dallée, suivie du corps de Jean porté par les Grands Officiers.

Dans la salle du trône, elle fait installer le lit de parade. Le roi de Pologne est drapé dans son manteau d'hermine, le sceptre sur sa poitrine. Il ne lui manque que sa couronne.

Marie Casimire refuse de la donner, persuadée que Jacques, dans sa folie, pourrait s'en emparer. Un aide de camp retrouve dans un coin de garde-robe le casque d'acier du vainqueur de Vienne, et c'est au roi guerrier que le peuple de Varsovie adresse un dernier adieu. Dans l'ombre du catafalque, la reine se recueille, raidie par la douleur. Des messes sont dites en permanence, des moines chantent le *Libera me* et récitent des psaumes :

*A lui la bénédiction du Seigneur,*
*La justice du Dieu son Sauveur.*
*Elevez-vous, portes éternelles,*
*Qu'il entre, le roi de gloire.* [1]

Les semaines se suivent, et Marie Casimire vit un enfer. L'outrage infligé par Jacques mine sa conscience et lui rend plus cruel le vide de l'absence. A l'égard de Jean, elle se sent coupable et veut réparer, mais sa raison s'embrouille. La Diète s'est ouverte, et les vieux démons la reprennent. Intrigues, manigances, marchandages. Jacques est en lice. Il achète ses partisans, et l'armée le soutient en souvenir de Vienne. Il a des chances. Pour se venger de lui, Marie Casimire le contre et gagne le parti français à la cause d'Alexandre. Ce dernier fait la moue. Les divertissements que lui permet son héritage ont plus d'attrait que la couronne. En mémoire de Jean, elle propose alors de faire élire son vieux complice Jablonowski. Mais lui aussi refuse.

– Je suis trop vieux et fatigué, dit-il. Le pays a besoin d'une autre poigne.

Sur l'heure, elle enrage, puis se rallie au prince de Conti, favori de la France, qu'elle défend âprement contre Auguste de Saxe, candidat de l'Empereur. Soudain, sans raison, elle se ravise et parle de l'Electeur de Bavière, son gendre, puis revient à son fils Jacques avec lequel elle s'est réconciliée. Un

1. Psaumes de Jérusalem, n° 23.

mot de trop les oppose à nouveau et la ramène au prince de Conti. Girouette déboussolée, elle tourne de l'un à l'autre sans savoir où se fixer. Répétant les gestes du passé, elle voudrait se battre encore et s'accroche aux souvenirs, mais le couple d'antan a perdu sa tête, et le cou n'a plus de fonction [1]. Il lui est difficile d'accepter la solitude, plus difficile encore d'admettre qu'elle n'a plus de pouvoir. Celle qui a gouverné pendant tant d'années, tandis que le héros glanait les lauriers à coups de sabre, doit se contenter de son titre qui lui assure encore quelques honneurs. Son immense fortune la berce d'une illusion de puissance, et son orgueil vide les rancunes.

Emportée par le tumulte des événements, elle n'a pas le temps de penser à son chagrin. Il s'enfonce en elle, martelé par d'autres douleurs qui l'assaillent et la torturent. Mille obstacles se dressent autour d'elle. On s'acharne, on la persécute. Le roi Jean n'est plus là pour la défendre. Lui disparu, elle redevient l'étrangère, et la haine, n'ayant plus de frein, explose. La République a trouvé sa victime, et l'on invective la « Française cupide », responsable de tous les maux de la Pologne. On lui prête les projets les plus sordides. On se moque de la vieille folle qui remue la boue dans le bazar de la politique et s'entête à brouiller les pistes. Elle dérange. On crie au scandale et on lui conteste ses droits de reine douairière. Le pays tout entier se retourne contre elle et l'exile à Dantzig, non loin de l'étape misérable où, cinquante-deux ans plus tôt, on l'enfermait dans une soupente en l'appelant « l'enfant de la honte » ! Encore et toujours l'humiliation.

Où aller ? En France, comme au temps où elle s'enfuyait de Zamosc ? La palatine Zamoyska poursuivait alors un rêve de « particulière » : un bonheur tout simple dans les bras d'un hussard qui l'appelait « Marysienka ». Les caprices du destin l'ont poussée vers un trône, et l'homme de son cœur a sauvé la Chrétienté. Pour la veuve d'un si grand héros, il n'y a qu'un

1. Référence au proverbe polonais cité en exergue de cet ouvrage.

refuge assurément : Rome. A l'ombre du Vatican les amis seront nombreux, et parmi eux elle y retrouvera son père habillé en cardinal.

A la fin de janvier 1699, un long cortège franchit la frontière. Entourée d'une brillante escorte, Marie Casimire s'en va. Fuyant l'ingratitude et la haine, elle quitte la Pologne pour toujours. Si le pays la rejette, elle n'en est pas moins reine et voyage en grand arroi. Une armée de cosaques et une suite de trois cents personnes affirment son rang. Dans le carrosse qui l'emporte à vive allure, un aumônier, un médecin et deux dames d'atour lui tiennent compagnie, ainsi que sa petite-fille [1] qui s'est blottie contre elle et la réchauffe de sa tendresse. De la nombreuse famille pour laquelle elle s'est donné tant de mal afin de l'établir avec avantage, cette enfant âgée de quatre ans est la seule qui lui manifeste un sentiment d'affection. Frère aîné, sœur cadette, nièces et neveux, polonisés par mariages, ont préféré leurs intérêts sur leurs terres respectives. Ses enfants, indifférents, se sont retranchés derrière leurs obligations ou leurs plaisirs. Thérèse n'a pas daigné l'inviter en Bavière. Jacques s'est enfermé dans sa principauté de Silésie, aux côtés de son archiduchesse affaiblie par des grossesses difficiles. Alexandre et Constantin découvrent Paris et se vautrent dans une débauche dont les échos l'écorchent vive.

Une tristesse infinie emplit son regard. Son visage, rétréci par la douleur, est d'une pâleur tragique, et les cheveux ont blanchi sous la marmotte de dentelle. Aucune déception ne lui a été épargnée, et la plus cruelle, sans nul doute, fut l'attitude inqualifiable d'Auguste de Saxe à l'égard de Jean. Elu par la Diète, il s'est fait couronner à Cracovie sans respecter la tradition qui veut que le nouveau roi enterre son prédécesseur dans la crypte du Wawel avant de recevoir les huiles saintes. Elle avait attendu cette dernière formalité pour se mettre en route, et fait parvenir au souverain la somme

1. Marie Casimire Sobieska, fille aînée du prince Jacques.

nécessaire pour assurer les frais des funérailles solennelles. Sans vergogne, il a gardé l'argent et oublié le cercueil royal à Varsovie, dans la chapelle du couvent des Capucins où Marie Casimire, ulcérée de honte, est allée se recueillir avant de partir. En pleurant, elle a juré à Jean de venger sa mémoire et de porter haut le flambeau des Sobieski.

Cette pensée lui a donné assez de force pour plier bagage, fermer Wilanow et tourner le dos à tout ce qui accompagnait leur amour. Sur les routes enneigées de l'Autriche, son cœur se déchire. Après tant d'années, il lui faut recommencer, s'arracher à son décor familier, abandonner ce qu'ensemble ils ont construit. Un long frisson parcourt son corps, et ses mains se crispent sur un coffret de velours posé sur ses genoux dans lequel elle a rangé précieusement les lettres de Jean. Par-delà les nuées il est auprès d'elle, et leurs âmes restent unies dans une même communion. Peu importe le pays où elle doit vivre désormais, peu importe le temps, quand l'heure sonnera, Jean sera là et lui tendra la main.

Sous le soleil de printemps, l'Italie déroule ses fastes. Un légat du pape, envoyé à sa rencontre, l'accueille à Bologne. A Faenza, un autre cardinal, son père, lui ouvre les bras et la presse sur son cœur. Il l'escorte de ville en ville où les cérémonies se succèdent, réglées avec minutie dans le moindre détail. Offices religieux, discours, festins, bals. La reine de Pologne est à l'honneur et les palais déploient leurs magnificences. Les politesses abondent. On flatte la souveraine, mais elle se lasse de cette pompe qui ne peut lui faire oublier le chagrin d'être séparée de Jean. Lorsque, au premier matin d'avril, elle atteint les faubourgs de Rome, elle s'arrête dans une maison et y demeure jusqu'à la nuit tombante, préférant une entrée discrète dans la Ville éternelle. Une voiture fermée la conduit alors au palais Odescalchi mis à sa disposition sur ordre du Saint-Père. Un léger sourire effleure ses lèvres. Dans cette retraite royale, Christine de Suède l'a précédée. La femme d'esprit l'impressionne, mais c'est une autre image qu'elle veut donner d'elle-même. L'ex-reine de Pologne est avant tout la veuve du Sauveur de la Chrétienté.

Très vite, elle installe sa cour, et sa première sortie met la ville en émoi. Plusieurs carrosses à six chevaux précèdent le sien qui en compte huit, et cent cinquante spahis caracolent autour de son cortège. Elle se rend au Vatican pour une audience solennelle de Sa Sainteté. Retrouvailles émouvantes de l'ex-palatine et de l'ancien nonce qui, en juillet 1664, l'unissait au Grand-Maréchal de la Couronne et officialisait des noces secrètes dues à la fougue d'une étreinte nocturne. De ce jour, elle assiste à toutes les cérémonies religieuses. Elle a sa loge dans la basilique Saint-Pierre et ne manque aucun office, aucun sermon. Si par hasard elle arrive en retard, le prédicateur doit recommencer. Et lorsque sur son chemin elle croise le saint sacrement, elle arrête son cocher et s'agenouille sur le pavé. Elle va régulièrement au monastère de Saint-Egide et fait dire des neuvaines pour le salut de Jean. A l'église Saint-Stanislas-des-Polonais, elle fonde une messe perpétuelle, célébrée le 12 septembre de chaque année pour les morts de Vienne. Elle distribue des aumônes, achète des indulgences et fait construire de ses deniers, sur la Trinità dei Monti, un couvent pour une congrégation de bénédictines qu'elle protégeait en Pologne. Le Sénat lui offre une réception au Capitole et, pour commémorer l'événement, expose son buste au-dessus d'une plaque de marbre glorifiant la souveraine « qui a incliné son royal époux à délivrer Vienne et sauver la Chrétienté ». La Ville éternelle reconnaît ses mérites. Elle a réussi ce qu'elle voulait. La veuve du héros est une héroïne devant laquelle on s'incline.

Dans le siècle finissant, une autre vie commence. Sans faillir à ses dévotions, Marie Casimire se grise des beautés de Rome et retrouve cette âme de mécène que Jean avait encouragée à Wilanow. Ses passions renaissent. Comme autrefois elle a son théâtre et ses musiciens. Dès l'automne, elle fait revivre l'académie de l'Arcade fondée par la reine Christine, et devient elle-même académicienne sous le nom de « Amirisca Telea ». Elle y invite Corelli, Haendel, qui lui dédient quelques œuvres, et suscite de nombreux talents. L'ex-reine de Pologne a conquis un nouveau royaume et reçoit les honneurs qui lui sont dus.

Cardinaux, ambassadeurs et dignitaires se bousculent dans son antichambre, et sa cour s'agrandit. Aux nuées de gentilshommes polonais, pages, écuyers, dames d'honneur et d'atour, s'ajoutent quelques marquis italiens, flattés de lui servir de chambellans. Domenico Scarlatti devient son maître de chapelle et compose pour elle [1]. Les meilleurs artistes du temps se produisent dans ses salons où l'on assiste à des joutes instrumentales mémorables [2]. Les plus grands noms de Rome se disputent pour s'asseoir à sa table. Les mets y sont exquis et la conversation brillante. Comédies et opéras, concerts de voix et d'instruments précèdent le souper, lui-même agrémenté d'intermèdes. Pour Alexandre et Constantin, venus la rejoindre, et pour sa petite-fille dont la grâce s'affirme au fil des ans, elle organise des bals et mascarades. Sous les lambris illuminés du palais Odescalchi la fête est permanente, et l'on est subjugué par cette reine au goût parfait, aussi raffinée que vertueuse, qui porte les plus beaux bijoux du monde. L'éclat de son teint surprend, sa fortune impressionne et son exotisme séduit. On l'encense, on l'adule, on lui donne la sérénade, et la rue s'emplit de carrosses pour la voir à son balcon.

Marie Casimire se berce de ces louanges qui endorment les blessures du passé. Ses amis cardinaux, Ottoboni, Barberino, Sacripanti, s'affairent autour d'elle et lui donnent l'illusion de vivre près de Dieu, ou du moins d'avoir la grâce divine à portée de main, puisque le pape lui-même vient prier dans sa chapelle. A la mort d'Innocent XII, elle n'ignore rien des conciliabules du conclave. Pour une fois, elle ne succombe pas au démon de l'intrigue.

1. Des opéras surtout : *Tolomeo*, *Amor d'un'ombra*... En 1713, il monte dans les jardins de l'Odescalchi une représentation de son *Iphigénie en Tauride*.
2. L'une d'elles a marqué les annales de Rome. Haendel était à l'orgue et Scarlatti au clavecin. Le premier triomphe.

– Fort heureusement, soupire-t-elle, mon père n'a aucune prétention !

L'ancien capitaine des Gardes est incorrigible. Elle connaît ses débauches et paie discrètement ses dettes afin d'étouffer tout scandale. La veuve du Sauveur de la Chrétienté doit être sans tache. Elle s'en inquiète d'autant plus que ses fils imitent le grand-père. Ils ont eux aussi leurs fredaines dont les récits se colportent de bouge en palais. Quelques-uns de ses bijoux disparaissent pour embellir une courtisane ou combler des pertes de jeu. Elle ferme les yeux et feint d'ignorer. L'important pour elle est de maintenir les apparences. Le drame, parfois, est inévitable, comme ce jour où la Tolla, une actrice fort connue, est venue chanter sous ses fenêtres pour l'amour de Constantin, et s'est retrouvée sur la chaussée, battue à coups d'épée par un galant jaloux qui n'était autre que le prince Sforza.

Elle frémit encore au souvenir de sa colère devant une telle violence qui, accablant une pauvre femme, a outragé le nom de son fils, le nom du roi de Pologne son époux, et le sien. L'honneur des Sobieski devait être vengé. Bravant les critiques des différents corps de la ville et les foudres du nouveau pape Clément XI, elle s'en est acquittée à sa façon. La Tolla, jetée en prison, a été enlevée par ses gardes, hébergée sous son toit, puis, sous le nom de « comtesse de la Paille », envoyée à Naples en carrosse à six chevaux avec une bourse bien garnie.

Elle crâne devant le monde, mais tremble dans sa chambre. Un sentiment d'amertume emplit son cœur. Que deviendront ses fils quand elle ne sera plus là ? Elle croyait en avoir fait des êtres parfaits et ne voit que des séducteurs sans volonté. Pourquoi se perdent-ils ainsi ? Les aurait-elle trop gâtés ? L'exil, assurément, les a dévoyés. Elle en est convaincue et se désole, ne voyant aucune solution tant qu'Auguste régnera sur la Pologne. Et ce temps, malgré ses prières, semble n'avoir pas de fin.

Un matin de janvier 1704, une nouvelle éclate qui l'emplit de stupeur. Le roi de Suède est entré dans Varsovie et a proclamé la destitution d'Auguste. L'espoir s'éveille, timide, encouragé par une lettre de Jacques qui la met en émoi. C'est lui que le Suédois veut mettre sur le trône de Pologne, en souvenir du grand homme qui a repoussé l'Islam aux portes de l'Europe. Elle s'agenouille devant le portrait de Jean.

– Iachou ! s'écrie-t-elle en pleurant de joie. Nul ne peut oublier ce que tu as fait.

Elle le contemple dans une sorte d'extase puis, retrouvant sa combativité, convoque Alexandre et Constantin.

– Pliez bagage, Messieurs, et rejoignez votre aîné. Il aura besoin de vous. Aidez-le par tous les moyens et ne le trahissez jamais. De mon côté je ferai tout ce qui est utile.

Les torts sont pardonnés et la perspective d'un retour efface les vieilles réticences dont elle s'est repentie plus d'une fois. La nostalgie serre sa gorge, les images tourbillonnent, la Pologne tout entière entre dans la pièce au galop de ses chevaux teintés d'écarlate. Le chant des rivières au printemps, la terre humide dans la forêt d'automne, Zolkiew, Wilanow, Pielaskowice... et cette odeur familière de betterave, kacha et kapousta [1] qui accompagnait celle des viandes grillées. Dans son cadre d'or, Jean lui sourit. N'est-ce pas ce qu'il voulait, que Jacques lui succède ? Elle prépare ses malles et multiplie ses dévotions. Dieu lui permettra-t-Il d'être la mère d'un roi ? Elle s'agite, écrit en Bavière, à Vienne. Le pape s'émeut et l'appuie. Le tsar Pierre Ier se manifeste. Il demande la main de sa petite-fille pour le tsarevitch Alexis.

On reconnaît son importance, et son ambition se réveille. Aux côtés de son royal fils, elle prendra sa revanche. Elle sera son conseiller, son guide à travers le labyrinthe des intrigues. Son flair et son œil redoutable ont vaincu les pires stratagèmes. Auguste rendra gorge de tout ce qu'il lui doit. Elle reprendra ses droits, ses terres, ses châteaux, et régnera dans

1. Le chou à la polonaise.

l'ombre, plus sûrement qu'autrefois, mais avant tout cela, Jean aura enfin les funérailles solennelles qu'on lui doit.

Elle s'envole au sommet de ses rêves et retombe tout étourdie, frappée au cœur par une dépêche d'Alexandre : Jacques et Constantin sont en prison. Auguste, pour les évincer, leur a tendu une embuscade et les a enfermés à Königstein, en Saxe. Les mots se brouillent sous ses yeux. Son corps vacille. Elle s'effondre et croit mourir.

– Dieu m'a-t-Il abandonnée ? soupire-t-elle.

Recroquevillée dans son fauteuil, elle ne sait plus que penser et murmure en hochant la tête :

– Chacun de nous doit porter sa croix.

Au fond de sa détresse, elle trouve assez d'énergie pour ameuter le monde. Le Vatican tout entier s'indigne et les couvents se mettent en prière. Elle remue les cours de ses lettres pathétiques, s'offre pour prendre la place de ses enfants dans les cachots du « tyran » et finance des conjurations pour les délivrer. La mort de son père la touche de plein fouet au milieu de ce drame. Elle le fait enterrer à Saint-Louis-des-Français.

Le grand palais se vide. La reine est en deuil et ne donne plus de fêtes. Prélats mondains et princes insouciants cherchent ailleurs d'autres vanités. Une fois de plus, elle est seule avec sa douleur et ses désillusions. Ombre silencieuse, sa petite-fille, âgée de dix ans, l'observe en essayant de comprendre et la réconforte en prenant sa main qu'elle embrasse tendrement.

Alexandre revient l'année suivante. Il a refusé la couronne que lui proposait le roi de Suède. Auguste s'accroche à son trône et maintient les Sobieski dans leurs geôles. Au mois de décembre 1706, ils sont enfin libérés, et Marie Casimire se précipite à Naples pour assister au miracle annuel de saint Janvier. Perdue dans la foule des humbles paysannes, elle rend grâces au Seigneur. Sa tragédie est terminée.

Une autre commence. Jacques et Constantin ont renoncé à toute prétention au trône. Stanislas Leszczynski a reçu la couronne. Sa petite-fille ne sera pas tsarine. Elle-même ne reverra jamais plus la Pologne.

## XXVI

Les années passent. Le ciel de Rome perd ses attraits. Avec le temps, les visages changent au Vatican. L'exploit de Vienne tombe dans l'oubli, et la reine de Pologne n'est plus qu'une vieille dame qui a fini de surprendre. Les épreuves ont épuisé Marie Casimire. Son regard n'a plus de feu et sa santé décline. Une douleur sourde ronge ses hanches et ses genoux, sa tête bourdonne et la fièvre se réveille dans son ventre. Le « Mal » est dans ses os, lui ont dit ses médecins qui redoutent des complications. Il est vrai qu'elle ne dort plus. Les soucis d'argent la minent. Jour après jour, son trésor a fondu. Son père et ses fils l'ont presque ruinée, et ses intendants ne lui ont rien envoyé des revenus qu'elle escomptait. Les réquisitions intempestives d'Auguste et les guerres ont ravagé ses vastes domaines.

Elle compte et recompte son numéraire, fait l'inventaire de ses bijoux et se rend à l'évidence. Le palais, l'académie et sa cour de quatre cents personnes sont un véritable gouffre, sans compter les frasques d'Alexandre qui passe de courtisanes en tables de jeu. Soutenir son rang à ce prix la jettera sous peu à la rue. Une décision s'impose : diminuer le train fastueux !...

Elle en frémit d'horreur. La reine de Pologne ne peut déchoir. Elle entend déjà les quolibets. Plutôt s'en aller.

Un appel timide vers Thérèse en Bavière reste sans écho. Jacques, nommé gouverneur de Glatz en Bohême, ne peut la recevoir, son beau-frère l'empereur s'y oppose. Reste la France, sa terre natale. Pour s'y rendre, il lui faut une autorisation de Louis XIV. Elle se cabre à la pensée que, dans sa lettre, elle devra faire amende honorable pour tous les heurts passés. Cette fois elle n'exige ni tabouret, ni duché-pairie, ni toute autre « compensation ». Elle ne souhaite qu'un toit pour ses derniers jours.

– L'orgueil m'a tuée, murmure-t-elle. Il est temps d'apprendre l'humilité.

Au début de 1714, elle écrit humblement au Roi-Soleil et lui demande la permission de revenir dans son pays en le priant de lui fixer une résidence. Elle attend fébrilement. Vont-ils se revoir ? Elle se souvient du jeune garçon qui l'observait d'un œil amusé lorsque, dans la suite de Louise de Gonzague, elle prenait la route de Varsovie. Elle ajuste sa marmotte de dentelle et contemple son visage dans le miroir. Se reconnaîtront-ils après tant d'années ? La question n'aura pas de réponse. Louis accepte son retour, mais fixe une condition : n'approcher ni Versailles ni Paris ! Trois châteaux royaux sont proposés à l'ex-reine de Pologne : Blois, Amboise ou Chambord. Elle choisit Blois.

Au mois de juin, elle embarque avec tout son monde à bord d'une galère pontificale et serre Alexandre dans ses bras. Il reste à Rome pour régler certains problèmes et la rejoindra par la route. Ce contretemps de dernière minute l'irrite et sa gorge se serre quand on largue les amarres. Elle a peur soudain d'être loin de lui et craint de mourir pendant la traversée. Ses jours sont comptés désormais, elle le sait. Avant de partir, elle a rédigé son testament dans lequel elle répète ce qu'elle a écrit maintes fois déjà à son fils aîné. Le cercueil du Sauveur de la Chrétienté ne peut rester sur les dalles d'une chapelle dans le couvent des Capucins. Il faut lui construire un tombeau surmonté d'une statue équestre en marbre blanc rehaussé d'or. Cette pensée l'obsède depuis qu'elle a perdu tout espoir de revoir la Pologne. Pendant des nuits entières elle a dessiné des croquis et les a envoyés, avec l'argent nécessaire, afin qu'ils soient exécutés. Quant à elle, le destin décidera.

Quelques jours plus tard, elle entre dans la baie de Marseille, saluée par les caronades et les acclamations d'une foule exubérante. Tous les vaisseaux ont hissé le grand pavois. Le gouverneur du port, l'intendant des galères royales et les dignitaires de la ville l'accueillent au pied de l'embarcadère. La réception est magnifique. Deux quintaux de cire vierge ont été employés pour le luminaire, et les dames de la halle insistent pour lui présenter leurs souhaits de bienvenue accompagnés de cent cinquante pots de confitures et deux bailles de poissons de roche.

Marie Casimire ne s'attendait pas à tant d'honneurs sur la terre de France. Fort émue, elle remercie avec grâce et continue son voyage en remontant le Rhône. La surprise est bien plus grande à Lyon où le maréchal de Villeroy la traite en souveraine au nom du roi. Elle sourit de cette considération tardive. Ce qui, trente ans plus tôt, l'aurait comblée ne la touche plus. Prétextant la fatigue, elle écourte les cérémonies et poursuit son périple incognito. Par la route du Forez, elle traverse la vallée du Lignon où Honoré d'Urfé a fait vivre ses personnages.

– Astrée et Céladon, dit-elle, les yeux rivés sur la campagne.

Devant l'étonnement de sa petite-fille, elle ajoute :

– Je leur dois beaucoup.

Ses yeux se ferment à demi. Elle prend la main de la jeune fille et lui raconte une longue histoire de cryptogrammes et de serment prononcé sur des anneaux d'émail, dans le secret d'une chapelle en bordure de Varsovie. Elle caresse sa bague.

– Foi et amour. Ces mots nous ont unis pour l'éternité.

Son regard se voile et son corps s'enfonce dans les coussins de la banquette. Elle rejoint son rêve, oubliant pour un temps la chaleur, la poussière et les cahots du chemin. Le cortège s'arrête en Nivernais. Une nombreuse famille attend la reine de Pologne. Son père lui a légué le château de Prye où elle venait faire les vendanges. Elle s'y installe pendant quelques jours, boit de l'eau de Pougues et pousse jusqu'au château des Bordes où sa sœur Louise-Marie, veuve elle aussi, l'accueille en pleurant.

A la mi-septembre, elle est à Blois. Elle y arrive par la Loire. Lentement, elle en a suivi le cours, découvrant avec ravissement la douceur infinie de ses rives. Au fil des jours, la paix du paysage est entrée en elle et a chassé l'inquiétude. Ne sentant plus son corps fatigué, elle s'est abandonnée à une sorte de joie, inconnue jusqu'alors, légère, aérienne, qui soulevait son âme et la portait vers l'infini. Flottant entre deux mondes, elle s'est laissé bercer par le son cristallin des gouttes d'eau qui tombaient des rames. Tout lui semblait irréel, jusqu'au grand pont de pierre embrasé par le couchant. Et soudain, les cloches carillonnent. Dans un concert de salves d'artillerie, les gabares accostent. Une foule dense couvre la berge. On lui présente les clés de la ville avec force discours, puis on l'escorte en grande pompe. Au long des rues entièrement tapissées, précédée par la bourgeoisie en armes et un régiment de cavalerie sabre au clair, la reine de Pologne monte vers le château, portée en chaise tendue de velours noir galonné d'or, sous un large dais tenu par les échevins.

Lorsqu'elle franchit le porche, Marie Casimire frissonne. Cette demeure sera l'ultime refuge avant d'aller rejoindre Jean. Deux autres reines, lui a-t-on dit, sont mortes en ces lieux. Anne de Bretagne [1] et Catherine de Médicis. Dans la cour, elle regarde avec étonnement les façades disparates. On lui propose une aile inachevée construite par Gaston d'Orléans. Il n'y a pas d'escalier et les portes ne ferment pas. Elle

1. Epouse de Charles VIII, puis de Louis XII.

l'accepte pour ses cochers et palefreniers, et choisit pour elle-même l'aile Louis XII. Les ornements de fleurs de lys lui ont plu.

Au premier étage, au bout de la galerie, elle installe ses appartements. Un salon de réception orné d'un dais, dans lequel elle organise un simulacre de cour, et sa chambre à coucher. Après les splendeurs de Rome, elle y est à l'étroit. Peu lui importe. Elle sait bien quelle n'y restera pas longtemps. Sa petite-fille, maintenant âgée de vingt ans, est auprès d'elle dans la chambre voisine de la sienne. Aumôniers, médecins, dames et gentilshommes se partagent les autres pièces. Sa suite comporte encore deux cents personnes. On ouvre les malles et le décor se met en place, dans l'harmonie et le raffinement. Commodes et menus meubles, tapis de Perse, tentures de velours, porcelaines de Chine et du Japon, vaisselle d'or et d'argent. Les portraits de sa fille, de ses fils, de ses petits-enfants et ceux de Jean réchauffent les murs, ainsi qu'un immense tableau représentant la bataille de Vienne. Le coffret plein de lettres est à son chevet. Elle retrouve ses gestes, ses habitudes. La Pologne n'est plus aussi loin, puisque les objets familiers sont à portée de main.

Comme à Rome, quinze ans plus tôt, elle fait le tour des églises et des couvents, fait dire des messes et distribue des aumônes. A tous elle raconte les exploits du roi Jean son époux, Sauveur de la Chrétienté. Son visage s'illumine lorsqu'elle parle de lui, héros déifié par son courage et sa foi. Il est sans nul doute à la droite du Seigneur. Et la veuve, pour être digne de le rejoindre, brise son orgueil en rejetant les vanités. Finies les ostentations de la basilique Saint-Pierre, les loges décorées et les prosternations spectaculaires. Elle prie dans l'ombre, désormais, au fond d'une chapelle ou dans un coin de sa chambre, et découvre chez les Ursulines la sérénité de la simplicité. Ses visites sont nombreuses auprès de la mère abbesse qui lui explique les raisons de la souffrance :

– Mourir à soi-même, pour renaître en Dieu. Comme Jésus sur la croix.

Soumission, Obéissance... Marie Casimire hoche la tête, pensive. Dans sa vie, elle ne voit que révolte contre la calomnie et lutte incessante pour être « considérée ». Orgueil. Vanité. Que de péchés commis ! Aura-t-elle assez de temps pour réparer et mettre sa conscience en paix ? Elle soupire et se soumet. Que ne ferait-elle pas pour être assurée de retrouver son amour ! C'est pour lui qu'elle voulait être honorée et s'est laissé prendre par les futilités. Mais elle a su aimer. Pour cela seul, Dieu ne pourra la condamner. De ce jour, la reine se fait servante devant le Seigneur et accepte Sa volonté.

L'épreuve ne tarde pas à se manifester. Une dépêche de Rome la plonge dans la douleur. Une épidémie de fièvre a emporté Alexandre. Ce drame est un signe. Le vide se creuse autour d'elle. Comme après la mort de Jean, un morceau de vie s'arrache de sa chair. Elle souffre en silence et ne pleure pas. Le beau géant est auprès de son père, avec tous les autres enfants, partis trop vite. Bientôt, elle les rejoindra.

Un hiver glacé paralyse la Touraine. Le froid, d'une rigueur exceptionnelle, surprend les habitants de la ville et provoque bien des malheurs. Un vent venu de l'est souffle ses rafales et la mort rôde sur la Loire qui se fige. Marie Casimire sourit. L'heure est proche, mais elle ne sera pas prise au dépourvu. Avec une minutie toute particulière, elle prépare ses funérailles et fixe les détails de la cérémonie. Le destin a fait d'elle une reine, et l'étiquette sera respectée. Jusqu'au bout elle veut garder son image. Sans orgueil, cette fois, ni vanité. La veuve du Sauveur de la Chrétienté partira dans la dignité, avec les insignes de son rang. Des tentures de velours noir galonné d'argent couvriront les murs de l'église. Elle les fait broder aux armes des Sobieski et des La Grange d'Arquien. Coussins, tapis, ciboires et chandeliers, rien n'est oublié, jusqu'aux vêtements qu'elle portera pour l'éternité : chemise de dentelle, manteau de lit en damas garni de satin, cornette au point de Malines, bas, gants et souliers, tout est neuf et tout est blanc. Habits d'une femme nouvelle pour accéder à la nouvelle naissance, comme il est dit dans les Ecritures. On les range dans un coffre avec le sceptre, la main de justice et la couronne royale.

La douceur du printemps lui accorde un sursis et quelques joies. L'Électeur de Bavière, son gendre, lui fait une visite. Il lui donne des nouvelles de Thérèse et de leurs enfants dont il apporte des portraits. Elle les caresse de ses doigts ridés et lui offre un reliquaire finement sculpté. Au cours de l'été, elle visite Chambord avec sa petite-fille. La grandeur du lieu l'impressionne.

– Elégance et majesté, dit-elle.

Son regard se trouble et se fixe au loin. Les souvenirs de Wilanow lui reviennent : l'Aurore, à son image, et les Quatre Saisons qui ornaient les plafonds [1], les peintures « al fresco » de sa garde-robe, la statue équestre du vainqueur de Vienne dans l'antichambre, les colonnades des galeries, les déesses antiques entre les ifs et les cupidons sur les balustrades, les bassins de marbre rouge, les charmilles au bord de la rivière, et sa dernière promenade au bras de Jean.

– Le mari le plus aimable, le plus aimant... et le plus aimé, soupire-t-elle.

Serrant la main de la princesse, elle ajoute :

– Quel que soit mon désir d'être enterrée auprès du Roi-mon seigneur, je ne crois pas qu'il serait à propos de me mettre dans un autre endroit que celui où je mourrai.

– Ne parlez pas de ces choses, balbutie la jeune fille sur un ton de détresse. Je vous aime et ne veux pas vous perdre.

– Aimez, mon enfant, je vous le souhaite. Rien n'est aussi grand. Les honneurs et la fortune vont et viennent, mais l'amour, lui, ne meurt jamais.

Un mois plus tard, elle apprend que Louis XIV a cessé de vivre dans son palais de Versailles, rongé par la gangrène.

– Que Dieu lui pardonne, dit-elle en frémissant.

1. Peintures célèbres que l'on voit encore aujourd'hui à Wilanow. Le printemps et l'été ont le visage de Marysienka. L'automne et l'hiver celui de Jean.

– Devant Dieu, point de couronne, rétorque l'aumônier. Chacun reçoit son jugement.

Des bourrasques humides font craquer tous ses os. Ses genoux se déforment. Elle marche mal et s'appuie sur une canne. Pour oublier sa douleur, elle se fait porter en chaise dans les jardins en terrasse, grisée par le parfum des roses que le soleil d'automne rend plus capiteux. Elle s'attarde au long des grottes et des cascades. Les feuilles tourbillonnent, les oiseaux s'enfuient en jacassant, les bosquets se dépouillent. Elle regarde le ciel qui se couvre et prend une longue bouffée d'air.

– Qui me donnera des ailes comme à la colombe ? dit-elle avec nostalgie. Je volerais et me reposerais.

Un autre hiver arrive, plus rigoureux que le précédent. Givre, neige, verglas. On n'avait pas vu cela depuis cent ans. Les murs se lézardent, les portes claquent, les cheminées fument et l'intendant du château ne donne aucun ordre pour y remédier et se contente de bougonner.

– Vos Polonais cassent tout !

La reine n'insiste pas. Elle est fatiguée de se battre pour des riens. Elle est lasse de vivre. Un vent furieux hurle dans les arbres. Un vent glacé qui annonce la Mort. Elle en voit les signes. Tout son corps lui fait mal. Une douleur atroce qui ronge ses os et brûle son ventre. Elle souffre en silence et prie.

– Dieu m'impose sa Passion, et je Lui rends grâce, confie-t-elle à son aumônier. J'ai tant de péchés à expier.

Au prix d'un effort surhumain, elle réussit à faire quelques pas en s'aidant de sa canne pour aller de son lit à son fauteuil près du feu. Elle attend, inquiète, et lit les Ecritures :

*Attends-moi, dit le Seigneur, jusqu'à ce que vienne le royaume de Dieu... Tu verras alors les fruits de l'obéissance. Joie pour les pénitences et, pour une humble soumission, la couronne de gloire.* [1]

1. Luc 22, 18. Imitation de Jésus.

– Mon Dieu, ne T'éloigne pas de moi, répète-t-elle souvent. Ne m'écarte pas avec colère.

Elle se confesse, communie, et dit des neuvaines devant les statues de la Vierge qui encombrent son chevet. Elle relit son testament, ajoute quelques clauses et vérifie ses comptes : la part de ses héritiers, celle des pauvres, et ce qu'il faut pour payer toutes les messes nécessaires à son salut. Elle joue encore aux dés avec sa petite-fille, mange de bon appétit et reçoit quelques personnes de sa suite. Elle s'occupe à sa façon pour meubler le temps. Les journées sont courtes et les nuits trop longues. L'angoisse l'empêche de dormir. Des ombres rôdent, les meubles craquent, et des vitres se brisent. Assise dans son lit, elle attend.

Un matin de janvier, Blois est sous la neige. Marie Casimire accueille la nouvelle avec un curieux sourire et ne change rien à son rituel : elle prend un bain dans sa baignoire de vermeil, se fait habiller et coiffer avec soin, écoute la messe dans sa chambre et déjeune d'une tasse de chocolat. Elle s'entretient avec ses gens, s'enquiert des menus et donne les ordres de la journée. Alors seulement, tenant solidement sa canne, elle s'approche à petits pas saccadés d'une croisée du salon et regarde la Loire immaculée derrière la ville emmitouflée de blanc.

– Ma belle Pologne ! dit-elle, songeuse.

Un sentiment étrange la fait frissonner. Elle demande son fauteuil et s'y installe. Son regard se perd dans les flocons qui tourbillonnent. Ses paupières s'abaissent légèrement. Les brames du vent l'emportent dans une forêt de mélèzes. Une longue allée bordée d'arbres immenses vers la plaine au loin qui scintille sous le soleil. Est-elle près de Zolkiew ou de Pielaskowice ? Dans le bourdonnement qui l'étourdit, elle entend soudain les grelots d'un traîneau, des claquements de fouet, les cris de loup des cosaques et le galop d'une cavalcade.

– Iachou ! soupire-t-elle.

Et sa tête s'affaisse sur son épaule.

*
* *

En ce 30 janvier 1716, Marie Casimire de La Grange d'Arquien, reine de Pologne, grande-duchesse de Lituanie, Russie, Prusse, Mazovie, Samogitie, Livonie, Smolensko et Cziernechovie, vient de s'éteindre à l'âge de soixante-quinze ans. Le lendemain, les médecins pratiquent une autopsie et, selon sa volonté, son cœur est déposé à l'église des Jésuites. Les cérémonies se déroulent comme elle les avait prévues. On l'habille de blanc, et l'on couche son corps embaumé dans un cercueil capitonné de soie, posé sur une estrade de cinq pieds de haut sous le dais de son salon, entouré de vingt chandeliers en argent. Dans la pièce, tendue de velours noir rehaussé de moire d'argent, comme le reste du château, deux autels sont installés et des messes sont dites en permanence, de jour comme de nuit. Dans son testament, Marie Casimire en a demandé dix mille, jusqu'à cent à la fois. Les membres de sa suite se relaient autour d'elle sans pouvoir maîtriser leur chagrin. L'évêque de Blois vient la bénir et chanter le *De Profundis*. Les cloches de la ville sonnent pendant trois jours et trois nuits, et les couvents ne cessent de prier pour la veuve du Sauveur de la Chrétienté.

Pendant ce temps, une grave question se pose : où doit être inhumée la reine de Pologne ? Sa petite-fille a envoyé des lettres à son père et à son oncle en Silésie, à sa tante l'Électrice de Bavière, ainsi qu'à Versailles et à toutes les cours d'Europe. Le Régent donne des ordres pour que Sa Majesté soit enterrée « aux frais du Roi », avec tous les honneurs dus à son rang. On attend une réponse du prince Jacques. Voudra-t-il laisser en France le corps de sa mère ? Ne préférera-t-il pas le ramener en Silésie, ou peut-être en Pologne ?

Les semaines passent. On suppute et l'on se tourne vers la princesse. La jeune fille, enfermée dans sa douleur, ne veut prendre aucune décision. A la fin de mars, pourtant, le cercueil est descendu dans une chapelle ardente au rez-de-chaussée du château et, le 4 avril, les obsèques sont célébrées en l'église Saint-Sauveur. Tous les murs ont été tendus de velours noir brodé d'armoiries et de larmes. Les chasubles des prêtres sont aux armes de la reine, ainsi que les nappes d'autel, ciboires, chandeliers et autres objets sacrés. Le cercueil est recouvert d'un drap de velours noir croisé de satin blanc et bordé d'hermine. Un coussin porte une couronne royale, un autre le sceptre et la main de justice. L'évêque célèbre une messe pontificale, un père de la Compagnie de Jésus prononce l'oraison funèbre devant un parterre de dames en grand deuil, vêtues de mantes traînantes de quatre aunes, tandis que les chevaliers de la suite et les dignitaires de la ville se pressent en foule dans les travées. Après tant de solennités, l'église se dépouille de sa pompe, et le cercueil est déposé dans une chapelle latérale, avec tous ses ornements royaux et armoiries. Un seul prêtre veille la reine de Pologne qui semble peu à peu sombrer dans l'oubli. Mais, le 3 décembre au matin, le cercueil a disparu, mystérieusement enlevé au cours de la nuit.

# *ÉPILOGUE*

La nuit tombe sur Varsovie. En cette fin de janvier 1717, l'office du soir se termine au couvent des Capucins et les moines se recueillent dans les vapeurs d'encens. Le frère portier vient de rejoindre sa loge, quand soudain retentit la clochette du porche. Une visite à cette heure tardive le surprend. Il fait glisser la tablette du judas, et ne voit qu'une lueur. Intrigué, il ouvre la porte et reste saisi devant un grand coffre noir, flanqué de quatre candélabres en argent, abandonné sur le parvis. A son appel les moines accourent. Ils tirent la caisse dans une salle et démontent le couvercle. A l'intérieur est un cercueil plombé dans lequel ils découvrent avec stupéfaction le corps d'une vieille dame habillée de blanc. Un sceptre et une main de justice sont croisés sur sa poitrine, un chapelet d'ambre à croix de diamants est autour de son cou, un diadème orne son front, et sur ses lèvres est une médaille d'or frappée à son effigie : Marie Casimire, reine de Pologne. Sans comprendre ce qui leur arrive, ils se recueillent un moment et la portent dans la chapelle où repose le roi Jean, vainqueur de Vienne.

Un peu plus tard, ils découvriront la clé du mystère. En quittant la France pour regagner les terres de son père, la jeune princesse Marie Casimire n'a pas eu le cœur de laisser sa grand-mère derrière elle, loin de celui qu'elle avait aimé. Le cercueil, glissé sur son ordre au milieu de ses nombreuses malles, a franchi les frontières en grand secret.

Au cours de l'année 1733, le prince Jacques vieillissant fera transporter ses parents à Cracovie. Dans la crypte du Wawel, où sont inhumés tous les rois de Pologne, Jean et Marysienka reposent désormais dans le même tombeau de granit, unis à jamais pour l'éternité.

*L'épilogue a été longtemps considéré comme une légende. L'histoire est pourtant authentique. Un document* découvert dans les archives du Loir-et-Cher permet d'en attester.*

* Témoignage du curé de Saint-Sauveur figurant dans le registre de la paroisse en date du 18 décembre 1716.

MER BALTIQUE
LITHUANIE
RUSSIE
Kaunas
Kœnigsberg
Dantzik
Grodno
Niemen
Torun
Vistule
Poznan
Oder
Varsovie
Villanow
Bug
Brzesc Litowski
Pripet
Kalisz
Lodz
POLOGNE
Breslau
Wieprz
Lubertow
Lublin
VOLYNIE
Czentokow
Tarnowiec
Zamosc
Troppau
Cracovie
Vistule
San
Olmütz
Tarnow
Javorow
Zolkiew
Brünn
Austerlitz
Lvof
Zborow
Ternopol
AUTRICHE
Podhaice
Krems
Wagram
Dniester
Bar
Vienne
Kameniec
Bug
Petronell
CARPATHES
PODOLIE
Parkan
Kocim
Mohilev
Strigonie
Tisza
Budapest
Pruth
HONGRIE
MOLDAVIE
Jassy
Danube
Kichinev
Szeged
Dniester
Maros
Essek
Tisza
Sereth
Oltu
Danube
Belgrade
VALACHIE
Bucarest
Danube
MER NOIRE
Itinéraire de Sobieski . 1683
TURQUIE
Echelle:
0 50 100 200 300 kilom.

# BIBLIOGRAPHIE

DOCUMENTS :


• Lettres manuscrites de Marie Casimire
  – au prince Zamoyski (Archives nationales, Varsovie).
  – à Jean Sobieski (Bibliothèque Czartoryski, Cracovie).
  – à son frère le chevalier d'Arquien (Archives nationales, Varsovie).
  – à son frère le comte de Maligny (Archives nationales, Varsovie).
  – à son fils le prince Jacques, publiées par Ziembicki (Bibliothèque polonaise, Paris).
  – à la palatine Sienawska (Bibliothèque Czartoryski, Cracovie).
  – à divers hauts personnages de la République (Archives nationales, Varsovie).

• Fragments inédits de la correspondance de Marie Casimire, reine de Pologne, Editions Gauthier, 1895.

• Lettres du roi de Pologne Jean Sobieski à la reine Marie Casimire, Editions Kukulski, Varsovie.

• Lettres de Jean Sobieski à la reine Marie Casimire pendant la campagne de Vienne, traduction Plater, Editions Michaud, 1826.

• Lettres de Pierre des Noyers, Berlin, 1859.

• *Gazette de France*, années 1650, 1665, 1668, 1676, Bibliothèque nationale, Paris.

• Archives de la Nièvre.
*Bulletin de la Société nivernaise*, 1869, 1896.
Lettres inédites de Marie Casimire, reine de Pologne.

- Archives du Loir-et-Cher.
  - Correspondance de Chuppin, intendant des bâtiments du Roi à Blois, 1716.
  - Formalités et cérémonies à la suite du décès de Marie Casimire, reine de Pologne.
  - Journal de Noël Janvier, 1694-1726.
  - Relation d'une visite de la reine de Pologne aux Ursulines de Blois.
  - Mémoire des meubles de l'appartement de la feue reine de Pologne (Professeur Komaszynski).

  Henri de La Bassetière, *Une Reine en exil.*

*Mémoires* de Philippe Dupont sur la campagne de Vienne (Bibliothèque Czartoryski, Cracovie).

*Mémoires* du chevalier Pazek, trad. Paul Cazin.

*Le Cabinet des Dames.* Manuscrit de Louise de Gonzague copié par Frépont en 1667. Bibliothèque polonaise, Paris.


OUVRAGES CONSULTÉS :


Aurenche H., *La Fortune de Marysienka, reine de Pologne*, Paris, 1937.
Bluche François, *Louis XIV.*
Bordonove Georges, *Louis XIV*, coll. « Les Rois qui ont fait la France », Editions Pygmalion.
Boy-Zelenski Thadée, *Marysienka, la plus aimée des reines,* trad. Paul Cazin, Varsovie, 1975.
Cheve C. F., *Histoire complète de la Pologne*, Paris, 1863.
Courrade Augustin, *L'Hydre féminine combattue par la Nymphe Pougoise, ou Traité des maladies des femmes traitées par les eaux de Pougues*, Nevers, 1634.
Coyer, *Histoire de Jean Sobieski.*
Dalairac, *Anecdotes de Pologne,* Paris, 1699.
Grotanelli, *Una Regina di Polonia in Roma,* Firenze, 1881.
Korzon, *Heur et Malheur de Sobieski*, Cracovie, 1898.
Le Laboureur, *Voyage de la reine de Pologne,* Paris, 1647.
La Grange d'Arquien A. de, *Histoire de la Maison La Grange d'Arquien,* 1982.
Levron Jacques, *La vie quotidienne à la cour de Versailles aux XVII^e-XVIII^e siècles.*
Locquin Jean, *Hommage de Rome à Marie Casimire, reine de Pologne,* jubilé pontifical de 1700.

# *REINE PAR AMOUR*


Magne E., *Lettres inédites à Louise de Gonzague, reine de Pologne, sur la Cour de Louis XIV.*

Michener James A., *Pologne.*

Millepierres F., *Vie quotidienne des médecins au temps de Molière*, Paris, 1964.

Morton J. B., *Sobieski, roi de Pologne.*

Ranum Orest, *Les Parisiens du XVIIe siècle.*

Rousseau de La Valette, *Casimir, roi de Pologne*, Paris, 1679.

Salvandy, *Histoire de Pologne avant et sous Jean Sobieski*, Paris, 1827.

Targosz Karolina, *La cour savante de Louise-Marie de Gonzague et ses liens scientifiques avec la France*, trad. Violette Dimov, Varsovie, 1982.

Tazbir Janusz, *La Culture nobiliaire en Pologne aux XVIe et XVIIe siècles*, Acta Poloniae historica, 1979.

– *Culture of the Baroque in Poland.*

– *Poland as the rampart of Christian Europe.*

Tende Gaspar de, sieur d'Hauteville, *Relation historique de la Pologne*, Paris, 1686.

Toscan Raoul, *Marie de Gonzague princesse nivernaise et reine de Pologne.*

Sienkiewicz H., *Par le Fer et par le Feu.*

– *Le Déluge.*

Waliszewski K., *Marysienka, reine de Pologne*, Paris, 1898.

Wolowski, *Vie quotidienne en Pologne au XVIIe siècle.*

## *CHEZ LE MEME EDITEUR*

### *Collection "Les Dames du Lac"*

LES DAMES DU LAC
*par Marion Zimmer Bradley*
Prix du grand roman d'évasion 1986

LES BRUMES D'AVALON
(LES DAMES DU LAC**)
*par Marion Zimmer Bradley*
« La plus merveilleuse évocation de la saga
du Roi Arthur qu'il m'ait été donné de lire : » Isaac Asimov

•

LA TRAHISON DES DIEUX
*par Marion Zimmer Bradley*
Le récit légendaire de la Guerre de Troie
superbement ressuscité par l'auteur des « Dames du Lac ».

•

LES AILES DU MATIN
*par Mireille Lesage*
L'amour et l'aventure sous Louis XIII.
Une grande fresque romanesque aux couleurs d'un prestigieux passé.

•

LES NOCES DE LYON
(LES AILES DU MATIN**)
*par Mireille Lesage*
La suite des Ailes du Matin.

•

LES CHEMINS D'ESPÉRANCE
(LES AILES DU MATIN***)
*par Mireille Lesage*
La suite des Noces de Lyon.

•

LES FEUX DU CRÉPUSCULE
(LES AILES DU MATIN****)
*par Mireille Lesage*
La suite des Chemins d'Espérance.

•

LE RIVAGE DES ADIEUX
*par Catherine Hermary-Vieille*
La plus grande histoire d'amour de tous les temps, celle de Tristan et Iseult.

•

PAPRIKA
*par Erich von Stroheim*
A la veille de l'effondrement des Habsbourg, l'histoire d'un grand amour assassiné.

•

LA REINE REBELLE
*par Kathleen Herbert*
L'amour plus fort que la mort au temps du Roi Arthur et des Dames du Lac.

•

LA COURONNE MAUDITE
*par Ellen Jones*
La tumultueuse histoire d'amour de la princesse Maud et d'Étienne de Blois,
descendants passionnés de Guillaume le Conquérant.

*Achevé d'imprimer en novembre 1993*
*sur presse CAMERON*
*dans les ateliers de la S.E.P.C.*
*à Saint-Amand-Montrond (Cher)*

— N° d'édit. : 432. — N° d'imp. : 2713. —
Dépôt légal : novembre 1993.

*Imprimé en France*